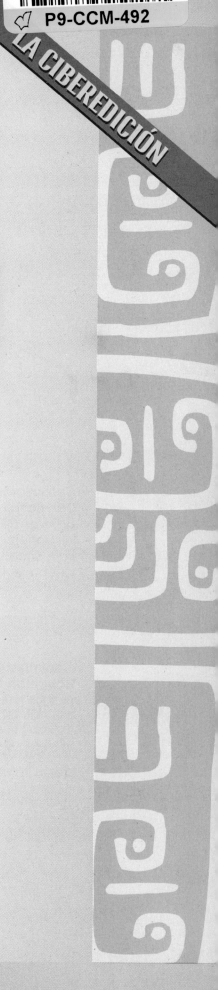

HEATH

NUESTRO MUNDO

CURSO PARA HISPANOHABLANTES

GUÍA DEL MAESTRO

Fabián A. Samaniego
University of California, Davis
Emeritus

McDougal Littell

Evanston, Illinois • Boston • Dallas

Consultores
Dan Battisti
Dr. Teresa Carrera-Hanley
Bill Lionetti
Patty Murguía Bohannan
Lorena Richins Layser

Printed in the United States of America

International Standard Book Number: 0–618–08591–2

1 2 3 4 5 6 7 8 9 —DWI— 05 04 03 02 01

Contenido

Recursos

Recursos para la enseñanza

American Council on the Teaching of Foreign Languages
Spanish for Native Speakers Special Interest Group
6 Executive Plaza
Yonkers, NY 10701
(914) 963-8830

California Association for Bilingual Education
660 So. Figueroa Street, Suite 1040
Los Angeles, CA 90004
(213) 532-3850

ERIC Clearinghouse on Languages and Linguistics
Center for Applied Linguistics
4646 40th Street, NW
Washington, DC 20016-1859
(202) 362-0700

Institute of Spanish for Native Speakers
Department of Languages and Linguistics
New Mexico State University
Box 30001, Department 3L
Las Cruces, NM 88003-8001
(505) 646-1245

National Association for Bilingual Education
1220 L Street, NW, Suite 605
Washington, DC 20005-4018
(202) 898-1829

National Clearinghouse for Bilingual Education
The George Washington University
Center for the Study of Language & Education
2121 K Street, NW, Suite 260
Washington, DC 20037
(202) 467-0867

New York State Association for Bilingual Education
c/o Hostos Community College
Division of Academic Affairs
500 Grand Concourse
Bronx, NY 10451

Texas Association for Bilingual Education
6323 Sovereign Drive, No.178
San Antonio, TX 78229
(210) 979-6390

U.S. Department of Education
Office of Bilingual Education and Minority Languages Affairs
400 Maryland Avenue, SW
Washington, DC 20202-6510
(202) 205-5463

Recursos para usar en la comunidad

ASPIRA Association, Inc.
1444 I Street, NW, Suite 800
Washington, DC 20005
(202) 835-3600

Congressional Hispanic Caucus Institute, Inc.
504 C Street, NE
Washington, DC 20002
(202) 543-1771

Hispanic Association of Colleges and Universities
8415 Datapoint Drive, Suite 400
San Antonio, TX 78229
(210) 692-3805

Hispanic College Fund, Inc.
One Thomas Circle, NW, Suite 375
Washington, DC 20005
(202) 296-5400

LULAC National Educational Service Centers
2000 L Street, NW, Suite 610
Washington, DC 20036
(202) 835-9685

MANA, A National Latina Organization
1725 K Street, NW, Suite 501
Washington, DC 20006
(202) 833-0060

National Association of Hispanic Journalists
1193 National Press Building
Washington, DC 20045-2100
(202) 662-7145

National Community for Latino Leadership, Inc.
1701 K Street, NW, Suite 301
Washington, DC 20006
(202) 721-8290

Society of Hispanic Professional Engineers
5400 E. Olympic Boulevard, Suite 210
Los Angeles, CA 90022
(323) 725-3970

Tomás Rivera Policy Institute
1050 North Mills Ave.
Pitzer College, Scott Hall
Claremont, CA 91711-6101
(909) 621-8897

Tu mundo y Nuestro mundo: Un programa completo para hispanohablantes

Tu mundo y *Nuestro mundo* forman parte de un programa completo para estudiantes inscritos en cursos de español para hispanohablantes. El programa responde a las necesidades específicas de estudiantes hispanohablantes que se encuentran en dos niveles distintos. *Tu mundo* está diseñado para estudiantes que tienen destrezas limitadas al leer y escribir español. *Nuestro mundo* es para estudiantes que ya han desarrollado estas destrezas pero que aún necesitan ayuda con vocabulario, ortografía y redacción en español.

Para clases mixtas —clases de español como lengua extranjera que incluyen a estudiantes hispanohablantes y no hispanohablantes— se recomienda el uso de los programas *¡Dime!* o *¡En español!,* los cuales tienen como complemento un cuaderno de actividades para hispanohablantes que acompaña a cada uno de los tres niveles de ambos programas. *¡En español!* y *¡Dime!* permiten que estudiantes hispanos que no saben leer ni escribir en español, o que encuentran el nivel de *Tu mundo* demasiado riguroso, procedan primero como principiantes en el estudio de la lengua. El enfoque del programa se mantiene siempre en las necesidades específicas del alumno hispanohablante con respecto a la acentuación y ortografía, la gramática y la literatura escrita en español.

Prueba de ubicación

La **Prueba de ubicación** les otorga a los maestros de español de escuelas intermedias y secundarias un método objetivo y sistemático, y al mismo tiempo sencillo y práctico, de ubicar a los estudiantes en clases de español para hispanohablantes **(Tu mundo** o **Nuestro mundo)** o de español como segundo idioma.

La **Prueba de ubicación** sirve para precisar:

- Quiénes de sus estudiantes procedentes de familias hispanohablantes han desarrollado suficientes conocimientos del español como para sacar provecho de **Tu mundo** y **Nuestro mundo,** y quiénes, a pesar de su origen, obtendrían mayor rendimiento en clases de español como segundo idioma.

- Con relación a aquellos estudiantes que se ubiquen en clases de hispanohablantes, cuáles deberán colocarse en el nivel de **Tu mundo,** cuáles en el nivel de **Nuestro mundo** y cuáles en niveles aún más avanzados.

Descripción

La **Prueba de ubicación** consta de la **Prueba articulada** y la **Prueba global.**

Primera parte: **Prueba articulada**

- No es de uso optativo. Todo hispanohablante debe tomarla.

- No es cronometrada. Los estudiantes deberán poder terminarla en menos de una hora, pero pueden tardar más tiempo si es necesario.

- Es un instrumento completo que servirá para ubicar al estudiante en los cursos de español como segundo idioma o en los cursos para hispanohablantes: *Tu mundo* o *Nuestro mundo.*

- Determina la capacidad del examinando para *entender* el español hablado y escrito, *usar con eficacia* el vocabulario y la estructura del español, y *relacionarse* con las distintas culturas del mundo hispano.

Segunda parte: **Prueba global**

- Es de uso optativo. Debe utilizarse sólo después de que los estudiantes hayan completado la **Prueba articulada.**

- Tampoco es cronometrada. Aunque debe completarse en menos de una hora, se permite tardar más tiempo si es necesario.

- Aporta datos suplementarios que los maestros podrán utilizar para complementar los resultados de la **Prueba articulada.**

- Mide el grado de eficacia y el grado de corrección de los estudiantes en *el uso* de la lengua hablada y de la lengua escrita.

LA CIBEREDICIÓN

CLASES
PARA HISPANOHABLANTES

Para estudiantes que hablan español en casa, pero que leen y escriben con dificultad en español.

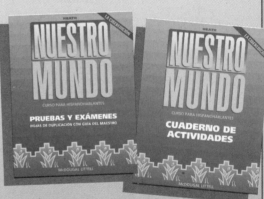

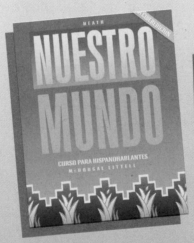

Para estudiantes que hablan español en casa, y que ya leen y escriben bastante en español, pero que aún necesitan ayuda con el desarrollo de vocabulario, ortografía y redacción, o que recientemente han completado *Tu mundo.*

COMPONENTES AUXILIARES

Prueba de ubicación
Guía del maestro
Cuaderno de actividades
Programa de pruebas y exámenes
Programa de transparencias
Cuaderno de actividades comunicativas
Programa de audio CD
Programa de videocasetes/videodiscos
Class Zone: programa en **www.mcdougallittell.com**

¡Conexión con el mundo!

Con la nueva edición de *Tu mundo* y *Nuestro mundo*, tanto los estudiantes como los maestros se conectan con un mundo de ayuda para la clase en el momento de entrar a **ClassZone**, el sitio de la red que acompaña los programas de McDougal Littell, en la dirección **www.mcdougallittell.com**. **ClassZone** les ofrece a los maestros un foro de discusión de ideas acerca de la clase, y a los estudiantes un caudal de información que incluye materiales de enriquecimiento, actividades, apoyo para estudiar y autoevaluaciones.

Tu mundo

 Entre aquí y aprenda algo más sobre cada unidad

 Adquiera más información acerca de los países o regiones de los que se habla en las lecturas

 Aprenda más sobre un aspecto de cada lectura

 Ponga a prueba su dominio de la gramática presentada en cada lección

 Use estas cibertarjetas como apoyo para estudiar la gramática de cada unidad

 Disfrute de otras lecturas escritas por autores de diferentes países y regiones hispanohablantes

 Comparta con otras personas lo que escriba en **ClassZone**

Nuestro mundo

 Entre aquí y aprenda algo más sobre la región presentada en cada unidad

 Disfrute del arte, la escritura y otros logros de la Gente del Mundo 21

 Ponga a prueba sus conocimientos de historia y su dominio de la gramática española

 Use estas cibertarjetas como apoyo para estudiar el vocabulario nuevo

 Disfrute de otras lecturas escritas por autores de diferentes regiones hispanohablantes

 Comparta con otras personas lo que escriba en **ClassZone**

Clave del maestro: **MCD2I7CYH6D7J**

Introducción

Nuestro mundo: Curso para hispanohablantes está dirigido a estudiantes que ya hablan, leen y escriben bien en español, pero que aún necesitan ayuda con vocabulario, ortografía y redacción en español. Algunos de estos estudiantes tal vez han completado el equivalente de dos años de español en la escuela secundaria en Estados Unidos, otros tal vez sean estudiantes hispanohablantes que han venido a este país después de haber completado la escuela primaria en sus países de origen. La mayoría tendrá problemas en el uso de acentos escritos, el deletreo, la lectura y la redacción en español.

Nuestro mundo es tanto un libro de historia y cultura como de lengua. A través del texto existe una estrategia pedagógica para lograr que el estudiante hispanohablante llegue a conocer no sólo la historia y la cultura de sus antepasados en su país de origen, sino también la rica herencia cultural que sus antepasados han traído a EE.UU. y que sigue desarrollándose en este país. Pero este esfuerzo va mucho más allá porque en *Nuestro mundo* los estudiantes no sólo acaban por estudiar su propia cultura y la de sus antepasados, sino también la historia y cultura de los veintiún países de habla hispana, incluyendo EE.UU., que es el quinto país en número de hispanohablantes en el mundo. *Nuestro mundo* celebra las diversas contribuciones de todo el mundo hispano, lo que llamamos el "Mundo 21", en la cultura, el arte, el deporte, la política, la comida y mucho más, para así inculcar un legítimo orgullo cultural y aumentar la autoestima de los estudiantes. Más que enseñar español, *Nuestro mundo* pone énfasis en la conexión que existe entre toda la comunidad hispana y el mundo a su alrededor. Los títulos de las ocho unidades confirman esta intención.

Lección preliminar:	El español: pasaporte al Mundo 21
Unidad 1:	Los hispanos en Estados Unidos: crisol de sueños
Unidad 2:	España: puente al futuro
Unidad 3:	México y Guatemala: raíces de la esperanza
Unidad 4:	Cuba, la República Dominicana y Puerto Rico: en el ojo del huracán
Unidad 5:	El Salvador, Honduras, Nicaragua y Costa Rica: entre el conflicto y la paz
Unidad 6:	Colombia, Panamá y Venezuela: la modernidad en desafío
Unidad 7:	Perú, Ecuador y Bolivia: camino al sol
Unidad 8:	Argentina, Uruguay, Paraguay y Chile: aspiraciones y contrastes

Organización

Nuestro mundo se compone de una lección preliminar y ocho unidades de tres lecciones cada una. Hay una lección sobre cada uno de los veintiún países de habla española, incluyendo EE.UU. Cada lección se divide en tres secciones principales.

- **Gente del Mundo 21** *(pp. 22–23)* introducción a cuatro personas estelares del país de enfoque

- **Del pasado al presente** *(pp. 42–44)* historia ilustrada del país de enfoque

- **Ventana al Mundo 21** *(pp. 64)* breve presentación de algún aspecto cultural del país de enfoque

Lecciones 1 y 2

Las primeras dos lecciones también incluyen las siguientes secciones.

- **Y ahora, ¡a leer!** *(pp. 29–35, 47–52)* lectura literaria (Lección 1) o periodística (Lección 2)

- **Palabras como clave** *(pp. 54)* ampliación del vocabulario

- **Dramatizaciones** *(pp. 36)* situaciones donde el estudiante desarrolla papeles de momentos históricos claves o de las lecturas literarias

- **Cultura en vivo** *(pp. 38–39)* la primera lección siempre termina con estas actividades culturales elaboradas

Lecciones 2 y 3

Tanto la segunda lección como la tercera terminan con las siguientes secciones.

- **Vocabulario personal** *(pp. 55)* listas de vocabulario que el estudiante prepara para la composición

- **Escribamos ahora** *(pp. 70–71)* una actividad de composición

Además, la tercera lección siempre incluye:

- **Luz, cámara, acción** *(pp. 16–17)* breve lectura sobre el tema del video

- **Y ahora, ¡veámoslo!** *(pp. 18)* el video de la unidad

- **Pasaporte cultural** *(pp. 19)* repaso de la unidad a base de juegos

Manual de gramática

Localizado al final del texto se encuentra esta gramática coordinada a cada lección, escrita en español y con notas para el estudiante bilingüe.

A continuación se presenta una descripción detallada de cada sección con sugerencias específicas sobre cómo enseñarlas.

Organización y desarrollo

LECCIÓN PRELIMINAR

El español: pasaporte al Mundo 21

CULTURA/COMUNICACIÓN
Gente del Mundo 21

- Sammy Sosa, Gloria y Emilio Estefan, Adolfo Pérez Esquivel, Salma Hayek

Del pasado al presente
Ventana al Mundo 21

- A ver si sabes…
- Los hispanos y los premios

LEER
Y ahora, ¡a leer!

- El español: pasaporte al Mundo 21
- "El encuentro con el otro" por Carlos Fuentes

Escenario
Vea Ventana al Mundo 21

- La realidad multicultural del mundo hispánico

VOCABULARIO
Anticipando la lectura
Palabras como clave

- Vocabulario en contexto
- **gracia**

ESCRIBIR
Manual de gramática

- Sustantivos
- Artículos definidos e indefinidos
- Presente indicativo: Verbos regulares

HABLAR
Pasaporte cultural
Vea Gente del Mundo 21, Del pasado al presente *y* Ventana al Mundo 21

- Concurso cultural

ESCUCHAR
Y ahora, ¡veámoslo!

- Las tres hispanidades

Organización y desarrollo

UNIDAD 1 — *Los hispanos en Estados Unidos: crisol de sueños*

	Lección 1 *Los chicanos*	**Lección 2** *Los puertorriqueños en EE.UU.*	**Lección 3** *Los cubanoamericanos*
CULTURA/ COMUNICACIÓN			
Gente del Mundo 21	• Ellen Ochoa, Carlos Santana, Sandra Cisneros, Edward James Olmos	• Esmeraldo Santiago, Jummy Smits, Marc Anthony, Rosie Pérez	• Óscar Hijuelos, Ileana Ros-Lehtinen, Soledad O'Brien, Andy García
Del pasado al presente	• Los chicanos: tres siglos de presencia continua	• Los puertorriqueños en EE.UU.: Borinquen continental	• Los cubanoamericanos: éxito en el exilio
Ventanas al Mundo 21	• Los chicanos en el nuevo milenio • Los mexicanos de Chicago	• Iván Rodríguez • El Museo del Barrio	• Una publicación para los jóvenes hispanos
Cultura en vivo	• La comida mexicana en EE.UU.		
LEER			
Y ahora, ¡a leer!	• "Adolfo Miller" por Sabine R. Ulibarrí	• "Todo listo para el Desfile Puertorriqueño de Nueva York"	
Escenario *Vea* Del pasado al presente *y* Ventanas al Mundo 21			• Conozcamos a Cristina Saralegui
VOCABULARIO			
Anticipando la lectura	• Vocabulario en contexto	• Vocabulario en contexto	
Palabras como clave	• **cuenta**	• **comenzar**	
Vocabulario personal		• Personaje pintoresco	
ESCRIBIR			
Escribamos ahora		• La descripción y el punto de vista	• Versión final y publicación
Manual de gramática	• Usos de los verbos **ser** y **estar** • Adjetivos descriptivos	• Verbos con cambios en la raíz • Verbos con cambios ortográficos y verbos irregulares	• Adjetivos y pronombres demostrativos • Comparativos y superlativos
HABLAR			
Dramatizaciones	• Un drama en dos actos. Primer acto: primeros años • Segundo acto: años de angustia	• Nuevos vecinos • ¡Desfile!	
Pasaporte cultural *Vea* Gente del Mundo 21, Del pasado al presente *y* Ventanas al Mundo 21			• Los hispanos en EE.UU.
ESCUCHAR			
Y ahora, ¡veámoslo!			• "Cristina—muchas voces, muchas caras"

UNIDAD 2 España: puente al futuro

Organización y desarrollo

UNIDAD 3 *México y Guatemala: raíces de la esperanza*

	Lección 1 *México*	**Lección 2** *Guatemala*	**Lección 3** *Teotihuacán*
CULTURA/ COMUNICACIÓN			
Gente del Mundo 21	• Octavio Paz, Elena Poniatowska, Luis Miguel, Lucero Hogaza de Mijares	• Rigoberta Menchú Tum, Henry Stokes, Miguel Ángel Asturias, Martín Machón	
Del pasado al presente	• México: tierra de contrastes	• Guatemala: raíces vivas	
Ventanas al Mundo 21	• Diego Rivera y Frida Kahlo: la pareja más talentosa de México	• El Popol Vuh: libro sagrado maya-quiché	
	• El Templo Mayor	• Antigua: joya de la arquitectura colonial	
Cultura en vivo	• La Piedra del Sol		
LEER			
Y ahora, ¡a leer!	• "Tiempo libre" por Guillermo Samperio	• "Rigoberta Menchú: de cara al nuevo milenio"	
Escenario			• La Ciudad de los Dioses
Vea Del pasado al presente *y* Ventanas al Mundo 21			
VOCABULARIO			
Anticipando la lectura	• Vocabulario en contexto	• Vocabulario en contexto	
Palabras como clave	• **diario**	• **real**	
Vocabulario personal		• ¡Fue una entrevista estupenda!	
ESCRIBIR			
Escribamos ahora		• El contraste y la analogía	• Versión final y publicación
Manual de gramática	• Pretérito e imperfecto: Acciones acabadas y acciones que sirven de trasfondo	• Expresiones indefinidas y negativas	• Los preposiciones **por** y **para**
	• Adjetivos y pronombres posesivos	• Pretérito e imperfecto: Acciones simultáneas y recurrentes	
HABLANDO			
Dramatizaciones	• El regreso de Quetzalcóatl	• Un drama de la vida	
	• ¡Pero somos mexicanos!	• ¡Debate!	
			• México-Guatemala
Pasaporte cultural			
Vea Gente del Mundo 21, Del pasado al presente *y* Ventanas al Mundo 21			
ESCUCHAR			
Y ahora, ¡veámoslo!			• "Teotihuacán"

UNIDAD 4 — Cuba, la República Dominicana y Puerto Rico: en el ojo del huracán

Organización y desarrollo

UNIDAD 5 — *El Salvador, Honduras, Nicaragua y Costa Rica: entre el conflicto y la paz*

	Lección 1 *El Salvador*	**Lección 2** *Honduras y Nicaragua*	**Lección 3** *Costa Rica*
CULTURA/ COMUNICACIÓN			
Gente del Mundo 21	• Óscar Arnulfo Romero, José Napoleón Duarte, Manlio Argueta, Claribel Alegría	• *Honduras:* Gabriela Núñez, Lempira • *Nicaragua:* Rosario Aguilar, Daniel Ortega	• Franklin Chang-Diaz, Sonia Picado Sotela, Claudia Poll Ahrens, Óscar Arias Sánchez
Del pasado al presente	• El Salvador: la búsqueda de la paz	• Honduras: con esperanza en el desarrollo • Nicaragua: reconstrucción de la armonía	• Costa Rica: ¿utopía americana?
Ventanas al Mundo 21	Isaías Mata: artista por la paz • Los salvadorerios en el ciberespacio	• La importancia del plátano • Nicaragua: tierra de poetas	• Educación en vez de ejército
Cultura en vivo	• La leyenda del Cipitío		
LEER			
Y ahora, ¡a leer!	• "Los perros mágicos de los volcanes" por Manlio Argueta	• "Mis primeros versos" por Rubén Darío	
Escenario *Vea* Del pasado al presente y Ventanas al Mundo 21			• Parques nacionales y reservas biológicas
VOCABULARIO			
Anticipando la lectura	• Vocabulario en contexto	• Vocabulario en contexto	
Palabras como clave	• **marchar**	• **animalito**	
Vocabulario personal		• La madre naturaleza	
ESCRIBIR			
Escribamos ahora		• Explicar lo inexplicable	• Versión final y publicación
Manual de gramática	• Pronombres relativos • Presente de subjuntivo en las cláusulas adjetivales	• Presente de subjuntivo en las cláusulas adverbiales: Primer paso	• Presente de subjuntivo en las cláusulas adverbiales: Segundo paso
HABLAR			
Dramatizaciones	• Cipotes y cadejos • ¡Debate!	• Mis primeros… • Fin	
Pasaporte cultural *Vea* Gente del Mundo 21, Del pasado al presente y Ventanas al Mundo 21			• ¡Veinte preguntas!
ESCUCHAR			
Y ahora, ¡veámoslo!			• "Costa Rica—los parques nacionales"

UNIDAD 6 · Colombia, Panamá y Venezuela: la modernidad en desafío

Organización y desarrollo

UNIDAD 7   *Perú, Ecuador y Bolivia: camino al sol*

	Lección 1 *Perú*	Lección 2 *Ecuador*	Lección 3 *Bolivia*
CULTURA/ COMUNICACIÓN Gente del Mundo 21	• Javier Pérez de Cuéllar, Susana de la Puente, Mario Vargas Llosa, Tania Libertad	• Jorge Icaza, Diego Serrano, Gilda Holst, Enrique Tábara	• Eduardo Hoffmann, Jaime Paz Zamora, María Luisa Pacheco, Alcides Arguedas
Del pasado al presente	• El Perú: piedra angular de los Andes	• Ecuador: corazón de América	• Bolivia: desde las alturas de América
Ventanas al Mundo 21	• Los tesoros de Sipán • La papa	• La zona amazónica: ¿desarrollo o destrucción? • Quito: tesoro colonial	• La música andina
Cultura en vivo	• Los incas: arquitectos e ingenieros por excelencia		
LEER Y ahora, ¡a leer!	• "El hombre y la víbora" de la tradición oral quechua	• "Las islas Galápagos: gran zoológico del mundo"	• Los aymaras
Escenario *Vea* Del pasado al presente *y* Ventanas al Mundo 21			
VOCABULARIO Anticipando la lectura Palabras como clave Vocabulario personal	• Vocabulario en contexto • **picar**	• Vocabulario en contexto • **isla** • Leyendas	
ESCRIBIR Escribamos ahora Manual de gramática	• Imperfecto de subjuntivo: Cláusula nominales y adjectivales	• Las moralejas • Imperfecto de subjuntivo: Cláusula adverbiales	• Versión final y publicación • Presente perfecto: Indicativo y subjuntivo
HABLAR Dramatizaciones	• Las tumbas reales de Sipán • Interpretación	• Atahualpa y Huáscar • Un laboratorio viviente	• Sopa de letras
Pasaporte cultural *Vea* Gente del Mundo 21, Del pasado al presente *y* Ventanas al Mundo 21			
ESCUCHAR Y ahora, ¡veámoslo!			• "A orillas del lago Titicaca con los aymaras"

UNIDAD 8   *Argentina, Uruguay, Paraguay y Chile: aspiraciones y contrastes*

	Lección 1 *Argentina y Uruguay*	**Lección 2** *Paraguay*	**Lección 3** *Chile*
CULTURA/ COMUNICACIÓN			
Gente del Mundo 21	• *Argentina:* Jorge Luis Borges, Paloma Herrera • *Uruguay:* Fernando Espuelas, Cristina Peri Rossi	• Berta Rojas, Alfredo Stroessner, Josefina Plá, José Luis Chilavert	• Roberto Matta, Isabel Allende, Violeta Parra, Pablo Neruda
Del pasado al presente	• *Argentina:* un gran país con un nuevo comienzo • *Uruguay:* la "Suiza de América" en recuperación	• Paraguay: la nación guaraní se moderniza	• Chile: un largo y variado desafío al futuro
Ventanas al Mundo 21	• Eva Duarte de Perón: la mujer y el mito • Fútbol: el deporte sudamericano	• Los guaraníes • La presa gigante de Itaipú	• Chile: frutería del mundo
Cultura en vivo	• El padre de la criatura		
LEER			
Y ahora, ¡a leer!	• "Continuidad de los parques" por Julio Cortázar	• "Discurso de Augusto Roa Bastos en la entrega del Premio Cervantes" *(Fragmento)*	
Escenario			• El retorno de la democracia
Vea Del pasado al presente *y* Ventanas al Mundo 21			
VOCABULARIO			
Anticipando la lectura	• Vocabulario en contexto	• Vocabulario en contexto	
Palabras como clave	• **molestar**	• **fortuna**	
Vocabulario personal		• La realidad mágica	
ESCRIBIR			
Escribamos ahora		• La realidad y la imaginación	• Versión final y publicación
Manual de gramática	• Otros tiempos perfectos	• Secuencia de tiempos: Indicativo	• Secuencia de Tiempos: Indicativo y subjuntivo • Imperfecto de subjuntivo en cláusulas principales
HABLAR			
Dramatizaciones	• Drama en un drama • El balompié	• La misión • Elocuencia	
Pasaporte cultural			• ¡Veinte preguntas!
Vea Gente del Mundo 21, Del pasado al presente *y* Ventanas al Mundo 21			
ESCUCHAR			
Y ahora, ¡veámoslo!			• "Chile—los frutos de la paz"

Al enseñar con NUESTRO MUNDO

▶ ## Inicio de la unidad

5–10 minutos

Cada unidad empieza con varias fotos llamativas en página doble que inmediatamente invitan a los estudiantes a visitar los países que se presentan en la unidad. Con mucho colorido, estas fotos estimulan la curiosidad de los alumnos y los animan a empezar su viaje por los países que allí se presentan.

Sugerencias para trabajar con el *Inicio de la unidad*

1. En un mapa frente a la clase, pídales a sus estudiantes que localicen los países que se van a presentar en la unidad.

2. Pídales que estudien las fotos y que digan cuáles son sus primeras impresiones sobre los países allí representados. Pídales que comenten sobre aspectos culturales que allí observan: apariencia del lugar, lo antiguo y lo moderno, etc.

3. Pídales que lean el título de la unidad y que especulen sobre el contenido y los temas que crean que se van a presentar. También pídales que escriban en media hoja de papel lo que crean que van a aprender a base del subtítulo de cada unidad. Al terminar la lección, pídales que vuelvan a sus predicciones y confirmen si acertaron o no.

4. Pídales a varios estudiantes que lean el texto al pie de las fotos en voz alta. Haga varias preguntas después de cada uno para verificar que todos entendieron.

5. Pídales que lean el **Enfoque** en silencio y que preparen dos o tres preguntas sobre lo que leyeron. Luego dígales a varios alumnos que le hagan sus preguntas a la clase entera.

6. Si alguno de sus alumnos es de uno de los países de la unidad, pídales que le describan su país a la clase. Si es necesario, hágales preguntas específicas para animarlos a hablar.

7. Explíqueles a los estudiantes que pueden utilizar **ClassZone, Presentación,** para aprender más sobre la región que se presenta en la Unidad.

Gente del Mundo 21   15–20 minutos

En esta sección sus alumnos van a conocer a más de cien importantes políticos, artistas, escritores, deportistas y actores de todas partes del mundo hispano. Estas son las personas que sus alumnos oyen mencionar en el noticiero de las seis y cuyas caras aparecen en los diarios cada día.

Sugerencias para trabajar con *Gente del Mundo 21*

1. Varíe la manera en que se leen estas biografías:
   - Pídales a los estudiantes que lean cada una en voz alta en clase.
   - Pídale a todos que las lean en silencio.
   - Pídales que las lean en casa como tarea.
   - Pídales que las lean en silencio en grupos de tres o cuatro. Dígales que pidan ayuda de sus compañeros si tienen dificultad en entender lo que leen.

2. No deje de verificar la comprensión cada vez que lean una biografía. Varíe la manera de verificar:
   - Que usted haga las preguntas de comprensión.
   - Que los mismos estudiantes hagan las preguntas.
   - Que preparen preguntas para la clase en parejas o grupos pequeños.
   - Que la clase entera prepare preguntas como tarea. Luego que las hagan a la clase entera, en parejas o en grupos pequeños.

3. Cuando trabajen en parejas o grupos pequeños, siempre pídales que informen a la clase entera de los resultados. De tal manera puede controlar la calidad del trabajo en grupos.

4. Jueguen a "¿Quién soy?": Pégueles un papelito con una nueva identidad en las espaldas sin decirles su nueva persona. Luego, trabajando en parejas, tienen que adivinar su nueva persona sólo al hacerle preguntas a su compañero.

5. En grupos de seis, pídales a cuatro estudiantes del grupo que asuman la personalidad de los cuatro personajes. A los otros dos dígales que son reporteros que van a entrevistar a las cuatro personas famosas. Anime a todos a que no se limiten a la información en las biografías si ya conocen a estos personajes.

6. Explíqueles a los estudiantes que pueden utilizar **ClassZone, Enlaces/actividades,** para aprender más sobre las contribuciones de los individuos presentados.

Del pasado al presente

Esta es una breve historia del país de enfoque de la lección. Todas las historias vienen bien ilustradas con fotos o dibujos que ayudan al estudiante a entender lo que lee. Una serie de preguntas en **¡A ver si comprendiste!** verifica la comprensión.

Sugerencias para trabajar con *Del pasado al presente*

1. Empiece por pedirles a los estudiantes que digan si reconocen algunas de las fotos y que den cualquier información geográfica, política o cultural sobre las personas o lugares en las fotos. Si no las reconocen, pídales que especulen sobre cada foto y, con la ayuda de los encabezamientos, digan qué o quiénes creen que son.

   ♦ Ayúdeles a leer selecciones largas, siempre variando la manera en como se hace.

   En silencio   Pídales que lean un párrafo a la vez en silencio. Luego hágales muchas preguntas para verificar que comprendieron, o pídales a ellos que preparen tres o cuatro preguntas sobre lo que leyeron para hacerle a la clase entera. Repita el proceso hasta terminar.

En cuatro grupos   Léales el primer párrafo en voz alta y hágales varias preguntas para verificar la comprensión. Luego divida la clase en cuatro grupos. Pídale al primer grupo que lea en silencio la sección bajo el primer encabezamiento, al segundo grupo que lea la sección bajo el segundo encabezamiento, etc. Dígales que son responsables por hacerse expertos en lo que leen. También dígales que si tienen dificultad en entender lo que leen, que le pidan ayuda a cualquier persona en su grupo. Déles 5 minutos para leer, luego con libros cerrados, pídale a una persona del primer grupo que le diga algo importante que aprendió en la selección que leyó. Luego a otra persona en el mismo grupo, y a otra, hasta que hayan presentado toda la información importante de la primera sección. Haga lo mismo con los otros grupos. Repita el proceso hasta terminar con la lectura.

En voz alta   Ésta es una variación de la anterior. Léales el primer párrafo. Divida la clase en cuatro grupos y nombre un líder para cada grupo. Pídale al líder de cada grupo que le lea la sección indicada a sus compañeros en voz alta (el líder del primer grupo lee la sección bajo el primer encabezamiento, el líder del segundo la sección bajo el segundo encabezamiento, etc.). Todas las demás personas en el grupo deben tener el libro cerrado. Si tienen problema en entender, pueden pedir ayuda a cualquier persona en su grupo. Después de cinco minutos, pídale información a las personas en el primer grupo hasta conseguir toda la información importante de la primera sección. Haga lo mismo con los otros tres grupos. Repita el proceso hasta terminar la lectura.

2. Use las preguntas de **¡A ver si comprendiste!** para verificar que toda la clase entendió la información importante de la lectura.

   ◆ Pídale a un estudiante que le haga el primer juego de preguntas a la clase entera, luego a otro que haga el segundo juego, etc.

   ◆ Pídales a los estudiantes que contesten estas preguntas en grupos de tres o cuatro y que informen a la clase del resultado.

3. Después de contestar las preguntas de **¡A ver si comprendiste!** pídales que identifiquen los lugares y las personas en las fotos.

4. Tenga presente que no se espera que los estudiantes memoricen todos los nombres, datos y fechas mencionados en las lecturas. Al contrario, lo que se busca es que recuerden los grandes movimientos y los importantes factores que influyeron en el desarrollo del país y su cultura.

5. Explíqueles a los estudiantes que pueden utilizar **ClassZone, Prueba interactiva,** para revisar la información que han aprendido.

Ventana al Mundo 21

La mayoría de las lecciones incluye dos viñetas culturales que proveen información adicional sobre importantes individuos, tradiciones, lugares o eventos del país de la lección. Las breves actividades que acompañan estas cortas lecturas le permiten al estudiante leer entre líneas e interpretar lo leído.

Sugerencias para trabajar con *Ventana al Mundo 21*

1. Para ver si están familiarizados con el tema, pídales que le cuenten a la clase lo que saben. Luego pídales que identifiquen las fotos y describan lo que ven. Cuando sea apropiado, pídales que comparen el arte de una ventana con el de otras lecciones, por ejemplo, el cuadro de Frida Kahlo (pág. 127) con *Guernica,* de Pablo Picasso (pág. 102).

2. Varíe la manera de hacer las viñetas culturales.

   ◆ Pídales que lean en silencio y hagan la actividad de comprensión por escrito.

   ◆ Dígales que la lean en parejas, ayudándose cuando sea necesario. Luego que contesten las preguntas en parejas.

   ◆ Pídales que la lean individualmente. Luego hágale las preguntas de comprensión a la clase entera.

Y ahora, ¡a leer! (Lecciones 1 y 2) $\quad$ 25–30 minutos

En esta sección aparecen las lecturas principales de la unidad. La primera lección siempre contiene una lectura literaria por un escritor del país de la lección. La lectura de la segunda lección siempre es una lectura periodística sacada de una revista o un periódico del país de la lección. En **Anticipando la lectura**, los estudiantes primero hacen una actividad para ver lo que ya saben del tema de la lectura, luego un ejercicio para familiarizarse con el vocabulario de la lectura. **Conozcamos al autor** presenta información biográfica sobre el autor. **¿Comprendiste la lectura?** verifica la comprensión y guía al estudiante a analizar, a criticar y a discutir la trama, los personajes, los temas y el estilo del autor.

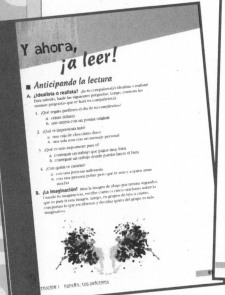

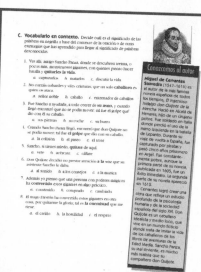

Sugerencias para trabajar con *Y ahora, ¡a leer!*

1. Siempre haga las actividades de **Anticipando la lectura** con la clase antes de leer la lectura misma.

2. Pídales que primero hagan el ejercicio **Vocabulario en contexto** individualmente, en parejas o en grupos pequeños, luego con la clase entera para verificar la comprensión.

3. Antes de empezar a leer, pídales que describan e identifiquen las fotos o los dibujos que acompañan las lecturas. Pídales que relacionen estas fotos con el título de la selección y que digan de qué creen que se va a tratar la lectura.

4. Varíe la manera de hacer estas lecturas.

    ◆ Use cualquier de los métodos sugeridos para **Del pasado al presente.**

    ◆ Pídale a un estudiante que lea en voz alta. Haga muchas preguntas de comprensión antes de pedirle a otro que lea.

    ◆ Léales usted en voz alta. Haga preguntas de comprensión.

    ◆ Explíqueles a los estudiantes que pueden utilizar **ClassZone, Cibertarjetas,** para revisar el vocabulario de la lectura.

    ◆ Use cualquier combinación de estas sugerencias.

5. Antes de hacer ¿**Comprendiste la lectura?** haga una actividad cadena para repasar los eventos más importantes de la lectura. Pídale a un individuo que mencione el primer evento importante de la lectura, luego a otro el segundo, a otro el tercero, etc. Insista en que mantengan un orden cronológico al contar los eventos.

6. También puede pedirles que dramaticen las lecturas, tales como "Adolfo Miller" (págs. 31–34), *Don Quijote de La Mancha* (págs. 83–86) y "Tiempo libre" (pág. 130).

7. Pídales que comparen el estilo de escribir de dos autores o varios aspectos literarios de dos cuentos. Por ejemplo, el estilo de Gabriel García Márquez (págs. 277–280) con el de Julio Cortázar (págs. 386–389), o aspectos literarios en "Tiempo libre" (pág. 130) con "Continuidad de los parques" (págs. 387–389).

8. Explíqueles a los estudiantes que pueden utilizar **ClassZone, Más lecturas,** para leer otro ejemplo de escritura de la región presentada.

Palabras como clave
(Lecciones 1 y 2)

Esta sección presenta una palabra clave sacada de la lectura de la primera o la segunda lección e involucra a los estudiantes a entender sus diferentes sentidos o a identificar otras palabras con la misma raíz.

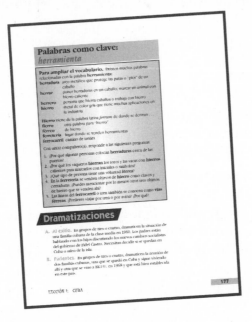

Sugerencias para trabajar con *Palabras como clave*

1. En parejas, pídales que escriban definiciones de las palabras en esta sección. Luego pídales a unos que pongan sus definiciones en la pizarra para que la clase pueda verificarlas.

2. En parejas, grupos pequeños o como individuos, pídales que busquen dónde ocurren estas palabras en la lectura y que expliquen su significado en ese contexto.

3. Pídales que pasen a la pizarra y escriban oraciones originales con las nuevas palabras.

4. Pregúnteles si saben otras palabras derivadas de la misma. Si así es, pídales que definan las nuevas palabras.

Dramatizaciones (Lecciones 1 y 2) 25 minutos

Estas actividades culturales siempre están relacionadas a las lecturas periodísticas y literarias de la lección correspondiente. Las dramatizaciones se basan en algún momento clave en la historia del país que acaban de leer o en la trama de un cuento que acaban de leer.

En la segunda mitad del texto se les pide a los estudiantes que participen en debates en esta sección. Estos debates les proveen a los estudiantes la oportunidad de expresar y apoyar sus propias opiniones, defenderlas y hasta negociarlas.

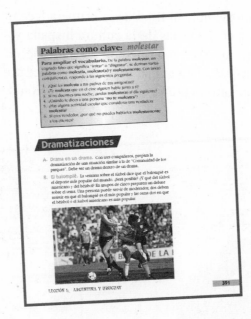

Sugerencias para trabajar con *Dramatizaciones*

1. Las dramatizaciones deben ser espontáneas. No permita que escriban lo que van a decir.

2. Anime a los estudiantes a ser creativos en sus presentaciones y a preservar la autenticidad histórica y cultural.

3. Para ahorrar tiempo, siempre asigne todas las dramatizaciones o debates a la vez.

4. También puede ahorrar tiempo si divide la clase en tres o cuatro grupos grandes y les pide que se organicen en círculos grandes. Luego cada pareja en el grupo debe turnarse para presentar su dramatización.

Esto permite que tres parejas se estén presentando a la misma vez. Cada grupo puede seleccionar la mejor y ésas se pueden presentar a la clase entera.

5. Es importante calificar estas presentaciones de vez en cuando; utilice un criterio global.

6. Si tiene una videograbadora, de vez en cuando filme las presentaciones y guárdelas.

Cultura en vivo (Lección 1)   25 minutos

Estas secciones ocurren siempre al final de la primera lección. En ellas los estudiantes exploran muchas facetas de la cultura hispana y acaban por ejemplo, por asumir el papel de un arqueólogo descifrando el calendario azteca, o el de un crítico de arte comparando dos grandes obras de arte español, o el de un dramaturgo preparando una adaptación de un cuento de García Márquez.

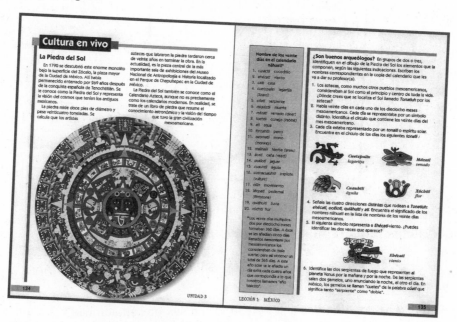

Sugerencias para trabajar con *Cultura en vivo*

1. Pídales que lean la información, en silencio unas veces, en voz alta otras. Hágales preguntas para verificar la comprensión.

2. Permita suficiente tiempo para el trabajo en parejas. Camine entre ellos mientras trabajan en grupos para ayudarles, si lo necesitan, y para asegurarse de que todos estén trabajando y no sólo conversando.

3. Siempre verifique el trabajo de parejas o grupos pequeños con la clase entera.

4. Siempre anime a sus estudiantes a compartir con la clase si tienen más información sobre el tema cultural.

Vocabulario personal (Lección 2)   5 minutos

En esta sección los estudiantes preparan sus propias listas de vocabulario activo personalizado, basado en palabras que sacaron de las lecturas. Éstas pueden ser palabras nuevas o que ya sabían. Los temas de las listas siempre están relacionados al tema de la composición. Por lo tanto, estas listas acaban por ser el primer paso que los estudiantes toman en preparación para la tarea de redacción que tendrán que hacer en **Escribamos ahora.**

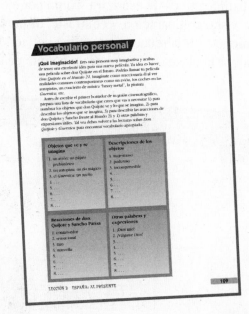

Sugerencias para trabajar con *Vocabulario personal*

1. Acostumbre a los estudiantes a hojear las dos lecturas de la unidad en busca de palabras y expresiones útiles.

2. Recuérdeles que deben incluir en las distintas categorías de vocabulario palabras que ya saben y no sólo nuevas palabras.

3. Siempre permita suficiente tiempo para que compartan sus listas y anímelos a que tomen palabras prestadas de las listas de sus compañeros.

4. Dígales que las listas les van a ser útiles cuando escriban la composición.

5. Anímelos a buscar sinónimos para palabras que ya saben, para así poder referirse a la misma cosa de varias maneras.

► Escribamos ahora (Lecciones 2 y 3)   40–50 minutos

Esta práctica de redacción se divide en dos partes, la primera parte de la redacción viene al final de la segunda lección, la segunda parte al final de la tercera lección. Aquí los estudiantes aprenden a redactar usando la misma metodología que en sus clases de inglés: desarrollar y organizar ideas, escribir el primer borrador, revisar el contenido con la ayuda de dos o tres compañeros de clase, desarrollar el segundo borrador, corregir errores de gramática, puntuación y ortografía con la ayuda de uno o dos compañeros de clase y escribir el borrador final. En cada unidad los estudiantes practican distintos tipos de escritura, como por ejemplo, descripción y punto de vista, comparación y contraste, discurso directo, y expresar y apoyar opiniones. Cada redacción termina por ser evaluada por el maestro y publicada por la clase entera o por un comité de alumnos.

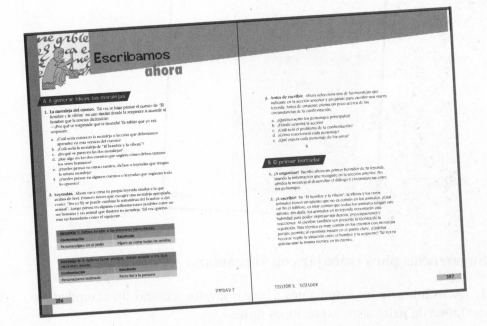

Sugerencias para trabajar con *Escribamos ahora*

1. Esta actividad toma un total de cincuenta minutos de tiempo en clase pero repartido en dos sesiones de veinticinco minutos cada una a lo largo de dos días.

    El primer día (Lección 2)

    ◆ (5 minutos) Repasen las nuevas estrategias de **A generar ideas**.

    ◆ (15 minutos) Pídales que hagan la planificación y organización necesaria en clase.

    ◆ (5 minutos) Permítales tiempo para empezar a escribir el primer borrador. Su tarea ese día es sacar en limpio el primer borrador para la clase al día siguiente.

    El segundo día (Lección 3)

    ◆ (15 minutos) Permítales tiempo para compartir su redacción con dos o tres compañeros de clase para conseguir sugerencias sobre cómo mejorarla y para crear un segundo borrador del primero.

    ◆ (10 minutos) Permítales tiempo para compartir su redacción una vez más con dos o tres compañeros de clase —esta vez para que revisen la estructura, ortografía y puntuación. Su tarea ese día es sacar en limpio la versión final para entregarla al día siguiente.

2. La actividad de **Publicación** al final de esta sección es muy importante para darle una meta y un propósito a la redacción.

    ◆ Siempre guarde las mejores redacciones para que los otros alumnos puedan leerlas y usarlas como modelos.

    ◆ Use las libretas de trabajos hechos en clase como lectura adicional cuando el tiempo permita: para los alumnos que terminen el examen antes que los otros, para los que lleguen temprano a la clase, para los grupos que terminen las actividades antes que los otros, etc.

3. Explíqueles a los estudiantes que pueden compartir lo que escriben en **ClassZone, Taller de escritura.**

INTERNET
Taller de escritura
www.mcdougallittell.com

▶ Luz, cámara, acción (Lección 3)   30 minutos

Esta parte de la tercera lección está basada no en lecturas sino en videos. Los videos de *Nuestro mundo* son videos auténticos de México, España, Puerto Rico, Costa Rica, Venezuela, Bolivia, Chile y Estados Unidos. Al empezar la tercera lección hay, en **Antes de empezar el video,** una actividad diseñada a ver cuánto ya saben los estudiantes del tema del video. En **Escenario,** los estudiantes leen una breve lectura sobre el tema del video. Después de contestar unas cuantas preguntas sobre la lectura, ven el video y luego, en **A ver cuánto comprendiste...,** hacen dos actividades para verificar que lo entendieron y para discutir e interpretar lo que vieron.

Sugerencias para trabajar con *Luz, cámara, acción*

1. Siempre hagan las actividades de **Antes de empezar el video** para desarrollar el conocimiento que ya tienen los estudiantes del tema del video.

2. Pídales a individuos que lean la lectura de **Escenario,** uno a la vez. Hágales preguntas para verificar la comprensión.

3. Use las ideas que ya hemos presentado en **Del pasado al presente** y en **Y ahora, ¡a leer!** para variar la manera en que se hace la lectura.

4. Si contestan **¡A ver si comprendiste!** en parejas, hágales preguntas para verificar la comprensión.

5. Léales el parrafito **Y ahora, ¡veámoslo!** en voz alta y hágales preguntas para verificar la comprensión.

6. Ponga el video y muéstrelo hasta el final sin pararlo. Luego vuelva a mostrarlo en trocitos, parándolo después de cada trozo para hacer preguntas y verificar que entendieron. Luego muéstrelo una vez más desde el principio, antes de hacer las preguntas de **A ver cuánto comprendiste...**

Pasaporte cultural (Lección 3) 30 minutos

Esta sección consiste en juegos de palabras o hechos al final de cada unidad. El motivo de los juegos es repasar el contenido cultural de la unidad. Los nueve juegos utilizan cuatro formatos distintos: veinte preguntas, riesgo, crucigramas cooperativos y buscapalabras.

Sugerencias para trabajar con *Pasaporte cultural*

1. Recuérdeles a los estudiantes que el juego es verdaderamente un repaso en preparación para el examen de la unidad.

2. Anímelos a no usar sus libros de texto al contestar las preguntas. Permítales, sin embargo, usar sus libros para verificar las respuestas o si ninguno puede contestar la pregunta.

3. Si terminan un juego demasiado rápido, déles otra versión del mismo juego.

Manual de gramática

La gramática de *Nuestro mundo* aparece como un manual completo al final del texto. La gramática está coordinada con cada unidad y cada lección del texto. El manual empieza por repasar las estructuras que ya se presentaron en *Tu mundo* pero pronto pasa a presentar estructuras que los alumnos no habían visto antes. El presentar toda la gramática junta al final del texto facilitará encontrar lo que sus estudiantes necesiten estudiar en cualquier momento dado. Es decir, el manual en realidad funcionará como un texto de referencia. Esta gramática se ha preparado con la intención de ayudar a jóvenes hispanos a entender de forma explícita las nociones básicas de la lengua. En combinación con el estudio de la lengua en el *Cuaderno de actividades,* este manual lleva a los estudiantes hispanohablantes a distinguir entre formas coloquiales de expresión y el español general, y los guía a aprender a distinguir las formas de expresión del español y del inglés, encaminándolos siempre hacia el dominio del español escrito.

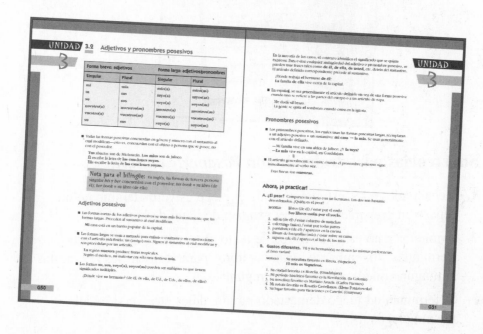

Sugerencias para trabajar con el *Manual de gramática*

1. Pídales que lean las secciones de gramática en casa, como tarea. No les pida que preparen más de una sección a la vez. Pídales que hagan **Ahora, ¡a practicar!** al final de cada sección por escrito y como tarea.

2. En clase, al día siguiente, contésteles las preguntas que tengan sobre lo que leyeron. La única pregunta que no debe contestar es "No entendí nada. ¿Puede explicarlo?" Eso quiere decir que no leyó nada y quiere que usted le haga la tarea.

3. Después de contestar sus preguntas, corrija la tarea con la clase entera (pídales que pongan las respuestas correctas en la pizarra, ponga usted las respuestas correctas en una transparencia, pídales que den las respuestas correctas en voz alta, etc.) y recójala.

4. Por lo menos dos o tres veces por semana, déles una prueba de sólo dos o tres preguntas sobre la gramática que leyeron en casa. Pídales que la hagan en grupos de tres (tres personas, una hoja de papel con los tres nombres). Esto les permite ayudarse (¡enseñarse!) ellos mismos y le da a usted unas diez pruebas que corregir en vez de treinta. Siempre déles las respuestas correctas al terminar la prueba y devuélvaselas corregidas al día siguiente.

5. De vez en cuando, divida la clase en cuatro grupos y pídales que lean una sección de gramática en silencio. Si tienen dificultad en entender algo, dígales que le pidan ayuda a otra persona en su grupo. Luego haga **Ahora, ¡a practicar!** con la clase entera o en grupos.

6. La **Nota para el bilingüe** compara el inglés con el español. De vez en cuando, dedique unos minutos desarrollando una de particular interés para sus estudiantes.

7. Explíqueles a los estudiantes que pueden utilizar **ClassZone, Prueba interactiva,** para revisar la información que han aprendido.

Manejo diario de la clase

La organización de las lecciones de *Nuestro mundo* es tal que el papel de los maestros en clase variará entre facilitador, director, guía, productor, actor, intérprete y espectador. Hay mucha flexibilidad en cómo desempeñar todos estos papeles y los autores de este texto reconocen que cada maestro tiene su propia manera de enseñar. Con tal fin, se hacen las siguientes sugerencias que pueden serles útiles a todos.

Sugerencias generales

1. Asegúrese de que todos sus estudiantes entiendan claramente el propósito de cada sección de las lecciones.

2. Anímelos siempre a expresar sus propias ideas, a relacionar lo que estudian con sus propias vidas, a comparar y contrastar con su propia cultura, y a aceptar que hay distintas maneras de hablar y que todas son válidas.

3. Tenga un sistema de premiar el buen comportamiento y de desanimar el comportamiento inapropiado, y explíqueles el sistema a sus estudiantes.

4. Establezca una rúbrica fácil de usar para evaluar tanto el trabajo oral como el trabajo escrito de sus estudiantes. En la siguiente sección aparecen varias sugerencias para hacer esto.

Sugerencias relacionadas con las lecturas

1. Lo más probable es que sus estudiantes no estén acostumbrados a lecturas largas en español; por lo tanto, no les pida que lean demasiado a la vez. Resista el pedirles que hagan las lecturas principales en casa; siempre léanlas en clase, como actividad en grupos, para que sólo tengan que leer una parte de la lectura, no toda.

2. Enséñeles a leer un trocito a la vez y luego a hacerse muchas preguntas para verificar la comprensión antes de seguir adelante.

3. Asegúreles que no se espera que entiendan cada palabra que lean. Al leer, la meta siempre es la comprensión del mensaje, no de cada palabra.

4. Explíqueles a los estudiantes que pueden utilizar la serie *Ventanas* para practicar y reforzar la lectura.

Evaluación global del trabajo oral y escrito

Si vamos a lograr que los estudiantes hispanos sientan orgullo en el español que ya saben y se entusiasmen en aprender más, es preciso evaluar sus esfuerzos de una manera global y no sólo basándonos en el número de errores gramaticales o de ortografía que cometan. Tenemos que aceptar que al empezar el estudio formal de una lengua, todos los alumnos pasan por una fase en la cual cometen errores. No obstante, con la práctica y los muchos buenos ejemplos que diariamente verán y oirán en clase, no sólo desarrollarán mejor fluidez en el uso de la lengua sino también irán desapareciendo los errores que por lo general cometen al escribir en español. Pero esto sólo puede ocurrir si alcanzamos a hacerlos sentir ese orgullo de ser hispanohablantes.

La mejor manera de motivar a nuestros estudiantes es usar una rúbrica global al evaluar su trabajo. Tal rúbrica los evaluaría a base de si cumplieron de una manera satisfactoria o no lo que se les pidió que hicieran, ya sea al leer, al escribir, al hacer actividades comunicativas o ejercicios de gramática. Si se les evalúa de esta manera, es esencial que sus estudiantes siempre entiendan exactamente qué es lo que se les pide que hagan y cómo serán evaluados.

Hay distintas rúbricas globales que podrían usarse. A continuación se presentan tres que podrían servirle.

Una rúbrica desarrollada a su gusto

- Especifique los elementos de una actividad que van a contar y que afectarán la nota. Si es una actividad oral: la pronunciación, variedad de vocabulario, variedad de oraciones, fluidez, etc. Si es una actividad escrita: la concordancia, **ser** y **estar,** verbos irregulares, pretérito e imperfecto, etc.

- Habiendo especificado el enfoque, desarrolle una descripción de lo que se espera del alumno para sacar una nota de A, B, C, etc.

Una rúbrica sencilla para evaluar trabajo oral y escrito

Nota	Explicación
A	Cumplió con todo lo que se le pidió. Cometió pocos errores y éstos jamás confundieron la comprensión.
B	Cumplió con lo que se le pidió. Cometió algunos errores, pero sólo unos dos o tres confundieron la comunicación.
C	Casi cumplió con todo lo que se le pidió. Cometió algunos errores que interrumpieron la comunicación.
D	No cumplió con lo que se le pidió. Cometió tantos errores que nadie lo entendió, ni incluso el profesor.
F	No cumplió con lo que se le pidió. Nada de lo que decía o escribía tenía sentido. No hizo ningún esfuerzo. Usó inglés constantemente.

Una rúbrica aún más sencilla

Nota	Explicación
+	Hizo más de lo que se esperaba que hiciera.
✓	Cumplió con lo que se esperaba.
−	No alcanzó a hacer lo que se esperaba.

Para evaluar las composiciones

Es sumamente importante motivar a nuestros estudiantes y hacerlos sentir orgullo de ser hispanohablantes, a la vez es necesario empezar a insistir en que estén más conscientes de la gramática y que sean más exactos en su empleo. En particular, es muy importante que los estudiantes ya dejen de cometer errores con las estructuras elementales y empiecen a enfocarse en usar correctamente las estructuras menos comunes. La mejor manera de conseguir esto es hacerles entender que ciertas escrituras serán calificadas globalmente, pero que otras serán calificadas con una rúbrica que no perdona cierto tipo de errores.

Por eso se recomienda que las composiciones del *Cuaderno de actividades* y las de **Pruebas comunicativas** siempre se evalúen globalmente, prestando más atención a que hagan todo lo que se les pide y que eviten errores de comunicación. Sin embargo, las composiciones del texto en la sección **Escribamos ahora** y las de **Exámenes** deben calificarse usando una de las siguientes rúbricas.

Una rúbrica algo subjetiva

Elemento	Puntaje
Ideas y contenido	25 puntos máximo
Organización y transiciones	15 puntos máximo
Gramática	25 puntos máximo
Vocabulario y precisión	20 puntos máximo
Ortografía y presentación	15 puntos máximo
TOTAL	100 puntos

Una rúbrica más objetiva

Elemento	Puntaje
Ideas y contenido	–1 a –15 puntos por temas que ignoró +1 a +15 puntos por esfuerzos más allá de lo normal
Comunicación Aquí se incluye cualquier tipo de error que confundiría a una persona hispana no acostumbrada a tratar con personas del extranjero —gramática, palabra equivocada, acento, deletreo, concordancia, "cognado" falso, etc.	–1 punto por una palabra –2 puntos por una frase –3 puntos por una oración corta –4 puntos por una oración larga
Estructura y organización Aquí se incluyen errores de falta de cohesión, gramática, palabra equivocada, acento, deletreo, concordancia, "cognado" falso, etc.	$-\frac{1}{3}$ punto por cualquier error
TOTAL	Una composición de 50 a 100 puntos

▶ Uso de portafolios

En muchos distritos escolares se requiere el uso de portafolios para evaluar el progreso de los alumnos. También se usa para medir el progreso del departamento, del colegio o del distrito hacia las metas establecidas.

¿Qué es un portafolio?

Un portafolio es una colección de evidencia física de lo que el alumno puede hacer, de su destreza y de la calidad de su trabajo. El portafolio vale para reconocer y verificar el progreso del alumno; para proveerle al alumno algo concreto que le permita reflexionar y entender su propio progreso; para darles a los alumnos, a los padres y a los administradores una manera de reconocer, evaluar y comparar el progreso del aprendizaje; para facilitar que los estudiantes evalúen su propio trabajo; y para proveer una muestra del trabajo del estudiante que se pueda comparar sin dificultad con las metas establecidas de la institución del mismo.

Portafolios y *Nuestro mundo*

El propósito, uso, formato, organización y evaluación de portafolios varía tremendamente. La manera en la cual un maestro, una escuela o un distrito colecciona, guarda y evalúa portafolios depende de un sinnúmero de circunstancias. Cualquiera que sean esas circunstancias, *Nuestro mundo* ofrece una gran variedad de opciones para crear portafolios con muestras de todas las destrezas del alumno, ya sea de escuchar, de hablar, de leer, de escribir, de lograr una concienciación cultural, y hasta más.

El *Programa de pruebas y exámenes* de *Nuestro mundo* permite que el estudiante muestre control de vocabulario y de estructura tanto como de destreza en el escuchar, en el leer, en el lograr una concienciación cultural y en el escribir. Se puede incluir en el portafolio del estudiante uno o más de los exámenes, tanto como se puede incluir una o más de las composiciones. Éstas pueden ser seleccionadas por el estudiante mismo, por el maestro o por ambos. Es bueno incluir composiciones escritas a lo largo del año para mostrar el desarrollo del estudiante. Pueden incluirse grabaciones en audiocintas y/o videos con muestras del estudiante desempeñando distintos papeles en las **Dramatizaciones**. También pueden incluirse ejemplos de correspondencia electrónica, investigación hecha por Internet y porciones del Diario interactivo. En todo caso, es importante que el estudiante tenga la opción de poder incluir en su portafolio muestras de su uso y control de la lengua fuera de la clase.

Un portafolio típico con *Nuestro mundo*

Muchos colegios usan computadoras para grabar y guardar los portafolios de los estudiantes. Cualquiera que sea el formato para recoger información, un portafolio típico de un estudiante después de usar *Nuestro mundo* sin duda incluiría:

- Una muestra de las pruebas desarrolladas por el maestro
- Una muestra de los Exámenes que acompañan cada unidad
- El Examen de mitad de año y el Examen final
- Composiciones elegidas unas por el maestro, otras por el estudiante
- Autoevaluaciones por el estudiante
- Comentarios escritos por el maestro
- Grabaciones en audiocintas y/o en videos de las dramatizaciones hechas en clase
- Grabaciones en audiocintas y/o en videos hechas fuera de clase
- Muestras de composiciones o proyectos especiales, seleccionadas por el estudiante

Uso del diario interactivo

El uso de diarios interactivos es una de las mejores maneras de darle amplia oportunidad a los estudiantes para escribir extensamente sin crearle demasiado trabajo al maestro. Los diarios interactivos benefician al estudiante porque eliminan el peligro de recibir una mala nota —un peligro que, desgraciadamente, los estudiantes tienden a asociar con la redacción.

¿Qué es un diario interactivo?

Un diario interactivo es un cuaderno en el cual los estudiantes anotan sus pensamientos y sentimientos relacionados con acontecimientos y experiencias personales. Los diarios interactivos pueden tener como propósito:

- poner a los estudiantes en contacto con sus propios pensamientos y sentimientos
- animar a los estudiantes a analizar sus problemas y verlos de distintos puntos de vista
- proveerles por escrito nuevas ideas y temas a los estudiantes para sus composiciones
- practicar la redacción exploratoria, sin tener que preocuparse por la calificación
- comunicar ideas o experiencias personales con el maestro

Proceso y temas posibles

La frecuencia con que se le pide a los estudiantes que escriban en sus diarios interactivos y la frecuencia con que los recoge y los lee el maestro varían muchísimo. Con *Nuestro mundo*, se recomienda que al principio se escriba un mínimo de una página en el diario por lección (que básicamente acaba por ser una página por semana). Más adelante este mínimo puede aumentarse a una página y media por semana. El alumno mismo puede decidir si escribe un poco cada día o si escribe todo a la vez. El maestro se compromete a leerlos y comentarlos, pero *no* a calificarlos. A continuación aparecen varias sugerencias para temas que pueden desarrollarse cada semana para los diarios.

- Escribir un párrafo basado en cualquiera de los siguientes conceptos:

paz	confianza	miedo	alegría
orgullo	tristeza	éxito	futuro
familia	muerte	respeto	machismo

- Escribir un párrafo que comience con:

  Si yo fuera mi padre/madre/hermano/hermana...

  Si este año fuera 2030, yo...

  Si pudiera volver al pasado, yo...

  Si tuviera que ser animal, yo...

- Escribir uno o dos párrafos que comiencen con:

  Admiro a las personas que...

  No me gusta la gente que...

  Algo muy interesante que me pasó esta semana es...

  Lo que mucha gente no sabe de mí es que...

  Si pudiera cambiar mi manera de ser...

- Escribir sobre los siguientes temas:

  Tus experiencias en español

  Lo que te gusta y no te gusta de tu mejor amigo(a)

  Tus actividades durante el fin de semana

  Opiniones sobre una clase de español esta semana

Sugerencias y comentarios sobre el uso de diarios interactivos

Otra manera de proceder es asignar un tema cada dos semanas y dejar que el estudiante escriba sobre cualquier asunto que quiera en las otras semanas. Una manera fácil de acostumbrar a los estudiantes a escribir en sus diarios con regularidad es siempre recoger los diarios los viernes y devolvérselos los lunes. En vez de escribir en un cuaderno, se puede utilizar correo electrónico (e-mail) e Internet para crear un diario interactivo con un estudiante. En todo caso, es muy importante recordar que siempre hay que respetar los pensamientos y sentimientos expresados en un diario. Es apropiado reaccionar y comentar pero no juzgar o criticar —y nunca es apropiado corregir errores. Los comentarios siempre deben ser sinceros. Para el estudiante, los comentarios son una indicación de que el maestro está leyendo su diario, lo cual lo hace un diario interactivo.

Componentes auxiliares

Guía del maestro

Esta guía le provee al maestro amplia y provechosa información sobre todos los aspectos del programa para hispanohablantes. Además, la guía contiene una descripción detallada de la organización de *Nuestro mundo* con un sinnúmero de sugerencias generales y específicas sobre la enseñanza con este texto. Aquí el maestro va a encontrar información sobre el manejo diario de la clase, la evaluación global de trabajo oral y escrito, un plan de clase detallado y una clave de respuestas para los ejercicios que aparecen en el **Manual de gramática.** También hay una transcripción de audio CD para las actividades de **¡Escuchemos!** en el *Cuaderno de actividades.*

Cuaderno de actividades

Este cuaderno empieza con una sección introductoria, **Antes de empezar,** que incluye un breve enfoque sobre la lengua y cultura hispana en EE.UU. y unos formularios que ayudan a diagnosticar el nivel lingüístico de los estudiantes, a evitar errores de deletreo y a facilitar la corrección de composiciones. A continuación hay una lección preliminar y ocho unidades con tres lecciones cada una. El contenido de cada lección refuerza la materia correspondiente en el texto e introduce otros conceptos esenciales para los estudiantes hispanohablantes. En cada lección se encuentran las secciones **¡A escuchar!, ¡A explorar!** y **Vocabulario activo.**

¡A escuchar!

Esta sección contiene las páginas de actividades que acompañan los discos compactos del programa de audio. En **El Mundo 21**, los estudiantes escuchan primero a jóvenes, profesores o locutores hablar acerca de individuos específicos o temas culturales, luego hacen un par de actividades de comprensión auditiva. En **Acentuación y ortografía** hacen un repaso de reglas básicas de acentuación y deletreo seguidas por ejercicios de pronunciación y ortografía. La tercera parte, **Dictado,** les permite a los estudiantes desarrollar aún más sus habilidades auditivas mientras practican las reglas de acentuación, pronunciación y deletreo que han aprendido.

¡A explorar!

Esta sección se divide en cuatro partes y presenta información que estudiantes hispanohablantes necesitan comprender junto con una gran variedad de actividades. La primera parte explica principios, conceptos y usos del lenguaje. La segunda parte, **Gramática en contexto**, tiene ejercicios adicionales que hacen un repaso de puntos fundamentales de la gramática de la lección. La tercera parte, cuyo nombre varía entre **Pronunciación, Ortografía** o **Acentuación y ortografía**, practica los principios de la pronunciación, de la acentuación y del deletreo que se presentan en la sección **¡A escuchar!** La última parte, **Lengua en uso,** examina cómo la lengua hispana se habla en diferentes regiones del mundo hispano. Les enseña a los estudiantes a reconocer y a apreciar el uso de variantes coloquiales como el caló, el habla caribeña y el voseo.

En la primera lección de cada unidad se presenta una sección especial, **Correspondencia práctica,** que explica varias formas de la correspondencia tanto formal como informal. Ésta siempre se ilustra con ejemplos seguidos por tareas específicas de redacción.

Vocabulario activo

Esta sección comprende dos partes. La primera contiene las listas del vocabulario activo del texto y actividades para practicar, y ampliar el vocabulario de los estudiantes. Además, en esta parte se les pide a los estudiantes que recuerden de una manera sistemática las palabras y las expresiones que han aprendido antes. La segunda parte, **Composición,** encierra temas de redacción que les permiten a los estudiantes incorporar el vocabulario activo y usar su creatividad para expresar sus propias opiniones sobre algún aspecto cultural explicado en la lección.

Prueba de ubicación

Para ayudar a maestros y alumnos a decidir qué programa debe seguir cada alumno y en qué nivel debe empezar, el programa provee una *Prueba de ubicación* que sirve para ubicar al estudiante en los múltiples niveles de su programa para hispanohablantes. La *Prueba de ubicación* se divide en dos partes. La **Prueba articulada** determina la capacidad del examinando para entender el español hablado y escrito, para usar con eficacia el vocabulario y la estructura del español y para relacionarse con las distintas culturas de sus hablantes. La **Prueba global** mide el grado de eficacia y el grado de corrección de los estudiantes en el uso de la lengua hablada y de la lengua escrita. Esta parte es optativa ya que aporta datos suplementarios que los maestros podrán utilizar para complementar los resultados de la primera parte.

Programa de pruebas y exámenes

El *Programa de pruebas y exámenes* consta de veinticinco **Pruebas comunicativas,** una por cada lección —inclusive la **Lección preliminar**—, y ocho **Exámenes,** uno por cada unidad. Además, contiene un **Examen de mitad de año** y un **Examen final**. También hay una clave de respuestas para calificar las pruebas y los exámenes, un guión para las partes de comprensión oral, más las audiocintas para tales secciones.

Las pruebas comunicativas

Hay una prueba para cada lección del texto. Cada prueba evalúa el control que los estudiantes han logrado sobre la materia cultural y gramatical presentada en el texto, *no* en el *Cuaderno de actividades.* Cada prueba consta de las siguientes secciones:

   I. Gente del Mundo 21   una grabación para evaluar la comprensión oral

  II. Historia y cultura   una serie de preguntas tipo **cierto/falso** o de selección múltiple sobre importantes datos históricos y culturales estudiados en la lección

 III. Estructura en contexto   ejercicios contextualizados que miden el control logrado sobre la gramática presentada en la lección

  IV. Lectura   una lectura que requiere que el estudiante muestre comprensión y concienciación de la cultura

   V. Escritura   una redacción que requiere que los estudiantes muestren control de las estrategias de redacción presentadas en la lección y destreza para escribir composiciones

Las **Pruebas comunicativas** se pueden completar en veinticinco minutos o menos. Cada prueba vale 50 puntos.

Los exámenes

Hay un examen para cada unidad del texto. Cada examen evalúa el control que los estudiantes han logrado sobre la materia cultural y gramatical presentada en el texto *y* en el *Cuaderno de actividades*. Cada examen se divide en seis partes:

I. **Historia y cultura**   examina la comprensión oral a base de las lecturas históricas y culturales

II. **Acentuación y ortografía**   mide el control del estudiante sobre la relación entre el sonido, la acentuación y el deletreo

III. **¡A explorar!**   determina el control sobre las secciones de lengua presentadas en el cuaderno

IV. **Estructura en contexto**   evalúa el dominio de la gramática presentada en el texto

V. **Lectura**   valora la destreza de leer

VI. **Composición**   evalúa la redacción

Los exámenes se pueden completar en cuarenta y cinco minutos o menos. Cada examen vale 100 puntos.

El **Examen de mitad de año** y el **Examen final** son como las **Pruebas comunicativas** ya que sólo evalúan el control que los estudiantes han logrado sobre la materia cultural y gramatical presentada en el texto y *no* en el *Cuaderno de actividades,* y también porque siguen el mismo patrón de la pruebas con una sola excepción: la **Escritura** es opcional. Debido al tiempo limitado que los maestros tienen para corregir el **Examen de mitad de año** y **El examen final,** estos dos exámenes comprensivos han sido diseñados para ser calificados rápidamente.

Programa de audio CD

El *Programa de audio CD* que acompaña a *Nuestro mundo* está coordinado lección por lección con **¡A escuchar!,** del *Cuaderno de actividades.* Con estos audio CDs los estudiantes logran mejorar su comprensión oral mientras escuchan programas culturales de la radio, practican la acentuación y ortografía y hacen dictados. Si se considera beneficioso, los alumnos mismos pueden comprar sus propios disco compactos para practicar en casa.

Programa de videocasetes y videodiscos

La tercera lección de cada unidad de *Nuestro mundo* se basa en videos auténticos —bajo la sección *Luz, cámara, acción*— de ocho distintos países del mundo hispanohablante: México, España, Puerto Rico, Costa Rica, Venezuela, Bolivia, Chile y EE.UU. Este video consta de nueve programas, uno para cada una de las ocho unidades y uno para la **Lección preliminar.** Cada programa es apoyado en el texto por:

- **Antes de empezar el video**   actividades para ver qué saben los estudiantes del tema del video
- **Escenario**   una lectura para introducir el tema
- **Y ahora, ¡veámoslo!**   el video mismo
- **A ver cuánto comprendiste...**   un par de actividades para medir la comprensión y animar la discusión e interpretación

El **Programa de videocasetes y videodiscos** también incluye el guión para cada programa presentado. Los maestros pueden escoger entre videocasetes o videodiscos.

Los temas específicos que se presentan en el video son los siguientes:

Lección preliminar   *Las tres hispanidades*
Una vista panorámica de las tres hispanidades, o sea, España, Latinoamérica y EE.UU., que componen la realidad multicultural del mundo hispánico, narrado por Carlos Fuentes.

Capítulo 1   *Cristina —muchas voces, muchas caras*
Varias escenas del "show" de Cristina producido por Univisión para el público hispano desde los Estados Unidos.

Capítulo 2   Historia de un rodaje —*Tacones lejanos*
Una entrevista con el cineasta Pedro Almodóvar, con escenas de su película *Tacones lejanos.*

Capítulo 3   *Teotihuacán: Ciudad de los Dioses*
Una gira por la exposición sobre esta misteriosa cultura mesoamericana en el Museo M.H. de Young, de San Francisco.

Capítulo 4   *Los huracanes*
Varias escenas de rodaje auténtico de los preparativos ante el peligro de un huracán y los resultados del huracán "Hugo" en Puerto Rico.

Capítulo 5   *Costa Rica —Los parques nacionales*
Un programa sobre el importante papel que estos bosques tropicales hacen en preservar la ecología mundial.

Capítulo 6   *La realización de la Línea 2 Caricuao-Centro*
Un reportaje sobre la construcción de la segunda y más reciente línea del metro de Caracas.

Capítulo 7   *A orillas del lago Titicaca con los aymaras*
Unos días en la vida de los aymaras, indígenas del altiplano boliviano, incluyendo la celebración de una boda.

Capítulo 8   *Chile —los frutos de la paz*
Un discurso del presidente Patricio Aylwin sobre la democracia en Chile, ilustrado con miles de imágenes de la realidad chilena.

Pasaporte cultural

Este componente contiene lo que los estudiantes van a necesitar para completar los repasos colaborativos de la información cultural que aparece en la sección del mismo nombre en el texto. Aquí se encuentra el juego de palabras o hechos designado a cada unidad, ya sea en formato de veinte preguntas, riesgo, crucigramas cooperativos o buscapalabras. Estos juegos de palabras y hechos ayudan a los estudiantes a prepararse para los exámenes mientras se divierten trabajando en parejas o en grupos pequeños. Hay un total de nueve juegos, uno para cada unidad y uno para la **Lección preliminar.** La participación en estos repasos a base de juego, le dan a cada estudiante el derecho de recibir el sello oficial, del país recién visitado, en su pasaporte antes de continuar su viaje por el Mundo 21.

Programa de transparencias

Arte e imágenes del Mundo 21 consiste en un programa de transparencias que reproducen obras de arte y fotografías extraídas de *Pasaporte al Mundo 21*, acompañadas de sugerencias para desarrollar actividades culturales.

ClassZone: programa en Internet

ClassZone es el sitio en la red que acompaña los programas de McDougal Littell. El mismo provee ayuda para trabajar en las siguientes secciones de *Nuestro mundo.* Entre a **ClassZone** para obtener:

- Información regional de la Unidad
- Ejemplos de las contribuciones del Gente del Mundo 21
- Pruebas de autoevaluación para que los estudiantes comprueben su comprensión de la información histórica y de los conceptos gramaticales
- Cibertarjetas que sirven como ayuda para la lectura
- Lecturas adicionales
- Un centro para compartir lo que escriben los estudiantes
- Un centro para debatir ideas sobre las clases (accesible para maestros solamente)

Puente con TU MUNDO, ¡DIME! DOS y ¡EN ESPAÑOL! 2

Estudiantes hispanohablantes que completaron *Tu mundo, ¡Dime! Dos* o *¡En español! 2* pueden continuar a *Nuestro mundo* con facilidad aun si no completaron las ocho unidades de esos textos. Aunque *Nuestro mundo* es tanto un texto de historia y cultura como de lengua, no se espera que los estudiantes tengan ningún conocimiento de este contenido al empezar el curso; se asume que todos son principiantes. También, debido a que la gramática de *Nuestro mundo* empieza con un repaso de todas las estructuras principales que se presentan en *Tu mundo, ¡Dime! Dos* y *¡En español! 2* los estudiantes reconocerán mucha de la gramática presentada en *Nuestro mundo* como estructuras que ya estudiaron.

Es posible que haya estudiantes hispanohablantes que no han estudiado con *Tu mundo, ¡Dime! Dos* o *¡En español! 2* pero que ya sepan leer y escribir en español con alguna fluidez. (Esto puede ser debido a que aprendieron a hacerlo con otros textos o que completaron la escuela primaria en un país hispano.) Estos estudiantes deberían poder entrar directamente en un curso como lo es el de *Nuestro mundo.*

A continuación se presenta un cuadro que muestra cómo las estructuras principales presentadas en *Tu mundo, ¡Dime! Dos* y *¡En español! 2* vuelven a presentarse y a desarrollarse aún más en *Nuestro mundo.*

Correlación de **Nuestro mundo** con **Tu mundo, ¡Dime! Dos** y **¡En español! 2**

Nuestro mundo	Tu mundo	¡Dime! Dos	¡En español! 2
LP.1 Sustantivos	**1.2** Género: Raíz y terminación		
LP.2 Artículos definidos e indefinidos	**4.5** Los artículos definidos el, la, los, las		
LP.3 Presente de indicativo: Verbos regulares	**1.8** Tres clases de verbos	**1.2** Present indicative: Regular verbs	**EP** Regular Present Tense Verbs
1.1 Usos de los verbos ser y **estar**	**5.2** Los verbos ser y estar También: **5.5, 5.8** **5.8** Usos más frecuentes de **ser** y **estar**	**1.4** The verb **estar** **1.7** The verb **ser**	**EP** Describe People and Things: **ser** vs. **estar**
1.2 Adjetivos descriptivos	**4.1** Los adjetivos	**1.7** Adjectives	**EP** Use Adjectives to Describe
1.3 Verbos con cambios en la raíz	**3.1** Formas de verbos regulares e irregulares	**1.5** Stem-changing verbs	**EP** Stem-Changing Verbs **1.2** Stem-Changing Verbs
1.4 Verbos con cambios ortográficos y verbos irregulares	**3.1** Formas de verbos regulares e irregulares	**1.6** Irregular verbs	**EP** Irregular Verbs
1.5 Adjetivos y pronombres demostrativos		**3.2** Demonstratives	**1.3** Express Position Using Demonstrative Adjectives and Pronouns
1.6 Comparativos y superlativos		**2.5** Comparatives **2.6** Superlatives	**4.3** Comparatives and Superlatives
2.1 Pretérito: Verbos regulares	**3.2** El pretérito y el imperfecto de indicativo	**2.3** Preterite: Regular verbs	**1.1** Talk About the Past Using Regular Preterite Verbs
2.2 Pronombres de objeto directo e indirecto y la a personal	**6.1** Objetos directos e indirectos **5.4** Uso de la preposición a con objetos También: **6.4, 6.7, 7.1, 7.4, 7.7, 8.1**	**2.1** Direct object pronouns **1.1** Indirect object pronouns **6.2** Double object pronouns	**2.3** Direct Object Pronouns **2.3** Indirect Object Pronouns **2.3** Double Object Pronouns **3.1** Pronoun Placement
2.3 Pretérito: Verbos con cambios en la raíz y verbos irregulares	**3.1** Formas de verbos regulares e irregulares	**2.3** Preterite: **ir, ser, hacer** **3.1** Preterite: Irregular verbs	**1.1** Talk About the Past Using the Preterite: **-car, -gar,** and **-zar** **1.1** Irregular Preterite **1.2** Talk About the Past Using Irregular Preterite Verbs **1.3** Stem-Changing Verbs in the Preterite

Nuestro mundo	Tu mundo	¡Dime! Dos	¡En español! 2
2.4 **Gustar** y construcciones semejantes		**1.1** The verbs **gustar** and **encantar**	**EP** The Verb **gustar**
2.5 Imperfecto	**3.2** El pretérito y el imperfecto de indicativo	**3.6** The imperfect tense	**2.1** Talk About the Past Using the Imperfect
2.6 El infinitivo	**2.8** Usos del infinitivo de los verbos	**1.8** Ir a + infinitive	
3.1 Pretérito e imperfecto: Acciones acabadas y acciones que sirven de trasfondo	**3.5** Algunos usos del pretérito y el imperfecto	**4.4** Imperfect: Continuing actions **4.5** Preterite: Completed actions	**2.2** Talk About the Past Using the Preterite and the Imperfect
3.2 Adjetivos y pronombres posesivos		**2.2** Possessive adjectives	**2.1** Possessive Adjectives and Pronouns
3.4 Pretérito e imperfecto: Acciones simultáneas y recurrentes	**3.5** Algunos usos del pretérito y el imperfecto	**4.2** Imperfect: Habitual actions **4.8** Preterite and imperfect: Narrating	**2.2** Talk About the Past Using the Preterite and the Imperfect
3.5 Las preposiciones **para** y **por**		**7.2** The preposition **por** **7.6** The preposition **para**	**5.1** Expressions with **por** **5.2** Expressions with **para** **5.3** Choose Between **por** and **para**
4.1 El participio pasado			**6.1** Past Participles Used as Adjectives
4.2 Construcciones pasivas	**8.1** El sustantivo personal **se**	**7.5** The impersonal **se**	**6.1** The Impersonal **se**
4.3 Las formas del presente de subjuntivo y el uso del subjuntivo en las cláusulas principales	**2.1** La diferencia entre el presente de indicativo y el presente de subjuntivo	**5.1** Present subjunctive: Forms and **ojalá** **7.3** **Quizás** and **tal vez**	**4.2** The Subjunctive and the Infinitive

Correlación de **Nuestro mundo** con **Tu mundo, ¡Dime! Dos** y **¡En español! 2**

Nuestro mundo	Tu mundo	¡Dime! Dos	¡En español! 2
4.4 Mandatos formales y mandatos familiares con **tú**	**3.7** Para pedir favores y dar órdenes	**3.3** Affirmative **tú** commands **3.4** Negative **tú** commands **3.5** Ud./uds. commands	**3.2** Affirmative **tú** Commands **3.2** Negative **tú** Commands **3.1** Give Formal Commands Using **usted/ustedes**
4.5 El subjuntivo en las cláusulas nominales	**5.7** Varios usos importantes del subjuntivo	**5.3** Present subjunctive: Impersonal expressions	**3.3** The Subjunctive with Impersonal Expressions
		5.4 Expressions of persuasion **5.7** Expressions of anticipation or reaction **6.1** Expressions of doubt	**4.1** The Subjunctive to Express Hopes and Wishes **4.3** The Subjunctive with Expressions of Emotion
5.2 Presente de subjuntivo en las cláusulas adjetivales		**7.4** Subjunctive in adjective clauses	**4.3** The Subjunctive with Expressions of Doubt
6.1 Futuro: Verbos regulares e irregulares		**8.1** Future tense: Regular forms **8.2** Future tense: Irregular forms	**5.1** The Future Tense **5.2** The Future Tense: Irregular Forms
6.2 El condicional: Verbos regulares e irregulares		**8.3** Conditional tense	**5.3** The Conditional Tense

Plan de clase

La meta es que *Nuestro mundo* se complete en un año escolar. A continuación, se presenta un plan de clase detallado para la **Lección preliminar** y **Unidad 1,** mostrando la marcha que se tendría que llevar para completar el texto en un año. Los autores reconocen que cada clase tiene su propia personalidad y que lo que funciona bien en una no va necesariamente a funcionar en otra. Por lo tanto, el plan que se presenta aquí debe servir sólo de guía para ayudar al maestro a organizar el curso. Si su escuela se guía por clases de 90 minutos ("block scheduling"), puede utilizar dos planes de clases de 50 minutos como un plan para una clase de 90 minutos. Para eliminar los 10 minutos de diferencia que hay entre ambos planes, se puede omitir o acortar alguna actividad si es necesario. Sin duda algunas actividades tomarán más tiempo, otras menos. Lo importante es que los maestros tengan una clara idea de cuánto tiempo sugieren los autores que se les dedique a las varias actividades en el texto y de cómo deben coordinarse los componentes auxiliares.

Los autores también reconocen que *Nuestro mundo,* por ser un texto tanto de historia y cultura como de lengua, es único entre los textos que se acostumbra usar en cursos para hispanohablantes. Por lo tanto, los autores reconocen que los maestros van a requerir tiempo para acostumbrarse a enseñar este tipo de curso y para establecer nuevas normas en el manejo diario de clase. Por estas razones, los autores recomiendan que en los primeros dos años en que un maestro enseñe con *Nuestro mundo* no se preocupe tanto por completar el texto. El énfasis debe ser el asegurarse de que sus estudiantes hispanohablantes se sientan orgullosos de lo que ven de su propia cultura y entusiasmados por lo que van aprendiendo de otras culturas. El mantener esa actitud positiva hacia el aprendizaje de la historia y la cultura es mucho más importante que completar el texto en un año. Con tal meta, las lecciones modelo que se presentan a continuación incluyen varias sugerencias bajo el título **Extra,** como por ejemplo, el tocar un disco compacto de Gloria Estefan o el mostrar la película *El Norte* de Gregory Nava, que se pueden hacer en clase para motivar aún más a sus alumnos. Se les ruega a los maestros que continúen haciendo este tipo de actividad a lo largo del curso.

Lección preliminar

CLASE DE 50 MINUTOS: DÍA 1 • CLASE DE 90 MINUTOS: DÍA 1

| Planificación | Apuntes del maestro | Sugerencias específicas |

➤ Inicio de la unidad

10 minutos

pág. 1 del texto

El español: pasaporte al Mundo 21

- Antes de empezar la clase escriba la tarea para mañana en la pizarra y pídales que la anoten. Recomiende que compren un cuaderno especial para hacer y guardar todas las tareas de esta clase.

Fotos

Muro de piedra que decora el templo de Quetzalcóatl de la ciudad tolteca de Tula en el estado de Hidalgo, en México.

La Alameda es un parque en el centro de la Ciudad de México. Esta familia se divierte con una presentación de pantomima.

16 de Septiembre es la fecha que se conmemora la lucha que inició la Independencia de México en 1810.

Cancel de herrería del Alcázar el palacio en Sevilla, España.

El Rocío es el santuario español dedicado a la Virgen del Rocío en Andalucía.

INTERNET
Presentación
www.mcdougallittell.com

1 (5 minutos) Pídales que estudien las fotos y digan cuáles son sus impresiones. Para cada foto puede preguntar: ¿Quién será esta gente? ¿Dónde están? ¿Qué estarán haciendo? Déjelos adivinar, luego déles la información que usted tiene sobre las fotos. Para más información, vaya a ClassZone.

2 (3 minutos) Pídales que lean el título de la unidad y que especulen sobre el contenido y los temas que creen que se van a presentar. Dígales que lo escriban en su cuaderno especial y que confirmen si acertaron al terminar la lección.

3 (2 minutos) Pídales que lean **Enfoque** en silencio y hágales dos o tres preguntas para verificar que entendieron.

Planificación	Apuntes del maestro	Sugerencias específicas

➤ Gente del Mundo 21   15 minutos

págs. 2–3 del texto

Gente:

Sammy Sosa

Gloria y Emilio Estefan

Adolfo Pérez Esquivel

Salma Hayek

INTERNET
Enlaces/actividades
www.mcdougallittell.com

Pregúntele a la clase si saben quiénes son estas personas. Pídales que digan lo que sepan de Sammy Sosa. Luego dígales que lean su biografía en silencio y que preparen dos preguntas sobre Sammy Sosa para hacerle a la clase. Pídales a varios individuos que hagan sus preguntas. Repita el proceso con las otras personas.

Para más información sobre estas personas, vaya a ClassZone.

➤ Del pasado al presente   5 minutos

pág. 4 del texto

¡Ojo! La lección de hoy continúa en la próxima página.

(5 minutos) Pídales que primero contesten las preguntas de **A ver si sabes...** en parejas, luego con la clase entera para confirmar que todos las contestaron correctamente.

Lección preliminar

PLAN DE CLASE

Lección Preliminar

Planificación	Apuntes del maestro	Sugerencias específicas

➤ **Lectura**

20 minutos

págs. 6–9 del texto

"El español: pasaporte al Mundo 21"
   págs. 6–8

¡A ver si comprendiste!
   pág. 9

Fotos

Restaurante mexicano en el barrio de Logan en San Diego, California.

Letrero a la entrada de la Calle Ocho, avenida principal de la Pequeña Habana, en Miami.

Pág. titular de la primera edición de *El ingenioso hidalgo don Quijote de la Mancha* (1605) de Miguel de Cervantes.

Pablo Picasso en su estudio.

Pirámide del Sol la construcción más grande de la ciudad mesoamericana, Teotihuacán, México.

Rigoberta Menchú Tum activista guatemalteca.

Conjunto musical puertorriqueño.

■ Recuérdeles de la tarea para mañana.

1 (3 minutos) Léales la introducción a la lectura (**Lengua multinacional** y **Nuestro mundo**) un párrafo a la vez en voz alta. Al final de cada párrafo, hágales varias preguntas para confirmar que entendieron.

2 (12 minutos) Divida la clase en cuatro grupos.

■ Pídale al primer grupo que lea en silencio el párrafo sobre la Unidad 1, al segundo el párrafo sobre la Unidad 2, etc.

■ Dígales a todos que tienen que hacerse expertos sobre el contenido de la unidad que les toca. También dígales que si tienen dificultad en entender lo que leen, que le pidan ayuda a cualquier persona en su grupo.

■ Déles dos minutos para leer, luego, con libros cerrados, pídale a una persona del primer grupo que le diga una cosa importante que recuerde de lo que leyó. Pídale a otra persona que le diga otra cosa. Continúe así con el primer grupo hasta que ya hayan presentado toda la información importante de la primera unidad a la clase.

■ Dígale al resto de la clase que presten atención, porque al final, les va a dar una prueba sobre toda la lectura.

■ Continúe así con los otros tres grupos.

■ Repita el proceso con los párrafos sobre las unidades 5 a 8.

3 (5 minutos) Pídales que individualmente saquen una hoja de papel y en una columna escriban los números del 1 al 16. Luego dígales que usted les va a decir qué países se presentan en cada unidad y que ellos deben escribir una cosa que recuerden que van a aprender en cada unidad.

Tarea para mañana	Leer LP.1 en el **Manual de gramática**, págs. G2–G4, y hacer por escrito los tres ejercicios en **Ahora, ¡a practicar!**, págs. G3–G5.

🔔 **Repaso Rápido:** Los estudiantes pueden hacer esta actividad al entrar en la clase.   **3 minutos**

Pídales a los estudiantes que identifiquen el sustantivo de género diferente.

Se puede encontrar las respuestas del Repaso rápido en la página 204 de este libro.

1. mundo, moto, mito
2. día, lluvia, tarea
3. avión, opinión, guión

Planificación	Apuntes del maestro	Sugerencias específicas

➤ Revisar la tarea   **7 minutos**

■ Antes de empezar la clase escriba la tarea para mañana en la pizarra y pídales que la anoten en sus cuadernos.

1 (2 minutos) Conteste las preguntas que tengan sobre lo que leyeron anoche. Todas son válidas menos "No entendí nada. ¿Puede explicarlo todo?" (Eso quiere decir que no lo leyó y quiere que usted le haga la tarea. Insista en que ellos son responsables de hacer la tarea.)

2 (5 minutos) Pídales que intercambien tareas con un compañero de clase y dígales a tres estudiantes que escriban las respuestas correctas en la pizarra. Corríjalas con la clase entera y dígales que a la vez, corrijan la tarea del compañero. Recoja todas las tareas.

➤ Repasar la Lectura   **3 minutos**

págs. 6–9 del texto

"El español: pasaporte al Mundo 21"
   págs. 6–8

Hágales las seis preguntas de **¡A ver si comprendiste!**

➤ Ventana al Mundo 21   **8 minutos**

pág. 5 del texto

"Los hispanos y los premios"

1 (6 minutos) Pregúnteles si reconocen a las personas en las fotos y si saben qué premios se les han otorgado. Luego pídales que lean **Ventana** en parejas y que preparen dos o tres preguntas para hacerle a la clase. Pídales a individuos que hagan sus preguntas.

2 (2 minutos) Pregúnteles si pueden nombrar otros hispanos que han sido galardonados con estos u otros premios.

⬡ ¡Ojo! La lección de hoy continúa en la próxima página.

Lección preliminar

CLASE DE 50 MINUTOS: DÍA 2 • CLASE DE 90 MINUTOS: DÍA 1 *(CONT.)*

Planificación	Apuntes del maestro	Sugerencias específicas

➤ Palabras como clave　　　　　　　　　　　　　7 minutos

pág. 9 del texto

Palabra:

gracia

1 (5 minutos) En parejas, pídales que lean **Palabras como clave** y que escriban definiciones para las tres palabras derivadas de **gracia**. Pídales a varios que lean sus definiciones en voz alta.

2 (2 minutos) Pídales que contesten las cuatro preguntas en parejas. Luego hágales las preguntas a varios individuos para confirmar que las contestaron correctamente.

➤ Y ahora, ¡a leer!　　　　　　　　　　　　　22 minutos

págs. 10–15 del texto

Anticipando la lectura
　págs. 10–11

Conozcamos al autor
　pág. 11

Lectura: "El encuentro con el otro", por Carlos Fuentes
　págs. 12–14

¿Comprendiste la lectura?
　pág. 15

INTERNET
Cibertarjetas
www.mcdougallittell.com

INTERNET
Más lecturas
www.mcdougallittell.com

1 (5 minutos) Hágales la actividad **A** de **Anticipando la lectura** para repasar las estrategias para leer que ya deben saber sus alumnos. Pídales varios ejemplos de cada estrategia para confirmar que entienden las definiciones.

2 (3 minutos) Guarde la actividad **B** hasta más tarde. Pídales que hagan **Vocabulario en contexto** de la actividad **C** individualmente. Luego, hágalo con la clase entera para verificar la comprensión. Para más práctica del vocabulario, vaya a ClassZone.

3 (2 minutos) Pregúnteles si saben algo de **Carlos Fuentes**. ¿Quién es? ¿De dónde es? ¿Cuál es su importancia? Luego, pídales que lean la biografía en silencio y que preparen tres preguntas sobre el contenido para la clase. Pídales a varios individuos que hagan sus preguntas.

4 (12 minutos) Hagan la lectura. Pídale a uno que lea una sección en voz alta. Haga muchas preguntas de comprensión antes de pedirle a otro que lea. Para otra lectura, vaya ClassZone.

■ Recuérdeles de la tarea para mañana.

Tarea para mañana	Leer LP.2 en el **Manual de gramática**, págs. G5–G10, y hacer por escrito los seis ejercicios de **Ahora, ¡a practicar!**, págs. G8–G10.

CLASE DE 50 MINUTOS: DÍA 3 • CLASE DE 90 MINUTOS: DÍA 2

Repaso Rápido: Los estudiantes pueden hacer esta actividad al entrar en la clase.   **3 minutos**

Dígales a los estudiantes que contesten las siguientes preguntas:

1. ¿Quién es Carlos Fuentes?
2. ¿Cuál es su importancia?
3. ¿Cuál es la idea principal de "El encuentro con el otro"?

Planificación	Apuntes del maestro	Sugerencias específicas

➤ Revisar la tarea   5 minutos

¡Ojo! Póngales las respuestas de la tarea en una transparencia antes de la clase.

■ Antes de clase escriba la tarea para mañana en la pizarra y pídales que la anoten en sus cuadernos.

1 (2 minutos) Conteste las preguntas que tengan sobre lo que leyeron anoche. Insista en que ellos son responsables de hacer la tarea.

1 (3 minutos) Pídales que intercambien tareas con un compañero de clase y la corrijan. Muestre las respuestas correctas en una transparencia.

➤ Repasar Y ahora, ¡a leer!   10 minutos

pág**s. 10–15** del texto

Anticipando la lectura
págs. 10–11

Conozcamos al autor
pág. 11

Lectura: "El encuentro con el otro", por Carlos Fuentes
págs. 12–14

¿Comprendiste la lectura?
pág. 15

¡Ojo! La lección de hoy continúa en la próxima página.

1 (3 minutos) Haga la actividad **A** de **¿Comprendiste la lectura?** con la clase entera. Si no están seguros de la respuesta correcta, hágalos encontrarla en la lectura.

2 (7 minutos) Pídales que contesten las preguntas de la actividad **B** en grupos de tres. Luego, hágales las preguntas a individuos para confirmar que entendieron.

Extra: Pregúnteles si están de acuerdo o no con el siguiente comentario:

Cuando grupos étnicos como los chicanos, los cubanoamericanos o los puertorriqueños excluyen a los demás, se traicionan a sí mismos y se empobrecen; cuando incluyen a los demás se enriquecen y se encuentran a sí mismos.

Insista en que expliquen su respuesta. Pregúnteles si Carlos Fuentes estaría de acuerdo o no. ¿Hay algo en la lectura que apoye su opinión?

CLASE DE 50 MINUTOS: DÍA 3 • CLASE DE 90 MINUTOS: DÍA 2 *(CONT.)*

Planificación	Apuntes del maestro	Sugerencias específicas
➤ **Cuaderno de actividades**		**32 minutos**

¡A escuchar!
págs. 1–5
(10 MINUTOS)

¡Ojo! Va a necesitar un lector de CD hoy.

1 (5 minutos) Hagan las actividades **A** y **B** de **El Mundo 21.**

2 (5 minutos) Escuchen las explicaciones de **El abecedario** y **Sonidos y deletreo problemático** y hagan las actividades **C** y **D.** Pídales que corrijan su trabajo con la clave al final del cuaderno.

¡A explorar!
págs. 9–15
(17 MINUTOS)

1 (12 minutos) En **Repaso básico de la gramática: Terminología,** pídales que primero lean la explicación de un *sustantivo* en silencio. Luego, pídales ejemplos de sustantivos y hágales preguntas para verificar la comprensión. Repita el proceso con *pronombres, artículos, adjetivos, adverbios, preposiciones* y *conjunciones.*

2 (5 minutos) Luego, pídales que hagan la actividad **F** en parejas. Repase las respuestas correctas con la clase entera.

Vocabulario activo
págs. 23–25
(5 MINUTOS)

1 (3 minutos) En parejas, pídales que estudien las listas de **Vocabulario activo** y que añadan otras palabras de las dos lecturas. La idea es tener las listas más completas posible.

2 (2 minutos) Pídales que hagan las actividades **L** y **M** y que verifiquen sus respuestas con la clave al final del cuaderno. Si no alcanza el tiempo, que las terminen en casa.

INTERNET
Prueba interactiva
www.mcdougallittell.com

■ Recuérdeles de la tarea para mañana.

■ Para más práctica, vaya a ClassZone.

Tarea para mañana	Leer LP.3 en el **Manual de gramática,** págs. G11–G12, y hacer por escrito los cinco ejercicios de **Ahora, ¡a practicar!,** págs. G12–G13.

CLASE DE 50 MINUTOS: DÍA 4 • CLASE DE 90 MINUTOS: DÍA 2

🔔 **Repaso Rápido:** Los estudiantes pueden hacer esta actividad al entrar en la clase.　　**2 minutos**

Dígales a los estudiantes que completen las siguientes oraciones, usando el presente de indicativo.

1. Octavio Paz (nacer) en 1914.
2. Yo (decidir) ir a Museo de Antropología.
3. Ellos (comprar) unos tacos en el mercado.

Planificación	Apuntes del maestro	Sugerencias específicas

➤ Revisar la tarea　　　　　　　　　　　　　　　　　　**7 minutos**

■ Escriba la tarea para mañana en la pizarra y pídales que la anoten.

⬡ **¡Ojo!** Póngales las respuestas de la tarea en una transparencia.

1 (2 minutos) Conteste las preguntas que tengan sobre lo que leyeron anoche. Insista en que ellos son responsable de hacer la tarea.

2 (3 minutos) Muestre las respuestas correctas en una transparencia. Pídales que corrijan los primeros cuatro ejercicios de su propia tarea.

3 (2 minutos) Pídales a varios individuos que lean lo que escribieron para el Ejercicio **E**.

➤ Luz, cámara, acción　　　　　　　　　　　　　　　　**31 minutos**

págs. 16–18 del texto

Antes de empezar el video
pág. 16

Escenario: "La realidad multicultural del mundo hispánico"
pág. 17

Y ahora, ¡veámoslo!
pág. 18

⬡ **¡Ojo!** Va a necesitar el video hoy.

🗒️

00:00

Las tres hispanidades

⬡ **¡Ojo!** La lección de hoy continúa en la próxima página.

1 (5 minutos) Pídales que vean los tres cuadros en la pág. 17 y comenten sobre los artistas. Luego, en parejas, pídales que contesten las preguntas de **Antes de empezar el video** en la pág. 16.

2 (4 minutos) Pídales a dos individuos que lean en voz alta **Escenario**. Haga preguntas para verificar la comprensión.

3 (6 minutos) Pídales que hagan la actividad **B, Cultura,** de la pág. 10. Si no saben cómo empezar a definir cultura, haga una actividad con la clase entera para sacar ideas. Déles uno o dos ejemplos, como música y comida, y luego pídales más ejemplos a ellos. Luego déjelos trabajar en parejas.

4 (11 minutos) Pase el video. Muestre un trozo a la vez, parándolo después de cada trozo para verificar que entendieron. Usted tendrá que determinar lo largo de cada trozo. Muéstrelo una vez más, sin parar, desde el principio.

Lección preliminar

CLASE DE 50 MINUTOS: DÍA 4 • CLASE DE 90 MINUTOS: DÍA 2 *(CONT.)*

Planificación	Apuntes del maestro	Sugerencias específicas
➤ Luz, cámara, acción *(cont.)*		31 minutos *(cont.)*

5 (5 minutos) Hágale a la clase entera las preguntas de la actividad **A** de **A ver cuánto comprendiste...** Pídales que contesten las preguntas de la Actividad **B** en grupos de tres. Luego, hágales las mismas preguntas a individuos para verificar las respuestas.

Planificación	Apuntes del maestro	Sugerencias específicas
➤ Cuaderno de actividades		10 minutos

Lengua en uso
págs. 21–22

■ Recuérdeles de la tarea para mañana.

Pídales a individuos que lean la explicación de **Letras minúsculas** y **letras mayúsculas** en voz alta. Luego, pídales que hagan la actividad **K** en parejas. Repase las respuestas correctas con la clase entera.

Tarea para mañana	Escribir la **Composición** en el *Cuaderno de actividades,* pág. 26, traerla a la clase mañana, lista para entregar.

CLASE DE 50 MINUTOS: DÍA 5 • CLASE DE 90 MINUTOS: DÍA 2

Repaso Rápido: Los estudiantes pueden hacer esta actividad al entrar en la clase.　　**2 minutos**

Pídales a los estudiantes que vuelvan a escribir las siguientes palabras, usando letras mayúsculas donde sea necesario.

1. san diego
2. sr. estefan
3. el español
4. martes, 15 de octubre

Planificación	Apuntes del maestro	Sugerencias específicas
➤ Revisar la composición 7 minutos		

■ Antes de empezar la clase escriba la tarea para mañana en la pizarra y pídales que la anoten en sus cuadernos.

1 (5 minutos) En grupos de tres, dígales que compartan las composiciones y les den consejos a sus compañeros sobre el contenido de sus composiciones. Si ven algunos errores de gramática u ortografía, indíquenselos a sus compañeros.

2 (2 minutos) Dígales que hagan cualquier corrección necesaria a base de los comentarios de sus compañeros y que entreguen las composiciones. (Si para algunos es necesario escribirlas de nuevo, dígales que las pueden entregar al día siguiente.)

Planificación	Apuntes del maestro	Sugerencias específicas

➤ Cuaderno de actividades — 18 minutos

¡A escuchar!
págs. 6–8
(8 MINUTOS)

¡Ojo! Va a necesitar un lector de CD hoy.

1 (3 minutos) Déjeles escuchar la explicación de **Separación en sílabas** y pídales que hagan la actividad **E**.

2 (5 minutos) Pídales que hagan el **Dictado** y que escriban exactamente lo que oyen.

¡A explorar!
págs. 15–19
(10 MINUTOS)

(10 minutos) Pídales que lean las explicaciones de **Gramática en contexto** y que hagan las actividades **G–J**. Dígales que verifiquen sus respuestas en la clave al final del cuaderno.

➤ Pasaporte cultural — 23 minutos

pág. 19 del texto

"Concurso cultural"

Pasaporte cultural
págs. v–vi; 1–24

¡Ojo! Va a necesitar varias copias de los juegos de **Pasaporte cultural** para la clase hoy. También va a necesitar copias de un pasaporte cultural para cada alumno y usted necesitará el sello para confirmarles el haber completado la **Lección preliminar**.

■ Recuérdeles de la tarea para mañana.

1 Divida la clase en grupos de 4 ó 6 personas.

2 Déle a cada grupo un juego de tarjetas sobre uno de los temas culturales indicados en el texto. Explíqueles que cada juego tiene tarjetas que valen 5 puntos y otras que valen 10 puntos (más difíciles).

3 Dígale a cada grupo de 4 ó 6 estudiantes que se dividan en 2 equipos de 2 ó 3 personas.

4 Para empezar, el primer equipo selecciona una pregunta de 5 ó 10 puntos (más puntos indica mayor dificultad) y, sin ver la respuesta que está al dorso, le hace la pregunta al otro equipo. Si contestan correctamente, reciben los puntos indicados, si no, el equipo que hizo la pregunta puede tratar de contestarla y recibir los puntos.

5 Para continuar, el segundo equipo selecciona la siguiente pregunta de 5 ó 10 puntos y sigue como antes.

6 El juego termina cuando un equipo llegue a 100 puntos o cuando se hayan contestado todas las preguntas del juego.

7 Si hay tiempo, permítales empezar con otro tema cultural distinto.

Tarea para mañana	Estudiar para la **Prueba** sobre la **Lección preliminar**.

Lección preliminar

CLASE DE 50 MINUTOS: DÍA 6 / DÍA 1 • CLASE DE 90 MINUTOS: DÍA 3

🔔 **Repaso Rápido:** Los estudiantes pueden hacer esta actividad al entrar en la clase. **3 minutos**

Pídales a los estudiantes que pongan las palabras "El español: pasaporte al Mundo 21" como un título en una hoja de papel. Luego, como repaso para la prueba, pídales que anoten todos los datos que puedan recordar de los que aprendieron durante la lección.

Planificación	Apuntes del maestro	Sugerencias específicas

➤ Prueba: Lección preliminar **25 minutos**

Prueba, Lección Preliminar

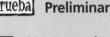
Va a necesitar un lector de CD.

1 Déles las pruebas y dígales que usted esperará unos diez minutos antes de hacer la parte de comprensión oral.

2 Si algunos terminan temprano, pídales que empiecen a leer las biografías de **Gente del Mundo 21** en las págs. 22 y 23 del texto.

Unidad 1, Lección 1

➤ Inicio de la unidad **10 minutos**

págs. 20–21 del texto

Los hispanos en Estados Unidos: crisol de sueños

Fotos

"La ofrenda" de un mural de la artista chicana Yriena Cervántez en Los Ángeles, California. Representa a Dolores Huerta, vicepresidente del sindicato *United Farm Workers*.

"Knowledge is Power" mural en Chicago, del artista puertorriqueño Dzine. Tiene la bandera puertorriqueña.

La vida cubanoamericana mural de un restaurante cubano en la Pequeña Habana en Miami.

INTERNET
Presentación
www.mcdougallittell.com

1 (5 minutos) Pídales que estudien las fotos y traten de interpretarlas. Para cada foto puede preguntar: ¿Qué representa este mural? Déjelos adivinar, luego déles la información que usted tiene sobre las fotos. Para más información, vaya a ClassZone.

2 (3 minutos) Pídales que lean el título de la unidad y que especulen sobre el contenido y los temas que creen que se van a presentar. Si no saben el significado de **crisol** dígales que es un vaso de barro que sirve para mezclar, un *"melting pot"*. Dígales que escriban sus predicciones en su cuaderno especial y que confirmen si acertaron al terminar la unidad.

3 (2 minutos) Pídale a un estudiante que lea **Enfoque** en voz alta y hágale dos o tres preguntas a la clase para verificar que entendieron.

Planificación	Apuntes del maestro	Sugerencias específicas

➤ **Gente del Mundo 21**

12 minutos

págs. 22–23

Los chic...

Gente:

Ellen O...

Carlos ...

Sandra ...

Edward ...

INTERNET
Enlaces/actividades
www.mcdougallittell.com

1 (2 minutos) Pregúntele a la clase si saben quiénes son estas personas. Pídales que digan lo que saben de cada uno.

2 (3 minutos) En grupos de cuatro o cinco personas, nombre un líder en cada grupo y pídale a cada líder que le lea en voz alta una de las biografías a su grupo. Dígales a las otras personas en los grupos que cierren sus libros y escuchen. Se permite tomar apuntes pero no deben interrumpir al lector.

3 (5 minutos) Pídales a las personas que escucharon a su líder leer la biografía de Ellen Ochoa que le digan a la clase todo lo que recuerdan de esta astronauta. Cuando ya hayan dicho todo lo importante sobre él, repita el proceso con las otras tres personas. Para más información sobre estas personas, vaya a ClassZone.

4 (2 minutos) Lea las oraciones en **Personalidades del Mundo 21** (pág. 23) en voz alta y pídale a la clase que diga a quién se describe.

Extra: Traiga una de las novelas de Sandra Cisneros y léale unos trozos a la clase. Muestre un trozo de las películas o programas de Edward James Olmos.

■ Recuérdeles de la tarea para mañana.

Tarea para mañana	Leer **1.1** en el **Manual de gramática**, págs. G14–G15, y hacer por escrito los ejercicios **A**, **B** y **C** de **Ahora, ¡a practicar!**, pág. G16.

Unidad 1, Lección 1

CLASE DE 50 MINUTOS: DÍA 2 • CLASE DE 90 MINUTOS: DÍA 1

Repaso Rápido: One line of directions would go here.   **3 minutos**

Dígales a los estudiantes que completen las siguientes oraciones, usando **ser** o **estar**.

1. Adolfo Miller ____ muy simpático.
2. Mis padres ____ en Texas.
3. Nuevo México ____ al sur de Colorado.
4. Hoy ____ viernes.

Planificación	Apuntes del maestro	Sugerencias específicas

➤ Revisar la tarea   **5 minutos**

■ Antes de empezar la clase, escriba la tarea para mañana en la pizarra y pídales que la anoten en sus cuadernos.

1 (2 minutos) Conteste las preguntas que tengan sobre lo que leyeron anoche.

2 (3 minutos) Pídales que intercambien tareas con un compañero de clase y las corrijan.

➤ Del pasado al presente   **27 minutos**

págs. 24–27 del texto

"Los chicanos: Tres siglos de presencia continua" págs. 24–26

¡A ver si comprendiste! pág. 27

Fotos

Aztlán, origen de los aztecas, según el Códice Aubin en la Biblioteca Nacional de México.

Mapa que muestra el territorio que México perdió con EE.UU.

Ferrocarril, foto histórica.

Braceros mexicanos cosechando fresas en Salinas, California.

Viviendas de los trabajadores migratorios.

Joven chicana en una protesta a la discriminación.

Robert Kennedy y César Chávez en 1968.

1 (5 minutos) Pídales que describan las fotos y digan lo que creen que van a aprender en esta lectura.

2 (3 minutos) Léales la introducción a la lectura, un párrafo a la vez en voz alta. Al final de cada párrafo, hágales varias preguntas para confirmar que entendieron.

3 (19 minutos) Divida la clase en cinco grupos.

■ (3 minutos) Pídale al primer grupo que lea en silencio la primera sección **Los orígenes,** al segundo, la segunda sección **El rápido desarrollo del suroeste,** etc. Dígales a todos que tienen que hacerse expertos sobre el contenido de la sección que les toca. Si tienen dificultad en entender lo que leen, dígales que le pidan ayuda a cualquiera en su grupo.

■ (11 minutos) Después del tiempo indicado, pídales que formen nuevos grupos de cinco personas. Cada grupo de cinco debe tener una persona que leyó la primera sección, una que leyó la segunda sección, una que leyó la tercera, etc. Si sobran algunas personas, permita que uno o dos grupos tengan seis personas. Dígales que la persona en cada grupo que leyó la primera sección debe, con libro cerrado, contarles todos

CLASE DE 50 MINUTOS: DÍA 2 • CLASE DE 90 MINUTOS: DÍA 1

Planificación	Apuntes del maestro	Sugerencias específicas

➤ **Del pasado al presente** *(cont.)* — **27 minutos** *(cont.)*

págs. 24–27 del texto

Fotos *(cont.)*

Estudiantes chicanos demandando un Departamento de Estudios Chicanos en la Universidad de California, Los Ángeles, 1993.

Tree of Knowledge, un mural en Los Ángeles, California que muestra la importancia de la lectura.

INTERNET
Prueba interactiva
www.mcdougallittell.com

los detalles importantes que recuerda, luego sigue la que leyó la segunda sección, la tercera, etc.

■ (5 minutos) Después de los doce minutos, déles una prueba de una o dos preguntas tipo **cierto/falso** sobre cada una de las cinco secciones. Por ejemplo, 1) Pocos lugares en el sur y oeste de EE.UU. tienen nombres españoles, 2) En una guerra con EE.UU., México perdió casi la mitad de su territorio. Recoja las pruebas y repase las respuestas correctas con la clase entera. Luego, hágale las preguntas de **¡A ver si comprendiste!** a la clase entera. Para probar la comprensión de la historia, vaya a ClassZone.

➤ **Cuaderno de actividades** — **16 minutos**

¡A escuchar!
págs. 27–30

¡OjO! Va a necesitar un lector de CD hoy.

1 (10 minutos) Hagan las actividades **A**, **B** y **C** de **El Mundo 21.**

2 (6 minutos) Escuchen las explicaciones de **El "golpe"** y hagan las actividades **D** y **E.** Pídales que usen la clave al final del cuaderno para corregir su propio trabajo.

■ Recuérdeles de la tarea para mañana.

INTERNET
Prueba interactiva
www.mcdougallittell.com

■ Para más práctica, vaya a ClassZone.

Tarea para mañana	Leer **1.2** en el **Manual de gramática**, págs. G16–G19, y hacer por escrito los ejercicios **A, B, C,** y **D** de **Ahora, ¡a practicar!,** págs. G19–G20.

CLASE DE 50 MINUTOS: DÍA 3 • CLASE DE 90 MINUTOS: DÍA 2

Repaso Rápido: Los estudiantes pueden hacer esta actividad al entrar en la clase. **2 minutos**

Pídales a los estudiantes que contesten las siguientes preguntas con **cierto** o **falso**.

1. Pocas partes de Estados Unidos todavía tienen el nombre que les dieron los españoles.
2. Con las expansión agrícola y del ferrocarril del suroeste, muchas familias de descendencia mexicana perdieron sus tierras.
3. Julio César Chávez armó un sindicato conocido como "United Farm Workers".

Planificación	Apuntes del maestro	Sugerencias específicas

➤ Revisar la tarea **5 minutos**

- Escriba la tarea para mañana en la pizarra y pídales que la anoten en sus cuadernos.

¡Ojo! Ponga las respuestas de la tarea en una transparencia.

1 (2 minutos) Conteste las preguntas que tengan sobre lo que leyeron anoche. Insista en que ellos son responsables de hacer la tarea.

2 (3 minutos) Pídales que intercambien tareas con un compañero de clase. Muestre la transparencia con las respuestas correctas y dígales que corrijan la tarea de su compañero. Recoja todas las tareas.

➤ Ventana al Mundo 21 **8 minutos**

pág. 28 del texto

"Los chicanos en el nuevo milenio"

1 (8 minutos) Pídales que lean **Ventana** en parejas y que contesten las preguntas en **Los chicanos**. Hágales las mismas preguntas a varios individuos para verificar las respuestas.

➤ Y ahora, ¡a leer! **35 minutos**

págs. 29–35 del texto

Anticipando la lectura
   págs. 29–30

Conozcamos al autor
   pág. 30

**Lectura: "Adolfo Miller",
por Sabine Ulibarrí**
   págs. 31–34

¿Comprendiste la lectura?
   pág. 35

**INTERNET
Cibertarjetas
www.mcdougallittell.com**

1 (5 minutos) Pídales que primero hagan la actividad **A** de **Anticipando la lectura** en parejas. Luego verifique las respuestas con la clase entera.

2 (3 minutos) Con la clase entera, pídales a algunos individuos el significado de las palabras en la actividad **B**. Para más práctica del vocabulario, vaya a ClassZone.

3 (2 minutos) Pregúnteles si saben algo de **Sabine R. Ulibarrí**. ¿Quién es? ¿De dónde es? ¿Cuál es su importancia? Luego, pídales que lean la biografía en silencio y que preparen tres preguntas sobre el contenido para la clase. Pídales a varios individuos que hagan sus preguntas.

Planificación	Apuntes del maestro	Sugerencias específicas
➤ Y ahora, ¡a leer! *(cont.)*		35 minutos *(cont.)*

4 (18 minutos) Hagan la lectura. Varíe la manera en que se hace: Lea usted la primera página en voz alta y hágales muchas preguntas para confirmar la comprensión. Luego en la segunda página, pídale a un estudiante que lea una sección a la vez en voz alta. Haga muchas preguntas de comprensión antes de pedirle a otro que lea. En la tercera página pídales que lean un párrafo a la vez en silencio, y en la última, léales usted una vez más en voz alta. No deje de confirmar la comprensión a lo largo de la lectura.

5 (7 minutos) Haga las actividades **A** y **B** de **¿Comprendiste la lectura?** con la clase entera. Si no están seguros de las respuestas correctas, hágalos encontrarlas en la lectura. Para terminar, hágalos mostrar en un mapa de EE.UU., dónde está Nuevo México, su capital, Tierra Amarilla, Chama y Denver, Colorado. Para otra lectura, vaya a ClassZone.

> **INTERNET**
> **Más lecturas**
> *www.mcdougallittell.com*

Extra: Pídales que contesten las siguientes preguntas:

- ¿Por qué prefirió don Anselmo a Víctor en vez de Adolfo como marido de Francisquita?

- ¿Por qué no se quejó Francisquita?

- ¿A quién habrá preferido Francisquita? ¿Por qué crees eso?

- ¿Cómo crees que reaccionó don Anselmo cuando supo que Adolfo había huido con el dinero? ¿Crees que lo denunció a las autoridades? Explica tu respuesta.

■ Recuérdeles de la tarea para mañana.

Tarea para mañana	En el *Cuaderno de actividades*, págs. 36–39, escribir las respuestas de los ejercicios **H, I** y **J** de **Gramática en contexto,** y leer **Acentuación y ortografía** y hacer el ejercicio **K.**

CLASE DE 50 MINUTOS: DÍA 4 • CLASE DE 90 MINUTOS: DÍA 2

Repaso Rápido: Los estudiantes pueden hacer esta actividad al entrar en la clase. **2 minutos**

Pídales a los estudiantes que escriban oraciones que indiquen de qué nacionalidad son las siguientes personas.

1. Javier (México)
2. Mónica (Honduras)
3. Jorge (Uruguay)
4. Carlos (Argentina)
5. Pilar (Guatemala)

Planificación	Apuntes del maestro	Sugerencias específicas

➤ Revisar la tarea **5 minutos**

- Antes de empezar la clase, escriba la tarea para mañana en la pizarra y pídales que la anoten en sus cuadernos.

  ¡OjO! Ponga las respuestas de la tarea en una transparencia antes de la clase.

1 (2 minutos) Conteste las preguntas que tengan sobre lo que leyeron anoche. Insista en que ellos son responsables de hacer la tarea.

2 (3 minutos) Pídales que intercambien tareas con un compañero de clase y la corrijan. Muéstreles las respuestas correctas en una transparencia.

➤ Cuaderno de actividades **43 minutos**

¡A escuchar!
pág. 31
(5 MINUTOS)

¡OjO! Va a necesitar un lector de CD hoy.

(5 minutos) Pídales que hagan **Dictado**. Dígales que escriban exactamente lo que oyen.

¡A explorar!
págs. 32–35
(18 MINUTOS)

1 (10 minutos) En **Repaso básico de la gramática: Partes de la oración,** pídales que lean la explicación de *sujeto,* en silencio primero. Luego, pídales ejemplos de oraciones con sujetos y hágales preguntas para verificar la comprensión. Repita el proceso con el verbo, el objeto y los pronombres.

2 (8 minutos) Luego, pídales que hagan las actividades **F** y **G** en parejas. Confirme las respuestas correctas con la clase entera.

Planificación	Apuntes del maestro	Sugerencias específicas
➤ Cuaderno de actividades *(cont.)*		43 minutos *(cont.)*

Correspondencia práctica
pág. 40
(20 MINUTOS)

¡Ojo! Escriba tres notas informales en una transparencia para mostrarle a la clase.

1 (6 minutos) Pídales que lean **Nota informal.** Muestre varios ejemplos de notas informales en una transparencia o en la pizarra. Explíqueles bajo qué situación se escribieron.

2 (6 minutos) Pídales que escriban las notas informales necesarias para la situación de la actividad **L.**

3 (8 minutos) En grupos de cuatro, pídales que lean las notas de sus compañeros. Si hay algo que no entienden, dígales que traten de corregirlo entre ellos o que le pidan ayuda a usted. Dígales que seleccionen la nota más interesante para leérsela a la clase entera.

■ Recuérdeles de la tarea para mañana.

Tarea para mañana	Leer **Palabras como clave: cuenta**, pág. 36 del texto, y contestar por escrito las seis preguntas.

Unidad 1, Lección 1

CLASE DE 50 MINUTOS: DÍA 5 • CLASE DE 90 MINUTOS: DÍA 3

Repaso Rápido: Los estudiantes pueden hacer esta actividad al entrar en la clase. **2 minutos**

Pídales a los estudiantes que identifiquen las siguientes partes de las oraciones: sujeto, verbo, objeto directo, objeto indirecto.

1. César Chávez armó el sindicato "United Farm Workers" en 1965.
2. Carlos Santana recibió unos premios "Grammy" por la canción "Smooth".

Planificación	Apuntes del maestro	Sugerencias específicas

➤ Revisar la tarea — 5 minutos

■ Antes de empezar la clase, escriba la tarea para mañana en la pizarra y pídales que la anoten en sus cuadernos.

Hágales las seis preguntas y pídales que corrijan su propia tarea. Luego, pídales un sinónimo para cada uso de **cuenta** indicado en las preguntas.

➤ Dramatizaciones — 18 minutos

pág. 36 del texto

1 (3 minutos) Divida la clase en grupos de tres o cuatro. Dígale a una mitad de los grupos que preparen la actividad **A**, a la otra mitad la actividad **B**.

2 (15 minutos) Pídales a algunos voluntarios que presenten sus dramatizaciones. Si no hay voluntarios, nómbrelos usted.

Extra: Pídale a un grupo de estudiantes que preparen un guión teatral para leer, basado en el cuento "Adolfo Miller". Deberán limitarse sólo a tres escenas, eliminando la voz narrativa y dejando únicamente el diálogo esencial. Luego pídales a estos estudiantes que lean la presentación teatral en frente de la clase. Tal vez quiera usted que sus estudiantes hagan la misma presentación teatral en otras clases de español, en la escuela o para la comunidad en general.

Planificación	Apuntes del maestro	Sugerencias específicas

➤ Ventana al Mundo 21 — 10 minutos

pág. 37 del texto

"Los mexicanos de Chicago"

1 (4 minutos) Pídales que estudien y describan las tres fotos. ¿Cómo interpretan los dos murales? ¿Qué será la "Fiesta del Sol"?

2 (6 minutos) Luego pídales que lean la **Ventana** en silencio y que preparen tres o cuatro preguntas sobre lo que leyeron. Pídales a varias personas que le hagan sus preguntas a la clase para verificar las respuestas.

➤ Cuaderno de actividades — 15 minutos

Lengua en uso
págs. 40–41

Variantes coloquiales en el habla: "El caló"

1 (3 minutos) Léales el primer párrafo, **Riqueza lingüística,** en voz alta a la clase entera y hágales varias preguntas a los estudiantes para verificar la comprensión. Luego, repita el proceso con el segundo párrafo.

2 (7 minutos) Dígales que hagan la actividad **M** en parejas. Confirme las respuestas correctas con la clase entera.

3 (5 minutos) Pregúnteles a los estudiantes si saben otras expresiones del caló. Sí es así, dígales que las usen en una oración para ver si la clase entera puede adivinar su significado.

■ Recuérdeles de la tarea para mañana.

Tarea para mañana	Estudiar el **Vocabulario activo** en el *Cuaderno de actividades,* pág. 42–44, y buscar en la lectura "Adolfo Miller," más palabras para añadir a cada categoría. Luego hacer las actividades **N** y **Ñ,** pág. 44. También prepararse para la Prueba de la Unidad 1, Lección 1.

Unidad 1, Lección 1

CLASE DE 50 MINUTOS: DÍA 6 • CLASE DE 90 MINUTOS: DÍA 3

Repaso Rápido: Los estudiantes pueden hacer esta actividad al entrar en la clase.   **2 minutos**

ídales a los estudiantes que contesten las siguientes preguntas con **cierto** o **falso**.

1. Según los datos actuales, hay muy poca gente de origen hispano en Chicago.
2. La "Fiesta del Sol" conmemora los efuerzos de la comunidad.
3. Había muchos murales que presentaron arte de artistas chicanos, pero ya los borraron.

Planificación	Apuntes del maestro	Sugerencias específicas

➤ Revisar la tarea   **5 minutos**

¡OJO! Ponga las respuestas de la tarea en una transparencia antes de la clase.

■ Dígales que no hay tarea para mañana.

1 (3 minutos) Pídales que comparen sus listas de **Vocabulario activo** en grupos de tres y anímelos a que tomen palabras prestadas de las listas de sus compañeros para asegurarse de tener las listas más completas posible.

2 (2 minutos) Pídales que intercambien la tarea y que verifiquen las respuestas de su compañero de las actividades **N** y **Ñ**.

➤ Cultura en vivo   **13 minutos**

págs. 38–39 del texto

"La comida mexicana en EE.UU."

1 (8 minutos) Pídales que primero hagan las actividades **A, B, C** y **D** de "La comida mexicana en EE.UU." en parejas. Luego repáselas con la clase entera para confirmar las respuestas. Si algunos de sus estudiantes no son de descendencia mexicana, pregúnteles si los tamales y otros platillos tienen los mismos ingredientes que los mexicanos.

2 (5 minutos) Haga las actividades **A** y **B** de "¡Pasa a la cocina, por favor!" con la clase entera.

Extra: Tengan una **Fiesta de burritos.** Decidan dónde pueden tenerla y qué va a traer cada uno. Van a necesitar un horno de microondas para calentar las tortillas y algunos de los ingredientes.

CLASE DE 50 MINUTOS: DÍA 6 • CLASE DE 90 MINUTOS: DÍA 3

Planificación	Apuntes del maestro	Sugerencias específicas

➤ Repaso para la prueba — 5 minutos

Conteste cualquier pregunta que tengan sobre la materia de la **Unidad 1, Lección 1**.

➤ Programa de pruebas y exámenes — 25 minutos

Prueba, Unidad 1, Lección 1

¡Ojo! Va a necesitar un lector de CD hoy.

Distribuya las pruebas y dígales que usted esperará unos diez minutos antes de hacer la parte de comprensión oral.

Si algunos terminan temprano, pídales que empiecen a leer las biografías de **Gente del Mundo 21** en las págs. 40 y 41 del texto.

Tarea para mañana	¡No hay tarea para mañana!

Unidad 1, Lección 2

 Repaso Rápido: Los estudiantes pueden hacer esta actividad al entrar en la clase. **2 minutos**

Pídales a los estudiantes que contesten las siguientes preguntas.

1. ¿Cuál es el ingrediente principal del guacamole?
2. ¿Conoces algunas comida puertorriqueñas? ¿Cuáles son?

Planificación	Apuntes del maestro	Sugerencias específicas

➤ Gente del Mundo 21　　　　　　　　　　　　18 minutos

págs. 40–41 del texto

Los puertorriqueños en EE.UU.

Gente:

Esmeralda Santiago

Jimmy Smits

Marc Anthony

Rosie Pérez

■ Escriba la tarea para mañana en la pizarra y pídales que la anoten en sus cuadernos.

INTERNET
Enlaces/actividades
www.mcdougallittell.com

1 (3 minutos) Pídales que digan lo que saben de Esmeralda Santiago. Luego dígales que lean su biografía en silencio y preparen tres preguntas para hacerle a la clase.

2 (12 minutos) Repita el proceso con las otras tres personas. Para más información sobre estas personas, vaya a ClassZone.

3 (3 minutos) Pídales a voluntarios que nombren a puertorriqueños famosos y luego que le expliquen por qué son importantes.

Extra: Pregúnteles a los estudiantes si han visto películas o programas con Jimmy Smits y Rosie Pérez y qué opinan de ellos.

➤ Del pasado al presente　　　　　　　　　　　30 minutos

págs. 42–45 del texto

"Los puertorriqueños en EE.UU."

Fotos

Tiendas y restaurantes de "Spanish Harlem".

Tienda "La Marqueta" del mismo barrio.

Regimiento de infantería 65, compuesto por soldados puertorriqueños.

Rita Moreno actuando en la película *West Side Story*.

Actores del Teatro Rodante Puertorriqueño representando *Bodega,* de Federico Fraguada.

1 (5 minutos) Pídales que estudien las fotos de la lectura y las describan. Luego, a base de las fotos y el título de la lectura pídales que digan lo que creen que van a aprender.

2 (2 minutos) Léales el párrafo introductor a la lectura en voz alta y hágales varias preguntas para confirmar que entendieron.

3 (23 minutos) Divida la clase en cuatro grupos:

■ (5 minutos) Pídale al primer grupo que lea en silencio la primera sección, **El barrio de Nueva York**, al segundo la segunda sección. Dígales a todos que tienen que hacerse expertos sobre el contenido de la sección que les toca.

Planificación	Apuntes del maestro	Sugerencias específicas

➤ Del pasado al presente *(cont.)*

32 minutos *(cont.)*

Fotos (cont.)

Tito Puente, percusionista de origen puertorriqueño considerado "el Rey de la Salsa".

Nydia Velázquez haciendo campaña en Nueva York en 1992.

■ (13 minutos) Después del tiempo indicado, pídales que formen nuevos grupos de cuatro personas. Cada grupo de cuatro debe tener una persona que leyó la primera sección, una que leyó la segunda sección, etc. Si sobran algunas personas, permita que uno o dos grupos tengan cinco personas. Dígales que la persona en cada grupo que leyó la primera sección debe, con el libro cerrado, contarles todos los detalles importantes que recuerda, luego sigue la que leyó la segunda sección, etc.

■ (5 minutos) Después de los trece minutos, déles una prueba de una o dos preguntas tipo **cierto/falso** sobre cada una de las cuatro secciones de la lectura. Por ejemplo, 1) "Spanish Harlem" es una vibrante comunidad de hispanos de todas partes del mundo hispanohablante; 2) Los puertorriqueños son ciudadanos estadounidenses y entran y salen de EE.UU. sin pasaporte o visa. Recoja las pruebas y repase las respuestas correctas con la clase entera. Luego, hágale las preguntas de **¡A ver si comprendiste!** a la clase entera. Para probar la comprensión de la historia, vaya a ClassZone.

■ Recuérdeles de la tarea para mañana.

Tarea para mañana	Leer **1.3** en el **Manual de gramática,** págs. G20–G21, y hacer por escrito los ejercicios **A, B** y **C** de **Ahora, ¡a practicar!,** págs. G21–G22.

Unidad 1, Lección 2

CLASE DE 50 MINUTOS: DÍA 8 • CLASE DE 90 MINUTOS: DÍA 4

🔔 **Repaso Rápido:** Los estudiantes pueden hacer esta actividad al entrar en la clase.   **2 minutos**

Pídales a los estudiantes que identifiquen las siguientes partes de las oraciones: sujeto, verbo, objeto directo, objeto indirecto.

1. Ellos no (pensar) estudiar para el examen.
2. Tú (recordar) lo que tienes que hacer.
3. Ellos (pedir) unas quesadillas.
4. Yo (querer) salir este fin de semana.
5. Él (divertirse) en la fiesta.

Planificación	Apuntes del maestro	Sugerencias específicas

➤ Revisar la tarea   **10 minutos**

■ Antes de empezar la clase, escriba la tarea para mañana en la pizarra y pídales que la anoten en sus cuadernos.

⬡ **¡OjO!** Escriba las respuestas a las tres actividades de la tarea en una transparencia.

1 (2 minutos) Contésteles las preguntas que tengan sobre lo que leyeron anoche.

2 (3 minutos) Pídales que intercambien tareas con un compañero de clase y las corrijan usando la clave en la transparencia. Recoja todas las tareas.

3 (5 minutos) Déles una prueba en grupos de tres (una hoja de papel, tres nombres), dígales que contesten las siguientes preguntas:

a ¿Qué es un verbo de cambio en la raíz?

b ¿Qué personas cambian?

c ¿Qué vocales cambian?

d Conjuguen tres verbos, uno que cambie de **e → ie**, otro de **o → ue** y otro de **e → i**.

■ Dígales que pueden ayudarse dentro de sus grupos pero que tienen que trabajar rápido. Recoja las pruebas y repase las respuestas correctas inmediatamente. Devuelva las pruebas corregidas el día siguiente. (Sólo debe haber unas diez para corregir en vez de treinta, ya que las hicieron en grupo.) Use la prueba en grupo de aquí en adelante cada vez que tengan que estudiar la gramática en casa.

CLASE DE 50 MINUTOS: DÍA 8 • CLASE DE 90 MINUTOS: DÍA 4

Planificación	Apuntes del maestro	Sugerencias específicas

➤ Cuaderno de actividades   38 minutos

¡A escuchar!
págs. 45–49
(28 MINUTOS)

¡Ojo! Va a necesitar un lector de CD hoy.

1 (8 minutos) Hagan las actividades **A** y **B** de **El Mundo 21.**

2 (10 minutos) Escuchen las explicaciones de **Acentuación y ortografía: Diptongos** y hagan las actividades **C, D, E, F,** y **G.** Pídales que usen la clave de respuestas al final del cuaderno para corregir su propio trabajo.

3 (8 minutos) Hagan el **Dictado.** Pídale a un(a) estudiante que lo haga en la pizarra mientras los demás escriben en sus escritorios. Pase la cinta dos veces y luego déjelos corregir sus propios dictados mientras usted corrige el de la pizarra con la ayuda de la clase.

¡A explorar!
págs. 50–51
(12 MINUTOS)

1 (4 minutos) En **Repaso básico de la gramática: Signos de puntuación,** pídales que primero lean la explicación en silencio. Luego, contésteles las preguntas que tengan.

2 (8 minutos) Pídales que hagan la actividad **H** en parejas en sus escritorios mientras que una pareja la hace en la pizarra. Déjelos corregir sus propios párrafos mientras usted corrige el de la pizarra con la ayuda de la clase.

INTERNET
Prueba interactiva
www.mcdougallittell.com

■ Recuérdeles de la tarea para mañana.

■ Para más práctica, vaya a ClassZone.

Tarea para mañana	Leer **1.4** en el **Manual de gramática,** págs. G22–G24, y hacer por escrito los ejercicios **A, B,** y **C** de **Ahora, ¡a practicar!,** pág. G25.

Unidad 1, Lección 2

CLASE DE 50 MINUTOS: DÍA 9 • CLASE DE 90 MINUTOS: DÍA 5

Repaso Rápido: Los estudiantes pueden hacer esta actividad al entrar en la clase.   **2 minutos**

Pídales a los estudiantes que completen las siguientes oraciones.

1. Yo no (conocer) a los vecinos.
2. Yo (traducir) del inglés al francés.
3. Yo (dar) lecciones de español.
4. Yo (conducir) un coche nuevo.
5. Yo (saber) manejar un coche.

Planificación	Apuntes del maestro	Sugerencias específicas

➤ Revisar la tarea   **10 minutos**

■ Antes de empezar la clase, escriba la tarea para mañana en la pizarra y pídales que la anoten en sus cuadernos.

¡OjO! Ponga las respuestas a los cuatro ejercicios de tarea en una transparencia.

1 (2 minutos) Conteste las preguntas que tengan sobre lo que leyeron anoche. Luego, pase a revisar la tarea.

2 (3 minutos) Pídales que intercambien tareas con un compañero de clase y las corrijan usando la clave en la transparencia. Recoja todas las tareas.

3 (5 minutos) Déles una prueba en grupos de tres (una hoja de papel, tres nombres). Dígales que hagan el siguiente ejercicio: Conjuguen tres verbos con cambios ortográficos: **dirigir, seguir** y **destruir.**

■ Dígales que pueden ayudarse dentro de sus grupos pero que tienen que trabajar rápido. Recoja las pruebas y repase las respuestas inmediatamente. Devuelva las pruebas corregidas al día siguiente.

➤ Ventana al Mundo 21   **8 minutos**

pág. 46 del texto

"Iván Rodríguez"

1 (2 minutos) Pregúnteles si conocen a Iván Rodríguez. Si dicen que sí, que le digan a la clase lo que saben de él.

2 (6 minutos) Luego pídales que lean **Ventana** en parejas y que hagan la actividad **Iván Rodríguez.** Verifique las respuestas con la clase entera.

Extra: Pregúnteles si pueden nombrar a todas las posiciones en un equipo de béisbol en español.

CLASE DE 50 MINUTOS: DÍA 9 • CLASE DE 90 MINUTOS: DÍA 5

Planificación	Apuntes del maestro	Sugerencias específicas

➤ Y ahora, ¡a leer!

30 minutos

Planificación

págs. 47–52 del texto

Anticipando la lectura
págs. 47–48

Conozcamos el desfile
pág. 48

"Todo listo para el Desfile Puertorriqueño de Nueva York"
págs. 49–51

¿Comprendiste la lectura?
pág. 52

■ Recuérdeles de la tarea para mañana.

Apuntes del maestro

INTERNET
Cibertarjetas
www.mcdougallittell.com

Sugerencias específicas

1 (5 minutos) Pídales que primero hagan la actividad **A** de **Anticipando la lectura** en grupos de tres. Luego verifique las respuestas con la clase entera.

2 (3 minutos) Con la clase entera, pídales a individuos el significado de las palabras de la actividad **B**. Para más práctica del vocabulario, vaya a ClasszZone.

3 (2 minutos) Pídales que lean **Conozcamos el Desfile** en silencio y hágales varias preguntas para confirmar la comprensión.

4 (13 minutos) Hagan la lectura. Varíe la manera en que se hace: En la primera página, pídale a alguien que lea una sección a la vez en voz alta. Haga muchas preguntas de comprensión antes de pedirle a otra persona que continúe. Lea usted la segunda página en voz alta y hágales muchas preguntas para confirmar la comprensión. En la tercera página, pídales que lean un párrafo a la vez en silencio y confirme la comprensión con preguntas.

5 (7 minutos) Haga las actividades **A** y **B** con la clase entera. Si no están seguros de las respuestas correctas, dígales que busquen las respuestas en la lectura.

Extra: En un mapa, hágales mostrar dónde está Nueva York en comparación con la isla de Puerto Rico. Si tiene un mapa de la Ciudad de Nueva York, muéstreles dónde está el barrio puertorriqueño.

Tarea para mañana	En el *Cuaderno de actividades,* págs. 52–54, hacer los ejercicios **I**, **J** y **K** de **Gramática en contexto,** y leer **Acentuación y ortografía** y hacer el ejercicio **L**.

Unidad 1, Lección 2

CLASE DE 50 MINUTOS: DÍA 10 • CLASE DE 90 MINUTOS: DÍA 5

Repaso Rápido: Los estudiantes pueden hacer esta actividad al entrar en la clase.   **4 minutos**

Pídales a los estudiantes que contesten las siguientes preguntas.

1. ¿Quién es Iván Rodríguez?
2. ¿Qué hace?
3. ¿Dónde práctica en su tiempo libre?
4. ¿Puedes nombrar otros puertorriqueños famosos que tengan la misma carrera que Iván Rodríguez?

Planificación	Apuntes del maestro	Sugerencias específicas

➤ Revisar la tarea   **3 minutos**

- Antes de empezar la clase, escriba la tarea para mañana en la pizarra y pídales que la anoten en sus cuadernos.

Pídales que usen la clave de respuestas al final del cuaderno para corregir su propio trabajo.

➤ Cuaderno de actividades   **43 minutos**

Lengua en uso
págs. 40–41
(11 MINUTOS)

Variantes coloquiales: El habla caribeña

1 (3 minutos) Léale a la clase el párrafo en voz alta y hágales varias preguntas para verificar la comprensión.

2 (5 minutos) Dígales que hagan la actividad **M** en parejas. Confirme las respuestas correctas con la clase entera.

3 (3 minutos) Pregúnteles a los estudiantes si conocen otras características del habla caribeña. Sí así es, dígales que las usen en una oración para ver si la clase entera puede adivinar su significado.

Vocabulario activo
págs. 56–58
(10 MINUTOS)

1 (5 minutos) Pídales que estudien el **Vocabulario activo** y que busquen más palabras en la lectura del desfile para añadir a cada categoría. Luego dígales que comparen sus listas en grupos de tres y anímelos a que tomen palabras prestadas de las listas de sus compañeros para asegurarse de tener las listas lo más completas posible.

2 (5 minutos) Pídales que hagan las actividades **N** y **Ñ** y que verifiquen sus respuestas usando la clave al final del cuaderno.

Planificación	Apuntes del maestro	Sugerencias específicas

➤ Cuaderno de actividades *(cont.)*   43 minutos *(cont.)*

Composición
pág. 58
(22 MINUTOS)

Dígales que esta composición no se va a corregir. Es sólo práctica para las composiciones que se harán en la prueba de la lección y en el examen al final de la unidad.

1 (3 minutos) Para ayudarles a organizarse, pídales que lean la descripción del tema. Luego, haga un torbellino de ideas con ellos para uno de los temas, por ejemplo, el de una reunión familiar. Pídales a ellos ejemplos de lo que podrían incluir si ese fuera su tema, y escriba todo lo que dicen en la pizarra.

2 (15 minutos) Ahora, dígales que pueden usar esas ideas si deciden describir una reunión familiar o sacar sus propias ideas para otros temas. Ya teniendo las ideas, deben organizarlas y usarlas para escribir su composición.

3 (4 minutos) En parejas, dígales que lean las composiciones de sus compañeros y les digan si entienden todo o no, si están bien organizadas o pueden mejorarse, y que comenten cualquier corrección de gramática y deletreo que sea necesario.

■ Recuérdeles de la tarea para mañana.

Tarea para mañana	Asegurarse de que todos los ejercicios en las primeras dos lecciones en el *Cuaderno de actividades* estén hechos.

Unidad 1, Lección 2

CLASE DE 50 MINUTOS: DÍA 11 • CLASE DE 90 MINUTOS: DÍA 6

Repaso Rápido: Los estudiantes pueden hacer esta actividad al entrar en la clase.   **2 minutos**

Pídales a los estudiantes que anoten la palabra de cada grupo que no corresponda.

1. Harlem, el barrio, bodega, Estatua de la Libertad
2. artista, estrella, músico, cortadora de pelo
3. fuerzas armadas, condecorados, regimiento, bote

Planificación	Apuntes del maestro	Sugerencias específicas

➤ Ventana al Mundo 21   **8 minutos**

| pág. 53 del texto |

"El Museo del Barrio"

■ Antes de empezar la clase, escriba la tarea para mañana en la pizarra y pídales que la anoten en sus cuadernos.

1 (2 minutos) Pídales que describan las dos fotos. ¿De qué son? ¿Qué tipo de museo es?

2 (3 minutos) Luego pídales que lean la **Ventana** en silencio.

3 (3 minutos) Hágale las preguntas al final a la clase entera.

➤ Palabras como clave   **4 minutos**

| pág. 54 del texto |

Palabra:
comenzar

En parejas, pídales que lean **Palabras como clave: comenzar** y que hagan las sustituciones indicadas. Confirme las respuestas correctas con la clase entera.

➤ Dramatizaciones   **16 minutos**

| pág. 54 del texto |

1 (5 minutos) Divida la clase en grupos de tres o cuatro. Dígale a una mitad de los grupos que preparen la actividad **A** y a la otra mitad la actividad **B**.

2 (11 minutos) Pídales a voluntarios que empiecen a presentar sus dramatizaciones. Cuando se acaben los voluntarios, nómbrelos usted.

Planificación	Apuntes del maestro	Sugerencias específicas

➤ Vocabulario personal   5 minutos

pág. 55 del texto

"Personaje pintoresco"

Pídales que completen las tres listas de vocabulario con palabras sacadas de la lectura del desfile puertorriqueño o de la de Sabine Ulibarrí. Permítales comparar las listas con sus compañeros.

➤ Escribamos ahora   15 minutos

págs. 56–57 del texto

■ La primera parte de esta redacción se completará ahora, la segunda parte no se hará hasta terminar la tercera lección.

1 (10 minutos) Pídales que primero hagan los números 1 y 2 de la actividad **A** en parejas. Luego repítalo con la clase entera para confirmar que lo hicieron correctamente

2 (5 minutos) Pídales que hagan el número 3 de la actividad **A** individualmente. Ayúdeles a individuos si lo necesitan. Dígales que probablemente no van a tener tiempo de terminarlo hoy pero podrán hacerlo en casa.

3 Dígales que escriban el primer borrador en casa. Podrán tomarse una semana para terminar de recoger y organizar la información que van a necesitar y luego escribir el primer borrador. Déles una fecha específica para entregar el primer borrador terminado (el **Día 17** de esta unidad).

■ Recuérdeles de la tarea para mañana.

Tarea para mañana	Prepararse para la prueba de la Unidad 1, Lección 2.

Unidad 1, Lección 2

CLASE DE 50 MINUTOS: DÍA 12 • CLASE DE 90 MINUTOS: DÍA 6

Repaso Rápido: Los estudiantes pueden hacer esta actividad al entrar en la clase.   **3 minutos**

Pídales a los estudiantes que escriban dos preguntas que crean que van a estar en la prueba. Luego, invítelos a preguntárselas a un vecino para prepararse para la prueba.

Planificación	Apuntes del maestro	Sugerencias específicas

➤ Repaso para la prueba   5 minutos

■ Antes de empezar la clase, escriba la tarea para mañana en la pizarra y pídales que la anoten en sus cuadernos.

Conteste cualquier pregunta que tengan sobre la materia de la Unidad 1, Lección 2.

➤ Programa de pruebas y exámenes   25 minutos

Prueba, Unidad 1, Lección 2

Va a necesitar un lector de CD hoy.

Distribuya las pruebas y dígales que usted esperará unos diez minutos antes de hacer la parte de comprensión oral. Si algunos terminan temprano, pídales que empiecen a leer las biografías de **Gente del Mundo 21**, págs. 58–59 del texto.

➤ Gente del Mundo 21   17 minutos

págs. 58–59 del texto

Los cubanoamericanos

Gente:

Óscar Hijuelos

Ileana Ros-Lehtinen

Soledad O'Brien

Andy García

1 (2 minutos) Pregúntele a la clase si saben quiénes son estas personas. Pídales que digan lo que saben de cada una.

2 (4 minutos) En grupos de cuatro o cinco personas, nombre un líder en cada grupo y pídale a cada líder que le lea en voz alta una de las biografías a su grupo. Dígales a las otras personas en los grupos que cierren sus libros y escuchen. Se permite tomar apuntes pero no deben interrumpir al lector.

3 (7 minutos) Pídales a las personas que escucharon a su líder leer la biografía de Óscar Hijuelos que le digan a la clase todo lo que recuerdan de este escritor. Cuando ya hayan dicho todo lo importante sobre él, repita el proceso con las otras tres personas.

CLASE DE 50 MINUTOS: DÍA 12 • CLASE DE 90 MINUTOS: DÍA 6 *(CONT.)*

Planificación	Apuntes del maestro	Sugerencias específicas

➤ **Gente del Mundo 21** *(cont.)*

17 minutos *(cont.)*

4 (4 minutos) Pídales que completen las oraciones en **Personalidades del Mundo 21**, pág. 59, individualmente por escrito. Luego pídales a varios estudiantes que lean sus oraciones en voz alta para confirmar que las hicieron correctamente. Para más información sobre estas personas, vaya a ClassZone.

Extra: Traiga otra información que pueda conseguir sobre políticos cubanoamericanos, o invite a un político cubanoamericano que le hable a la clase. Traiga unas de las novelas de Óscar Hijuelos y léales unos trozos a la clase. Muestre un trozo de la película *The Mambo Kings.* Pídales a sus alumnos que traigan información reciente sobre Andy García y que mencionen en qué películas apareció recientemente.

Extra para estudiantes cubanoamericanos: Pídales que discutan algunos de estos temas: la Pequeña Habana, historias de gran éxito de familias cubanas en EE.UU., la actitud de la nueva generación de cubanoamericanos en contraste con la de sus padres y mayores, los marielitos en EE.UU., el éxito de los cantantes cubanoamericanos contemporáneos en EE.UU.

■ Recuérdeles de la tarea para mañana.

Tarea para mañana	Leer **1.5** en el **Manual de gramática**, págs. G26–G27, y hacer por escrito los ejercicios **A** y **B** de **Ahora, ¡a practicar!**, págs. G27–G28.

Unidad 1, Lección 3

CLASE DE 50 MINUTOS: DÍA 13 • CLASE DE 90 MINUTOS: DÍA 7

Repaso Rápido: Los estudiantes pueden hacer esta actividad al entrar en la clase. **2 minutos**

Dígales a los estudiantes que anoten el nombre de la persona descrita en cada oración.

1. Es un escritor y ganador del premio "Pulitzer".
2. Es un actor en las películas *Just the Ticket* e *Internal Affairs*.
3. Esa telelocutora también es técnica y ha ganado un "Emmy".
4. Esta política fue la primera mujer hispana elegida miembro del Congreso de EE.UU.

Planificación	Apuntes del maestro	Sugerencias específicas

➤ Revisar la tarea   **10 minutos**

- Antes de empezar la clase, escriba la tarea para mañana en la pizarra y pídales que la anoten en sus cuadernos.

1 (2 minutos) Conteste las preguntas que tengan sobre lo que leyeron anoche.

2 (3 minutos) Pídales a individuos que pongan la tarea en la pizarra. Dígales que corrijan su propia tarea mientras la revisa con la clase entera. Recoja todas las tareas.

3 (5 minutos) Déles esta prueba en grupos de tres (una hoja de papel, tres nombres):

  a ¿Qué es un *adjetivo demostrativo?*

  b ¿Qué es un *pronombre demostrativo?*

  c Escriban una oración con un adjetivo demostrativo y una con un pronombre demostrativo.

  - Dígales que pueden ayudarse dentro de sus grupos.

➤ Del pasado al presente   **31 minutos**

págs. 60–63 del texto

"Los cubanoamericanos: Éxito en el exilio"
  págs. 60–62

¡A ver si comprendiste!
  pág. 63

Fotos

Letrero que muestra el orgullo de los cubanoamericanos en la Pequeña Habana.

Florista cubanoamericana en Coconut Grove, un distrito elegante de Miami.

1 (5 minutos) Pídales que describan las fotos de la lectura y que digan lo que creen que van a aprender en esta lectura.

2 (3 minutos) Léales el párrafo introductorio a la lectura en voz alta y hágales varias preguntas para confirmar que entendieron.

3 (10 minutos) Divida la clase en cuatro grupos:

  - Pídale al primer grupo que lean en silencio la sección titulada **Los primeros refugiados cubanos,** al segundo la sección titulada **Muchas fuentes de trabajo,** etc.

Planificación	Apuntes del maestro	Sugerencias específicas

➤ Del pasado al presente *(cont.)*

31 minutos *(cont.)*

Fotos *(cont.)*

Vista panorámica de Miami

Hugo Colombo hombre cubanoamericano de negocios en Miami.

Refugiados salidos de Mariel, Cuba a su llegada a Florida en 1980.

Escritora cubanoamericana Delia Fiallo.

Fernando Rodríguez cubanoamericano que ahora tiene una cadena de supermercados con ventas superiores a los 90 millones de dólares.

- Dígales a todos que tienen que hacerse expertos sobre el contenido de la sección que les toca. También dígales que si tienen dificultad en entender lo que leen, que le pidan ayuda a cualquier persona en su grupo.

- Déles dos minutos para leer. Luego, con libros cerrados, pídale a una persona del primer grupo que le diga una cosa importante que recuerda de lo que leyó. Pídale a otra persona que le diga otra cosa. Continúe así con el primer grupo hasta que hayan presentado toda la información importante de **Los primeros refugiados cubanos** a la clase.

- Dígale al resto de la clase que preste atención porque al final, les va a dar una prueba sobre toda la lectura.

- Continúe así con los otros tres grupos.

4 (5 minutos) Déles una prueba tipo **cierto/falso.** Hágales dos preguntas sobre cada sección que leyeron. Por ejemplo, las de la primera sección podrían ser: 1) El primer grupo de refugiados cubanos salió de Cuba porque Fidel Castro les quitó sus propiedades; 2) El gobierno estadounidense no ayudó mucho a los primeros refugiados cubanos. Pídales que hagan la prueba individualmente.

5 (5 minutos) En **¡A ver si comprendiste!**, pídales que completen el diagrama Venn de la primera actividad en parejas. Mientras todos trabajan en sus escritorios, pídale a una pareja que lo haga en la pizarra. Revise el diagrama en la pizarra con la clase entera. Para probar la comprensión de la historia, vaya a ClassZone.

6 (3 minutos) Haga las últimas dos preguntas a la clase entera.

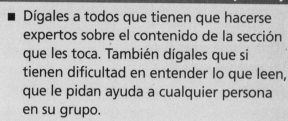
INTERNET
Prueba interactiva
www.mcdougallittell.com

 ¡OJO! La lección de hoy continúa en la próxima página.

UNIDAD 1 • Lección 3 PLAN DE CLASE

Planificación	Apuntes del maestro	Sugerencias específicas

➤ **Ventana al Mundo 21**   **7 minutos**

pág. 64 del texto

"Una publicación para los jóvenes hispanos"

1 (2 minutos) Pregúnteles si conocen los nombres de unas revistas en español. Sí así es, pregúnteles cuáles son.

2 (5 minutos) Luego pídales que lean **Ventana** en parejas y contesten las preguntas al final. Hágale las mismas preguntas a la clase entera para verificar las respuestas.

**INTERNET
Prueba interactiva**
www.mcdougallittell.com

■ Recuérdeles de la tarea para mañana.

■ Para más práctica, vaya a ClassZone.

Tarea para mañana Leer **1.6** en el **Manual de gramática**, págs. G28–G30, y hacer por escrito los ejercicios **A, B** y **C** de **Ahora, ¡a practicar!**, pág. G31.

CLASE DE 50 MINUTOS: DÍA 14 • CLASE DE 90 MINUTOS: DÍA 7

Repaso Rápido: Los estudiantes pueden hacer esta actividad al entrar en la clase.   **2 minutos**

Pídales a los estudiantes que elijan la respuesta correcta para completar cada oración.

1. Mi hermano es (el más grande/más grande) de todos.
2. Mi prima menor es (la más bonita/más bonita) que yo.
3. Mi cachorrito es (el más pequeño/más pequeño) que el gato.

Planificación	Apuntes del maestro	Sugerencias específicas

➤ Revisar la tarea   10 minutos

- Antes de empezar la clase, escriba la tarea para mañana en la pizarra y pídales que la anoten en sus cuadernos.

1 (2 minutos) Conteste las preguntas que tengan sobre lo que leyeron anoche.

2 (3 minutos) Dígales que corrijan su propia tarea mientras usted revisa las actividades **A** y **B** con la clase entera. Pídales a individuos que escriban la actividad **C** en la pizarra y revísela con la clase entera. Recoja todas las tareas.

3 (5 minutos) Déles una prueba en grupos de tres (una hoja de papel, tres nombres). Dígales que contesten las siguientes preguntas:

a Escriban una oración con una comparación de desigualdad.

b Escriban una oración con una comparación de igualdad.

c Escriban una oración con un superlativo.

Dígales que pueden ayudarse dentro de sus grupos pero que tienen que trabajar rápido. Recoja las pruebas y repase las respuestas inmediatamente. Devuelva las pruebas corregidas al día siguiente.

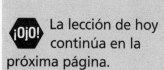 La lección de hoy continúa en la próxima página.

Unidad 1, Lección 3

CLASE DE 50 MINUTOS: DÍA 14 • CLASE DE 90 MINUTOS: DÍA 7 *(CONT.)*

Planificación	Apuntes del maestro	Sugerencias específicas
➤ **Cuaderno de actividades**		**38 minutos**

¡A escuchar!
págs. 59–62
(22 MINUTOS)

¡Ojo! Va a necesitar un lector de CD hoy.

1 (10 minutos) Hagan las actividades **A** y **B** de **El Mundo 21**.

2 (6 minutos) Escuchen las explicaciones de **Triptongos**, pág. 61, y hagan las actividades **C, D** y **E**. Pídales que usen la clave al final del cuaderno para corregir su propio trabajo.

3 (6 minutos) Hagan el **Dictado**.

¡A explorar!
págs. 66–70
(16 MINUTOS)

1 (10 minutos) Pídales que hagan las actividades **G, H, I** y **J** de **Gramática en contexto**.

2 (6 minutos) Pídales que hagan las actividades **K** y **L** de **Acentuación y ortografía**. Dígales que verifiquen sus respuestas en la clave al final del cuaderno.

■ Recuérdeles de la tarea para mañana.

Tarea para mañana	Leer **Antes de empezar el video,** pág. 65 en el texto, y preparar las respuestas a las preguntas.

CLASE DE 50 MINUTOS: DÍA 15 • CLASE DE 90 MINUTOS: DÍA 8

Repaso Rápido: Los estudiantes pueden hacer esta actividad al entrar en la clase.   **2 minutos**

Pídales a los estudiantes que vuelvan a escribir estas palabras, poniendo acentos escritos donde sean necesarios.

1. mayuscula
2. miercoles
3. opinion
4. exito
5. examenes

Planificación	Sugerencias específicas

➤ Luz, cámara, acción

48 minutos

págs. 65–68 del texto

Antes de empezar el video
pág. 65

Escenario: Conozcamos a Cristina Saralegui
pág. 66

Y ahora, ¡Veámoslo!
pág. 68

¡Ojo! Va a necesitar el video para la clase de hoy.

 05:39

Cristina —Muchas voces, muchas caras

■ Antes de empezar la clase, escriba la tarea para mañana en la pizarra y pídales que la anoten en sus cuadernos.

1 (6 minutos) Pregúnteles si conocen a esta mujer. Pídales que le digan todo lo que saben de ella. Luego, hágale las preguntas de **Antes de empezar el video** a la clase entera.

2 (4 minutos) Pídales a dos individuos que lean en voz alta **Escenario**. Hágales preguntas para verificar la comprensión.

3 (5 minutos) Pídales que primero contesten las preguntas de **¡A ver si comprendiste!** (página 67) en parejas. Luego, hágaselas a la clase entera para confirmar que las contestaron correctamente.

4 (2 minutos) Pídales que comparen a Cristina y la Mona Lisa: ¿Quién es más trigueña? ¿menos antigua? ¿más americana? ¿más única? ¿más europea? ¿menos moderna? ¿más conocida? ¿más bonita? ¿más rubia?

5 (2 minutos) Pregúnteles si conocen a las dos personas de las fotos de la página 68. Pídales que digan lo que sepan.

6 (23 minutos) Pase el video. Muestre un trozo a la vez, parándolo después de cada trozo para verificar que entendieron. Usted tendrá que determinar lo largo de cada trozo. Muéstrelo una vez más, sin parar, desde el principio.

7 (6 minutos) En **A ver cuánto comprendiste...** (página 68), hágales las preguntas en las actividades **A** y **B** a la clase entera.

Tarea para mañana	Estudiar en el *Cuaderno de actividades* las listas de **Vocabulario activo**, págs. 72–73, y buscar más palabras en las lecturas de la lección para añadir a cada categoría. Luego, hacer por escrito los ejercicios **N** y **Ñ** de la pág. 74.

Unidad 1, Lección 3

CLASE DE 50 MINUTOS: DÍA 16 • CLASE DE 90 MINUTOS: DÍA 8

Repaso Rápido: Los estudiantes pueden hacer esta actividad al entrar en la clase.   **3 minutos**

Invite a los estudiantes a que contesten las siguientes preguntas.

1. ¿Qué escribió Manuel Colón? ¿Por qué crees que apareción en el programa de *Cristina*?
2. ¿Cuál fue el mensaje principal de Edward James Olmos?

Planificación	Apuntes del maestro	Sugerencias específicas

➤ Revisar la tarea   5 minutos

- Antes de empezar la clase, escriba la tarea para mañana en la pizarra y pídales que la anoten en sus cuadernos.

1 (3 minutos) En grupos de tres, pídales que comparen sus listas de vocabulario y que tomen prestadas palabras de las listas de sus compañeros para asegurarse de tener las listas lo más completas posible.

2 (2 minutos) Dígales que usen la clave al final del cuaderno para corregir su tarea.

➤ Cuaderno de actividades   22 minutos

¡A explorar!
págs. 63–65
(12 MINUTOS)

1 (8 minutos) Pídales que lean la primera explicación, **Los verbos transitivos**. Luego, pídales ejemplos de oraciones con verbos transitivos. Repita el proceso con verbos intransivos, verbos reflexivos, verbos recíprocos y verbos personales e impersonales.

2 (4 minutos) Dígales que hagan la actividad **F** individualmente. Luego, hágala con la clase entera para verificar las respuestas.

Lengua en uso
pág. 71
(10 MINUTOS)

Variantes coloquiales: El habla cubanoamericana

1 (8 minutos) Pídales que lean **Variantes coloquiales: El habla cubanamericana** y hagan la actividad **M**. Haga la misma actividad con la clase entera para confirmar que la hicieron correctamente.

2 (2 minutos) Pregúnteles si conocen otras características del habla cubanoamericana. Si así es, dígales que las usen en oraciones completas para ver si la clase puede entenderlas.

CLASE DE 50 MINUTOS: DÍA 16 • CLASE DE 90 MINUTOS: DÍA 8

Planificación	Apuntes del maestro	Sugerencias específicas

➤ Pasaporte cultural

20 minutos

pág. 69 del texto

"Los hispanos en EE.UU."

Pasaporte cultural págs. 25–33

¡Ojo! Va a necesitar varias copias de los juegos de **Pasaporte cultural** para la clase hoy. Recuérdeles que traigan su pasaporte cultural para que usted pueda sellarlos y así confirmar el haber completado su viaje por el mundo de los hispanos en EE.UU.

■ Recuérdeles de la tarea para mañana.

1. Divida la clase en grupos de cuatro o seis personas.

2. Déle a cada grupo un juego de tarjetas titulado **Los chicanos, Los puertorriqueños** o **Los cubanoamericanos.** Explíqueles que cada juego tiene tarjetas que valen 5 puntos y otras que valen 10 puntos (más difíciles).

3. Dígale a cada grupo de cuatro o seis estudiantes que se dividan en dos equipos de dos o tres personas.

4. Para empezar, el primer equipo selecciona una pregunta de cinco o diez puntos y, sin ver la respuesta que está al dorso, le hace la pregunta al otro equipo. Si contestan correctamente, reciben los puntos indicados, si no, el equipo que hizo la pregunta puede tratar de contestarla y recibir los puntos.

5. Para continuar, el segundo equipo selecciona la siguiente pregunta de cinco o diez puntos y sigue como antes.

6. El juego termina cuando un equipo llegue a cien puntos o cuando se hayan contestado todas las preguntas del juego.

7. Si hay tiempo, permítales empezar con otro tema cultural distinto.

Tarea para mañana	Estudiar para la prueba sobre la Unidad 1, Lección 3. También deberán traer ya terminado el primer borrador de la composición sobre un personaje pintoresco dentro de la familia. (Vea **Escribamos ahora,** en el día 11 de esta unidad.)

Unidad 1, Lección 3

CLASE DE 50 MINUTOS: DÍA 17 • CLASE DE 90 MINUTOS: DÍA 9

Repaso Rápido: Los estudiantes pueden hacer esta actividad al entrar en la clase.   **3 minutos**

Pídales a los estudiantes que vuelvan a leer su tarea y que busquen todos los nombres propios. Invítelos a asegurarse de que hayan usado las letras mayúsculas correctamente.

Planificación	Apuntes del maestro	Sugerencias específicas

➤ Escribamos ahora   23 minutos

págs. 70–71 del texto

- Antes de empezar la clase, escriba la tarea para mañana en la pizarra y pídales que la anoten en sus cuadernos.

🖱 **INTERNET**
Taller de escritura
www.mcdougallittell.com

1 (6 minutos) **A. Primera revisión** Recuérdeles que siempre deben empezar sus comentarios por señalar dos o tres cosas positivas.

2 (8 minutos) **B. Segundo borrador** Dígales que hagan los cambios necesarios a base de los comentarios que sus compañeros hicieron.

3 (4 minutos) **C. A revisar** Pídales que primero hagan esta actividad en parejas. Luego hágala con la clase entera.

4 (5 minutos) **D. Segunda revisión** Pídales que comenten cualquier error que vean pero que en particular, se enfoquen en errores de concordancia.

5 (en casa) **F. Versión final** Pídales que preparen la versión final en casa y la traigan lista para entregar al día siguiente. Los estudiantes pueden ir a ClassZone para compartir sus trabajos.

➤ Programa de pruebas y exámenes   24 minutos

📉 **Prueba**, **Prueba,** **Unidad 1,** **Lección 3**

⬢ **¡OJO!** Va a necesitar un lector de CD hoy.

Dígales que esta prueba sólo es una prueba de práctica para el examen mañana. Tendrán 20 minutos para terminarla y luego ellos mismos la corregirán en clase.

1 (20 minutos) Distribuya las pruebas. Hagan la parte de comprensión oral primero y luego que sigan trabajando hasta terminarla.

2 (4 minutos) Corrija la prueba con la clase entera.

Tarea para mañana	Estudiar para el examen sobre la Unidad 1. También deberán entregar ya terminada la versión final de la composición.

CLASE DE 50 MINUTOS: DÍA 18 • CLASE DE 90 MINUTOS: DÍA 9

Planificación	Apuntes del maestro	Sugerencias específicas

➤ Programa de pruebas y exámenes — 50 minutos

 Examen, Unidad 1

 Va a necesitar un lector de CD hoy.

■ Dígales que no hay tarea para mañana.

1 Recoja las composiciones.

2 Distribuya los exámenes. Dígales que harán la parte de comprensión oral después de unos diez minutos, por si acaso unos llegan tarde.

3 Si unos trabajan rápido y terminan temprano, dígales que empiecen a leer las biografías de **Gente del Mundo 21,** págs. 74–75.

Tarea para mañana	¡No hay tarea para mañana!

Unidad 2, Lección 1

➤ Objetivos

- Leer una lectura histórica, "España: Continente en miniatura"
- Leer dos artículos periodísticos, las **Ventanas al Mundo 21**
- Leer una lectura clásica, la "Aventura de los molinos de viento" de *Don Quijote de la Mancha,* de Miguel de Cervantes Saavedra
- Leer una lectura cultural, "El arte realista y surrealista"
- Estudiar los verbos regulares en el pretérito
- Estudiar los pronombres de objeto directo e indirecto y del **a** personal
- Comprender y hablar sobre acontecimientos históricos de España
- Conocer a algunas de las figuras más importantes de España

➤ Motivación / Enfoque

—Pídales a los estudiantes que miren las fotos y los grabados al pie en las páginas 72 y 73 y el mapa de España en la página ix. Pídales que compartan cualquier conocimiento que tengan sobre España. Pregunte: ¿Sabían que en España hay una gran diversidad cultural? ¿En qué consiste? Pídales que traten de imaginarse cómo es. Pídales que lean el **Enfoque**, pág. 73. Haga preguntas para asegurarse de qué entendieron. Para más información, vaya a ClassZone.

—Ponga a los estudiantes a especular sobre lo que ven en los dibujos de **Gente del Mundo 21**, págs. 74 y 75, y a preparar unas cuatro preguntas para cada personaje. Pregunte: ¿Saben de algún héroe folclórico o histórico del país de sus antepasados? Para más información sobre la gente, vaya a ClassZone.

➤ Presentación y explicación

—Para presentar "España: Continente en miniatura", en **Del pasado al presente,** pág. 76, ponga a los estudiantes a mirar los dibujos y a compartir lo que sepan sobre ellos. Léales el primer párrafo y hágales preguntas para verificar la comprensión. Asigne el resto de tarea. Ponga a los estudiantes a hacer **¡A ver si comprendiste!**, pág. 79. Acostúmbrelos a que contesten las preguntas en sus propias palabras. Para más práctica, vaya a ClassZone.

—Pídales que miren los dibujos de la "Aventura de los molinos de viento", págs. 83 a 86, y que digan qué está ocurriendo. Si alguien conoce la historia de los molinos, que se la narre a la clase. Explique que **usted (Ud.** o **Vd.)** es una contracción del título **vuestra merced.**

—Ponga a los estudiantes a hacer la sección de **¡A escuchar!** en el *Cuaderno de actividades para hispanohablantes*, pags. 75 a 80.

➤ Práctica guiada / Revisión de la comprensión

—Antes de leer la "Aventura de los molinos de viento", pág. 83, ponga a la clase a hacer **Anticipando la lectura,** pág. 81, en grupo y **Vocabulario en contexto,** pág. 82, a solas. Pídales que lean en silencio **Conozcamos al autor,** pág. 82. Haga preguntas de comprensión después de cada ejercicio. Asigne la lectura de tarea. Use las "Sugerencias para trabajar con **Y ahora, ¡a leer!**" en la *Guía del maestro,* pág. 15. Para más práctica del vocabulario, vaya a ClassZone.

TAREA —Pídales a los estudiantes que hagan **Composición: Descripción imaginaria,** en la sección de **Vocabulario activo** del *Cuaderno de actividades para hispanohablantes*, pag. 94.

TAREA —Asigne de tarea "Tres maravillas del arte islámico", pág. 80, y "Los paradores nacionales", pág. 89. Insista en que ellos reconozcan que todo esto es parte de su herencia.

➤ Práctica independiente

—Pídales a los estudiantes que escojan una de las **Dramatizaciones,** pág. 88. Anime a ellos a representar la situación espontáneamente sin preparar un guión.

TAREA —Asigne de tarea lo siguiente del *Cuaderno de actividades para hispanohablantes: Signos de puntuación: La coma, Gramática en contexto* y *Acentuación y ortografía* en **¡A explorar!;** *Prefijos del griego* en **Lengua en uso,** págs. 81 a 88, 90.

➤ Comprobación y corrección

—Para verificar la comprensión de la "Aventura de los molinos de viento", pág. 83, ponga a los estudiantes a hacer la actividad B, *Hablemos de la lectura,* en **¿Comprendiste la lectura?,** pág. 87.
—Repase los ejercicios del *Cuaderno de actividades para hispanohablantes* asignados de tarea. Conteste cualquier pregunta que los estudiantes tengan.

➤ Evaluación

—Para evaluar la destreza de hablar de los estudiantes, use las **Dramatizaciones,** pág. 88. Anime a los estudiantes a grabar en cinta o en video sus representaciones.
—Si quiere una evaluación formal, use la **Prueba comunicativa** para la *Lección 1.*

➤ Repaso

—Verifique la comprensión del uso del pretérito, los pronombres de objeto directo e indirecto y el **a** personal. Refiera la clase a las secciones 2.1 y 2.2, págs. G32 a G37 del **Manual de gramática** en *Nuestro mundo.* Para más práctica, vaya a ClassZone.
—Trabaje directamente con grupos pequeños que estén teniendo problemas con las lecturas. Vuelva a leer el artículo en **Del pasado al presente,** págs. 76 a 78.
—Repase **Vocabulario activo** del *Cuaderno de actividades para hispanohablantes,* págs. 91 a 93.

➤ Ampliación y enriquecimiento

—Para ampliar el vocabulario, ponga a los estudiantes a hacer **Palabras como clave,** pág. 88.
—Ponga a los estudiantes a mirar págs. 90 y 91. Invítelos a hacer comentarios sobre las pinturas. Póngalos a leer "El arte realista y surrealista" y a contestar las preguntas. Use las "Sugerencias para trabajar con **Cultura en vivo**" en la *Guía del maestro,* pág. 19.
—Pídales que recreen el debate que tuvo lugar en la corte de Fernando e Isabel, sobre el tratamiento que debían recibir los "indios" del Nuevo Mundo. Incluya información sobre el padre Bartolomé de las Casas. Mencione algunas actitudes actuales hacia la Conquista: oposición a celebrar el descubrimiento del Nuevo Mundo, referencias a quinientos años de opresión, etc.

TAREA —Asigne de tarea el ejercicio de redacción *Nota formal* de **Correspondencia práctica** en el *Cuaderno de actividades para hispanohablantes,* pág. 89.
—Para otra lectura, vaya a ClassZone.

➤ Resumen y conclusión

—Pídales a los estudiantes que cambien las frases en **vosotros** en la "Aventura de los molinos", pág. 83, al español que ellos usan en casa.
—Pídales que preparen una dramatización de un debate entre Velázquez y Dalí. Cada uno puede indicar lo que piensa del arte del otro y compararlo con el suyo.

Unidad 2, Lección 2

➤ Objetivos

■ Leer una lectura histórica, "España: Al encuentro de su futuro"
■ Leer algunos artículos periodísticos, las **Ventanas al Mundo 21** y "Guernica: El corazón del Reina Sofía"
■ Estudiar los verbos irregulares en el pretérito
■ Estudiar **gustar** y otras construcciones semejantes
■ Comprender y hablar sobre acontecimientos históricos de España
■ Adquirir conocimiento sobre asuntos políticos y sociales actuales y sobre algunos de los protagonistas la sociedad española

➤ Motivación / Enfoque

—Pídales a los estudiantes que hagan comentarios sobre las fotos de **Gente del Mundo 21**, págs. 92 y 93. Pídales que en grupos de seis, cuatro deciden cuál de éstos les gustaría ser. Los otros dos los entrevistan, haciendo el papel de periodistas. Anime a los estudiantes a hacer preguntas y respuestas imaginativas como en una conferencia de prensa. En parejas ponga a los estudiantes a hacer **Personalidades del Mundo 21,** pág. 93. Use las "Sugerencias para trabajar con **Gente del Mundo 21**" en la *Guía del maestro,* pág. 11. Para más información sobre la gente, vaya a ClassZone.

➤ Presentación y explicación

—Como actividad de prelectura de "España: Al encuentro de su futuro", en **Del pasado al presente,** ponga a los estudiantes a mirar los dibujos y los grabados al pie, págs. 94 a 97, y a compartir cualquier conocimiento previo que tengan acerca de los lugares y las personas en los dibujos. Lea "El Siglo de Oro" a la clase. Asigne las secciones restantes de tarea. Haga preguntas en clase para asegurarse de que entendieron. Póngalos a hacer a solas **¡A ver si comprendiste!,** pág. 98. Anímelos a contestar las preguntas en sus propias palabras. Para más práctica, vaya a ClassZone.
—Ponga a los estudiantes a hacer la sección de **¡A escuchar!** en el *Cuaderno de actividades para hispanohablantes,* págs. 95 a 99.

➤ Práctica guiada / Revisión de la comprensión

—Ponga a los estudiantes a hacer **Anticipando la lectura,** pág. 100, y **Vocabulario en contexto,** pág. 101, en parejas. A solas que hagan **Conozcamos al artista,** pág. 101. Haga preguntas para verificar las respuestas. Asigne de tarea la lectura de "Guernica: El corazón del Reina Sofía" y el ejercicio A, *¿Sí o no?,* de **¿Comprendiste la lectura?,** pág. 106. Para más práctica del vocabulario, vaya a ClassZone.

TAREA —Póngalos a hacer **Escribamos ahora,** pág. 110.

➤ Práctica independiente

—En parejas, un estudiante lee "La educación del futuro", pág. 98, y el otro lee "Barcelona: Ciudad a la vanguardia", pág. 108, de **Ventana al Mundo 21.** Luego cada estudiante hace un resumen de la lectura para su pareja.

—Organice a los estudiantes en grupos pequeños para que preparen la primera situación en **Dramatizaciones,** pág. 107. Anime a los estudiantes a ser creativos y a mantener la autenticidad cultural e histórica.

TAREA —Asigne de tarea y revise en clase las siguientes secciones del *Cuaderno de actividades para hispanohablantes: Signos de puntuación: Los puntos, Gramática en contexto* y *Acentuación y ortografía* en **¡A explorar!;** *Prefijos del latín* en **Lengua en uso,** págs. 100 a 108.

➤ Comprobación y corrección

—Verifique la comprensión de "Guernica: El corazón del Reina Sofía" poniendo a la clase a hacer la actividad B, *Hablemos de la lectura,* pág. 106.
—Repase los ejercicios del *Cuaderno de actividades para hispanohablantes* asignados de tarea. Verifique la comprensión del vocabulario haciendo el **Vocabulario activo,** págs. 109 a 112.

➤ Evaluación

—Para evaluar la destreza de hablar de los estudiantes, use las **Dramatizaciones** en la página 107. Anime a los estudiantes a grabar en cinta o en video sus representaciones.
—Para hacer una evaluación formal, use la **Prueba comunicativa** para la *Lección 2.*

➤ Repaso

—Si tiene estudiantes que estén teniendo problemas con las lecturas, trabaje directamente con ellos. Póngalos a leer algunas de las lecturas de **Ventana al Mundo 21.**
—Compruebe que los estudiantes hayan comprendido el pretérito de los verbos con cambios en la raíz y de los verbos irregulares, así como el verbo **gustar** y construcciones semejantes. Si es necesario, refiéralos a las secciones 2.3 y 2.4, págs. G38 a G42, del **Manual de gramática** en *Nuestro mundo.* Para más práctica, vaya a ClassZone.

➤ Ampliación y enriquecimiento

—Para ampliar el vocabulario, revise **Palabras como clave,** pág. 107.
—Pídales a los estudiantes que hagan el **Vocabulario personal,** pág. 109, en **Ventana al Mundo 21.** Anímelos a ampliar su propio vocabulario identificando las palabras que todavía no conozcan y escribiendo definiciones para esas palabras a base del contexto.

TAREA —Pídales a los que quieran obtener puntos extra, que escriban un informe especial sobre cualquiera de las figuras literarias, artísticas o políticas mencionadas en "España: Al encuentro de su futuro", pág. 94, en **Del pasado al presente.**

—Pregúnteles si saben de algún cuadro o mural de un artista hispano, que como *Guernica,* de Picasso, trate de un incidente trágico o dramático de la vida (Ej: los murales de Diego Rivera en el Palacio Nacional, Ciudad de México).
—Repase la **Nota para el bilingüe,** pág. G41.

➤ Resumen y conclusión

—Pídales a los estudiantes que escriban una oración original con cada una de las palabras y expresiones derivadas de la palabra **pintar** en **Palabras como clave,** pág. 107.

TAREA —Pídales a los estudiantes que hagan **Composición: Descripción,** en la sección de Vocabulario activo del *Cuaderno de actividades para hispanohablantes,* pág. 112.

➤ Objetivos

- Escribir para publicar: *Las nuevas aventuras de don Quijote en el Mundo 21*
- Estudiar el imperfecto
- Estudiar el infinitivo
- Aprender acerca de los protagonistas actuales en la política, las artes y el mundo del entretenimiento: Pedro Almodóvar

➤ Motivación / Enfoque

—Para despertar interés en la lección, ponga a los estudiantes a describir su película favorita y a que digan por qué les gusta. Pídales que hablen de las responsabilidades de un director de cine.

—Pídales que hagan **Antes de empezar el video,** pág. 112, individualmente.

➤ Presentación y explicación

—En grupos pequeños, ponga a los estudiantes a leer **Escenario,** pág. 113. Luego, pídales que hagan **¡A ver si comprendiste!,** pág. 113.

—Ponga a los estudiantes a hacer la sección de **¡A escuchar!** en el *Cuaderno de actividades para hispanohablantes,* págs. 113 a 116.

➤ Práctica guiada / Revisión de la comprensión

—Pídales a los estudiantes que describan las fotos del *Video* en la página 114 para adivinar sobre lo que va a tratar el *Video.* Léales **Y ahora, ¡veámoslo!** Quizás Ud. quiera darles un resumen de la película *Tacones lejanos* antes de ver el *Video* y explicarles que es un melodrama sobre la tormentosa relación entre una famosa cantante y su hija y el triángulo amoroso que se forma con el marido de la hija. Muestre el *Video* completo sin parar. Luego, devuelva la cinta y muéstrelo en segmentos cortos, pausando para hacer preguntas de comprensión.

TAREA —Póngalos a hacer **Escribamos ahora,** pág. 116 y 117, con el fin de continuar el proceso de escritura iniciado en la lección previa y de preparar los guiones cinematográficos para publicarlos. Asigne el ejercicio D, *Versión final,* de tarea. Use las "Sugerencias para trabajar con **Escribamos ahora**" en la *Guía del maestro,* pág. 22. Para compartir el trabajo, vaya a ClassZone.

➤ Práctica independiente

—Pídales que dramaticen una entrevista con Almodóvar u otro famoso cineasta hispano para toda la clase.

TAREA —Asigne de tarea y revise en clase las siguientes secciones del *Cuaderno de actividades para hispanohablantes: Signos de puntuación que indican entonación, Gramática en contexto y Acentuación y ortografía* en **¡A explorar!;** *Sufijos: Diminutivos y aumentativos* en **Lengua en uso,** págs. 117 a 127.

➤ Comprobación y corrección

—Pídales a los estudiantes que contesten las preguntas en **A ver cuánto comprendiste...,** pág. 115, en **Y ahora, ¡veámoslo!**
—Repase los ejercicios del *Cuaderno de actividades para hispanohablantes* asignados de tarea. Conteste cualquier pregunta que los estudiantes tengan.

➤ Evaluación

TAREA —Para evaluar la destreza de escribir, pídales a los estudiantes que hagan **Composición: Reseña** en la sección de **Vocabulario activo** del *Cuaderno de actividades para hispanohablantes,* pág. 128.

—Si quiere una evaluación formal de la unidad, use el **Examen** para la *Unidad 2.*

➤ Repaso

—Si la clase tienen dificultad en comprender el *Video ,* vuélvalo a mostrar. Haga pausas después de cada segmento corto, seguidas de preguntas de comprensión, o pídales a los estudiantes que narren lo que vieron en sus propias palabras.
—Asegúrese de que hayan comprendido el uso del imperfecto y del infinitivo. Si necesitan explicaciones y ejercicios adicionales, refiéralos a las secciones 2.5 y 2.6 en las páginas G43 a G47 del **Manual de gramática.** Use las "Sugerencias para trabajar con el **Manual de gramática**" en la *Guía del maestro,* pág. 25. Para más práctica, vaya a ClassZone.
—Repase el **Vocabulario activo** en el *Cuaderno de actividades para hispanohablantes,* págs. 127 a 128.

➤ Ampliación y enriquecimiento

—Ponga a los estudiantes a hacer el juego en **Pasaporte cultural,** pág. 115. No se olvide de copiar las hojas de duplicación y de recortar las tarjetas que corresponden a esta actividad, así como de leer las instrucciones para validar el pasaporte en *Pasaporte cultural.* Use las "Sugerencias para trabajar con **Pasaporte cultural**" en la *Guía del maestro,* pág. 24.
—Repase las **Notas para el bilingüe,** pág. G46, del **Manual de gramática.**

➤ Resumen y conclusión

—Organice a la clase en grupos y pídales que se turnen para leer capítulos del guión de *Las nuevas aventuras de don Quijote en el Mundo 21.* Invítelos a comentar sobre qué fue lo que más les gustó o interesó.

Unidad 3, Lección 1

➤ Objetivos

- Leer una lectura histórica, "México: tierra de contrastes"
- Leer dos artículos periodísticos "Diego Rivera y Frida Kahlo: la pareja más talentosa de México" y "El Templo Mayor"
- Leer una lectura literaria, "Tiempo libre", de Guillermo Samperio
- Leer una lectura cultural, "La Piedra del Sol" o Calendario Azteca
- Estudiar el pretérito e imperfecto
- Estudiar adjetivos y pronombres posesivos
- Comprender y hablar sobre acontecimientos históricos de México
- Adquirir conocimiento de asuntos sociales y políticos de México
- Aprender acerca de algunos de los protagonistas actuales en la política, las artes y el mundo del entretenimiento de México

➤ Motivación / Enfoque

—Para motivar a los estudiantes, refiéralos al mapa en la página x. Anímelos a compartir lo que sepan sobre estos países. Pídales que miren las págs. 118 y 119, y que especulen sobre el significado de lo que ven. Luego que lean **Enfoque**, pág. 119. Hágales preguntas para asegurarse que entendieron. Para más información, vaya a ClassZone.

—Ponga a la clase a hacer **Gente del mundo 21,** pág. 120, y a preparar preguntas originales para hacerles a sus compañeros y así verificar la comprensión. Para más información sobre la gente, vaya a ClassZone.

—Para despertar interés en la lectura sobre Rivera y Kahlo, pídales que comparen la foto de Diego y Frida con el cuadro que pintó Frida en 1931, págs. 126 y 127.

➤ Presentación y explicación

—Como actividad de prelectura de "México: Tierra de contrastes", pág. 122, en **Del pasado al presente,** pídales que comenten sobre las fotos. Divida a la clase en grupos, asigne un líder a cada grupo y ponga a los líderes a turnarse a leer en voz alta los distintos párrafos de la lectura. Los otros escuchan y apuntan la información pertinente con el libro cerrado. Dé tiempo para que cada grupo discuta el segmento leído y comparen notas. Use **¡A ver si comprendiste!,** pág. 126, para verificar la comprensión. Para más práctica, vaya a ClassZone.

—Ponga a los estudiantes a hacer la sección de **¡A escuchar!** en el *Cuaderno de actividades para hispanohablantes,* pags. 129 a 133.

➤ Práctica guiada / Revisión de la comprensión

—Póngalos a hacer **Y ahora, ¡a leer!,** pág. 128, en clase. Asigne de tarea "Tiempo libre", de Guillermo Samperio, pág. 130. En clase, pídales que en grupos preparen una lectura dramática del cuento para representar a la clase. Un estudiante de cada grupo hace de narrador mientras otro hace de protagonista. Póngalos a hacer **¿Comprendiste la lectura?,** pág. 131. Para más práctica del vocabulario, vaya a ClassZone.

➤ Práctica independiente

—Asigne"Diego Rivera y Frida Kahlo: la pareja más talentosa de México", pág. 126, y "El Templo Mayor", pág. 133, en **Ventana al Mundo 21,** como lecturas independientes. Póngalos a hacer las actividades de comprensión en parejas. Pida voluntarios para escribir las respuestas en la pizarra y revíselas con la clase.

—Pídales a los estudiantes que en grupos preparen las **Dramatizaciones,** pág. 132.

TAREA —Asigne de tarea las siguientes secciones del *Cuaderno de actividades para hispanohablantes: Lectura en voz alta: Proceso de enlace, Gramática en contexto* y *Acentuación y ortografía* en **¡A explorar!**; *Variantes coloquiales: Lengua campesina* en **Lengua en uso,** págs. 135 a 144. Revísela en clase.

➤ Comprobación y corrección

—Para verificar la comprensión de "Tiempo libre", págs. 130, ponga a la clase a hacer la actividad B, *Hablemos de la lectura,* en **¿Comprendiste la lectura?,** pág. 131.
—Repase los ejercicios del *Cuaderno de actividades para hispanohablantes* asignados de tarea. Conteste cualquier pregunta que los estudiantes tengan. Use las actividades de la sección de **Vocabulario activo,** incluyendo **Composición: Descripción de semejanzas,** para verificar que comprenden el vocabulario, págs. 144 a 148.

➤ Evaluación

—Para evaluar la destreza de hablar de los estudiantes, use las **Dramatizaciones,** pág. 132. Anime a los estudiantes a representar la situación espontáneamente pero sin perder perspectiva de los aspectos culturales e históricos.
—Si quiere una evaluación formal, use la **Prueba comunicativa** para la *Lección 1.*

➤ Repaso

—Verifique la comprensión de las acciones acabadas y acciones que sirven de trasfondo para el pretérito e imperfecto, así como de los adjetivos y pronombres posesivos. De ser necesario refiera a la clase a las secciones 3.1 y 3.2, págs. G48 a G52 del **Manual de gramática.** Para más práctica, vaya a ClassZone.
—Trabaje con grupos pequeños releyendo aquellos pasajes de las lecturas de la lección con los cuales hayan tenido dificultades.

➤ Ampliación y enriquecimiento

—Para ampliar el vocabulario, ponga a los estudiantes a hacer **Palabras como clave,** pág. 132, y revise las respuestas.
—Ponga a los estudiantes a mirar la piedra del sol en **Cultura en vivo,** págs. 134, y a comentar lo que observan. Póngalos a leer el artículo y hacer las preguntas de comprensión.
—Pídales a los estudiantes de ascendencia mexicana que entrevisten a sus parientes para ver si alguno estuvo en México durante el descubrimiento del Templo Mayor. Si es así, que le pasen la información a la clase. Pídales que compartan con la clase cualquier otra interpretación del calendario azteca que conozcan.
—Repase la **Nota para el bilingüe,** pág. G50.

TAREA —Asigne de tarea el ejercicio de redacción *Notas formales difíciles,* de **Correspondencia práctica** en el *Cuaderno de actividades para hispanohablantes.*
—Para otra lectura, vaya a ClassZone.

➤ Resumen y conclusión

—Consiga periódicos o revistas publicados en español. Pídales que comenten sobre el contenido. Pregunte: ¿A qué público se dirige este periódico o revista? ¿Qué tipo de información contiene? ¿Tiene un punto de vista político específico o trata de ser imparcial? ¿Por qué creen que es necesario publicar un periódico en español?

➤ Objetivos

- Leer una lectura histórica, "Guatemala: raíces vivas"
- Leer dos artículos periodísticos, "El *Popol Vuh:* libro sagrado maya-quiché" y "Antigua: joya de la arquitectura colonial"
- Leer "Rigoberta Menchú Tum: de cara al nuevo milenio"
- Estudiar las expresiones indefinidas y negativas
- Estudiar el pretérito e imperfecto: Acciones simultáneas y recurrentes
- Comprender y hablar sobre acontecimientos históricos de Guatemala
- Adquirir conocimiento de asuntos políticos y sociales actuales de Guatemala
- Aprender acerca de algunos de los protagonistas actuales en la política, las artes y el mundo del entretenimiento de Guatemala

➤ Motivación / Enfoque

—Anímelos a comentar las fotos en **Gente del Mundo 21,** págs. 136 y 137. Pídales que lean las biografías a solas y escriban un párrafo sobre cada persona con libros cerrados. Póngalos a comparar sus párrafos en grupos de tres y a preparar uno más completo sobre cada persona. Luego que los lean a la clase y que ésta agregue más información. Pídales que hagan **Personalidades del Mundo 21.** Para más información sobre la gente, vaya a ClassZone.

➤ Presentación y explicación

—Como actividad de prelectura de "Guatemala: Raíces vivas", en **Del pasado al presente,** pídale a la clase que comparta cualquier información adicional que sepa sobre la geográfica, política y cultura de los lugares y personas de los dibujos y fotos, págs. 138 a 141. Póngalos a hacer **¡A ver si comprendiste!,** pág. 142, para asegurarse de que comprendieron. Para más práctica, vaya a ClassZone. Use las "Sugerencias para trabajar con **Del pasado al presente,**" en la *Guía del maestro,* pág. 12.

—Ponga a los estudiantes a hacer la sección de **¡A escuchar!** en el *Cuaderno de actividades para hispanohablantes,* págs. 149 a 154.

➤ Práctica guiada / Revisión de la comprensión

TAREA —Ponga a los estudiantes a hacer **Anticipando la lectura,** pág. 144, en grupos, y **Vocabulario en contexto** a solas. Para más práctica del vocabulario, vaya a ClassZone. Asigne de tarea "Rigoberta Menchú Tum: de cara al nuevo milenio", pág. 145, y el ejercicio A, *¿Sí o no?,* de **¿Comprendiste la lectura?,** pág. 148. En el ejercicio B, anímelos a apoyar sus opiniones con ejemplos concretos.

—Póngalos a hacer **Escribamos ahora,** pág. 152.

➤ Práctica independiente

—Asigne de tarea "El *Popol Vuh:* Libro sagrado maya-quiché", pág. 142, y "Antigua: Joya de la arquitectura colonial", pág. 150, de **Ventana al Mundo 21.** En clase repase las preguntas de comprensión. Pida voluntarios para escribir las respuestas en la pizarra. Anime a los guatemaltecos a compartir cualquier aspecto de la historia o cultura guatemalteca en el que tengan un interés especial. Use las "Sugerencias para trabajar con **Ventana al Mundo 21**" en la *Guía del maestro,* pág. 14.

—Divida a la clase en tres; cada grupo hace una de las **Dramatizaciones,** pág. 149. Opción: crear sus propios personajes y dramatizar su propia juventud.

TAREA —Asigne de tarea las siguientes secciones del *Cuaderno de actividades para hispanohablantes: Acentuación de verbos, Gramática en contexto y Ortografía* en ¡A explorar!; *Problemas de deletreo: La interferencia del inglés* en **Lengua en uso.** (págs. 155 a 160) Revísela en clase.

► Comprobación y corrección

—Verifique la comprensión de la lectura "Rigoberta Menchú Tum: de cara al nuevo milenio" pág. 145, poniendo a la clase a hacer la actividad B, *Hablemos de la lectura,* en **¿Comprendiste la lectura?,** pág. 148.
—Repase los ejercicios del *Cuaderno de actividades para hispanohablantes* asignados de tarea. Conteste cualquier pregunta que los estudiantes tengan. Verifique la comprensión del vocabulario haciendo el **Vocabulario activo,** págs. 161 a 164.

► Evaluación

—Para evaluar la escritura de los estudiantes, use **Composición: Comparación** en la sección de **Vocabulario activo** del *Cuaderno de actividades para hispanohablantes,* pág. 164.
—Para hacer una evaluación formal, use la **Prueba comunicativa** para la *Lección 2.*

► Repaso

—Relea una de las lecturas de **Ventana al mundo 21** en grupos pequeños. Modele para ellos las estrategias de lectura.
—Compruebe que los estudiantes hayan comprendido la gramática. Use las secciones 3.3 y 3.4, págs. G52 a G57, del **Manual de gramática** para repasar. Para más práctica, vaya a ClassZone.

► Ampliación y enriquecimiento

—Pídales a los que quieran ganar puntos extra que escriban un informe escrito breve o hagan una presentación oral ya sea sobre alguna de las personalidades de **Gente del Mundo 21** o sobre algún artículo periodístico que trate sobre algún tópico importante de Guatemala.
—Para ampliar el vocabulario, ponga a los estudiantes a hacer **Palabras como clave,** pág. 149, y revise las respuestas.
—Pregunte a la clase si sabe de algunos autores hispanos que hayan sido galardonados con el Premio Nóbel de Literatura. Amplíe sus aportes con esta lista: 1904, José Echegaray (español); 1922, Jacinto Benavente (español); 1945, Gabriela Mistral (chilena); 1956, Juan Ramón Jiménez (español); 1967, Miguel Ángel Asturias (guatemalteco); 1971, Pablo Neruda (chileno).
—Repase las **Nota para el bilingüe,** págs. G53 y G55.

► Resumen y conclusión

—Pregúntele a la clase si saben de alguien, ya sea un pariente o ellos mismos que quizás hayan tenido experiencias similares a las de la vida trágica de Rigoberta. De ser así, pregúnteles si estarían dispuestos a compartir sus experiencias con la clase.
—Pídales que escriban una oración original con cada una de las palabras y expresiones derivadas de la palabra **real** en **Palabras como clave,** pág. 149. Pida voluntarios para que escriban en la pizarra oraciones originales usando **realizar, actual** y **darse cuenta.**

➤ Objetivos

- Escribir para publicar: *Rigoberta Menchú y cinco estudiantes de (tu escuela): una comparación*
- Estudiar las preposiciones **para** y **por**
- Visitar lugares históricos y artísticos: Teotihuacán, la Ciudad de los Dioses

➤ Motivación / Enfoque

—Pídales a los estudiantes que miren las fotos en las páginas 154 y 155. Pídales que hablen de lo que saben de las civilizaciones antiguas que han estudiado. Póngalos a hacer **Antes de empezar el video,** pág. 154, en parejas. Verifique las respuestas con la clase. Si algunos estudiantes mencionan Teotihuacán como cultura antigua, trate de hondear para ver cuánto saben de su gente, cultura, etc.

➤ Presentación y explicación

TAREA —Ponga a distintos individuos a leer **Escenario,** pág. 155. Asigne de tarea **¡A ver si comprendiste!,** pág. 157. Repase las respuestas en clase.

—Ponga a los estudiantes a hacer la sección de **¡A escuchar!** en el *Cuaderno de actividades para hispanohablantes,* págs. 165 a 168.

➤ Práctica guiada / Revisión de la comprensión

—Pídales que describan las fotos del *Video,* pág. 158, y que traten de adivinar sobre qué va a tratar el *Video.* Pídales que lean **Y ahora, ¡veámoslo!** en silencio y luego haga preguntas de comprensión. Muestre el *Video* sin parar. Luego devuélvalo y muéstrelo en segmentos cortos, pausando para hacer preguntas de comprensión. Muestre el *Video* completo una vez más.

—Póngalos a hacer **Escribamos ahora,** pág. 160 y 161. Póngalos a revisar las composiciones que comenzaron en la lección previa en preparación para la publicación. Para compartir el trabajo, vaya a ClassZone.

➤ Práctica independiente

—Pídales a los estudiantes que hagan el ejercicio A, *Dime si entendiste* de **A ver cuánto comprendiste....,** pág. 159 en **Y ahora, ¡veámoslo!** Que contesten las preguntas del ejercicio A en grupo y las del ejercicio B en grupos pequeños. Pídale a cada grupo que comparta sus opiniones con la clase.

TAREA —Asigne de tarea las siguientes secciones del *Cuaderno de actividades para hispanohablantes: Lectura en voz alta: Pausas, Gramática en contexto* y *Ortografía* en **¡A explorar!;** *"Cognados falsos"* en **Lengua en uso,** págs. 169 a 174. Revísela en clase.

➤ Comprobación y corrección

—Pídales a los estudiantes que hagan el ejercicio B, *¿Y qué dices tú?* de **A ver cuánto comprendiste....,** pág. 159 en **Y ahora, ¡veámoslo!**

—Repase los ejercicios del *Cuaderno de actividades para hispanohablantes* asignados de tarea. Conteste cualquier pregunta que los estudiantes tengan.

➤ Evaluación

—Para evaluar la destreza de escribir, pídales a los estudiantes que hagan **Composición: Contraste y analogía** en la sección de **Vocabulario activo** del *Cuaderno de actividades para hispanohablantes,* pag. 178.

—Si quiere una evaluación formal de la unidad, use el **Examen** para la *Unidad 3.*

➤ Repaso

—Si la clase tiene dificultad en comprender el *Video,* vuélvalo a mostrar. Haga pausas después de cada segmento corto y pídales que narren qué fue lo que vieron.

—Asegúrese de que hayan comprendido las preposiciones **para** y **por.** Si es necesario, refiéralos a la sección 3.5 en la página G57 del **Manual de gramática.** Para más práctica, vaya a ClassZone.

—Repase el **Vocabulario activo** en el *Cuaderno de actividades para hispanohablantes.*

➤ Ampliación y enriquecimiento

—Pídale a la clase que prepare un debate sobre el hecho de que grandes tesoros arqueológicos mexicanos y guatemaltecos acaban en museos estadounidenses, británicos, franceses, etc., y no en México o Guatemala. Tal vez deba mencionar la controversia internacional sobre quién es el dueño del tesoro de Priam, de la antigua ciudad de Troya: los rusos, que admiten haber sacado el tesoro de Alemania durante la Segunda Guerra Mundial, los alemanes, que insisten que es de ellos, o los turcos, que dicen que el arqueólogo alemán, Heinrich Schliemann, lo sacó de su país ilegalmente. Pregúnteles si ellos descubrieran un tesoro, si tratarían de sacarlo del país ilegalmente.

➤ Resumen y conclusión

—Para repasar lo que los estudiantes aprendieron en esta unidad, póngalos a hacer el crucigrama en **Pasaporte cultural,** pág. 159. No se olvide de copiar las hojas de duplicación necesarias para hacer esta actividad en *Pasaporte cultural.*

Unidad 4, Lección 1

➤ Objetivos

- Leer una lectura histórica, "Cuba: La palma ante la tormenta"
- Leer los artículos periodísticos, "José Martí: héroe nacional de cuba" y "¡Y el son sigue sonando!"
- Leer un poema, "Las herramientas todas del hombre", de Eliseo Diego
- Leer una lectura cultural, "La Nueva Trova"
- Estudiar el participio pasado
- Estudiar las construcciones pasivas
- Comprender y hablar sobre acontecimientos históricos de Cuba
- Adquirir conocimientos sobre asuntos sociales y políticos actuales de Cuba
- Aprender acerca de de los protagonistas actuales en la política, las artes y el mundo del entretenimiento de Cuba

➤ Motivación / Enfoque

—Pídale a la clase que mire las fotos, págs. 162 y 163 y que hable sobre el título y las fotos. Invítela a compartir cualquier conocimiento que tenga sobre Cuba, la República Dominicana o Puerto Rico. Pregúntele por qué cree que esta unidad tiene como subtítulo **en el ojo del huracán.** Refiérala al mapa de la página xi. Póngalos a hacer **Enfoque**, pág. 163. Hágales preguntas para asegurarse de que entendieron. Para más información, vaya a ClassZone.

—Ponga a la clase a hacer la sección de **Gente del mundo 21,** págs. 164 y 165, a comentar sobre las fotos y a preparar cuatro preguntas de comprensión para hacerles a los compañeros. Para más información sobre la gente, vaya a ClassZone.

➤ Presentación y explicación

—Para presentar **Del pasado al presente,** pag. 166, pídales a los estudiantes que comenten el título. Luego, que contesten las preguntas de **¡A ver si comprendiste!,** pág. 169. Para más práctica, vaya a ClassZone. Si tiene estudiantes cubanoamericanos, pídales que entrevisten a sus familíares para saber cómo vieron ellos la llegada de Castro al poder.

—Ponga a los estudiantes a hacer la sección de **¡A escuchar!** en el *Cuaderno de actividades para hispanohablantes,* pags. 179 a 182.

➤ Práctica guiada / Revisión de la comprensión

—Asigne de tarea y revise en clase **Y ahora, ¡a leer!,** pág. 171, incluyendo **Conozcamos al poeta.** Haga preguntas de comprensión. Lea el poema "Las herramientas todas del hombre", pág. 174. Para más práctica del vocabulario, vaya a ClassZone. Luego ponga a la clase a leer las diferentes estrofas. Haga preguntas para ver si entienden los nombres y usos de las herramientas. Póngalos a hacer **¿Comprendiste la lectura?,** pág. 176.

➤ Práctica independiente

—Ponga a la clase a leer a solas "José Martí: héroe nacional de Cuba", pág. 170, y "¡Y el son sigue, sonando!", pág. 178, en **Ventana al Mundo 21.** Pídales que hagan las actividades de comprensión en parejas y verifique las respuestas con la clase. Pregunte si saben quiénes son los héroes nacionales de los países de sus antepasados.

—Pídales a los estudiantes que trabajen en grupos pequeños y que preparen una de las **Dramatizaciones,** pág. 177.

TAREA —Asigne de tarea las siguientes secciones del *Cuaderno de actividades para hispanohablantes: Los usos de se, Gramática en contexto* y *Ortografía* en ¡A explorar!; *Variantes coloquiales: El habla caribeña* en **Lengua en uso,** págs. 183 a 190, 193.

➤ Comprobación y corrección

—Para verificar la comprensión del poema, pág. 174, ponga a la clase a hacer la actividad B, *Hablemos de la lectura,* en ¿**Comprendiste la lectura?,** pág. 176.

TAREA —Repase los ejercicios del *Cuaderno de actividades para hispanohablantes* asignados de tarea. Use las actividades en **Vocabulario activo,** págs. 194 a 196, para verificar la comprensión del vocabulario. Asigne de tarea el ejercicio de redacción *Una carta entre amigos,* págs. 191 a 192.

➤ Evaluación

—Para evaluar la destreza de conversar, use las **Dramatizaciones,** pág. 177.
—Si quiere una evaluación formal, use la **Prueba comunicativa** para la *Lección 1.*

➤ Repaso

—Asegúrese de que hayan comprendido el participio pasado y las construcciones pasivas. Use las secciones 4.1 y 4.2, págs. G62 a G65 del **Manual de gramática** para repasar. Para más práctica, vaya a ClassZone.
—Trabaje en grupos pequeños con los estudiantes que tengan dificultades con las lecturas. Enséñeles estrategias de lectura tales como adivinar a partir del contexto, buscar la idea principal y cómo usar cognados.

➤ Ampliación y enriquecimiento

—Para ampliar el vocabulario, ponga a los estudiantes a hacer **Palabras como clave,** pág. 177, y revise las respuestas.
—Pídales a los estudiantes que lean "La Nueva Trova" en **Cultura en vivo,** pág. 179. Haga copia del original de la canción en *Pasaporte cultural.* Distribuya el original; pase la canción, una estrofa a la vez, parando y volviendo a pasarla para darle tiempo a la clase de llenar los espacios con las palabras que faltan (la canción está al final de la *Unidad 4, Lección 3* de la audiocinta). Luego, haga preguntas de comprensión. Póngalos a hacer las preguntas de comprensión.
—En grupos de tres o cuatro, pídales que preparen un crucigrama de seis verticales y seis horizontales. Luego cada grupo intercambia crucigramas y los resuelven.

TAREA —Si tiene estudiantes cubanoamericanos, pídales que hablen sobre: los argumentos a favor y en contra de la revolución, la calidad de vida en Cuba, etc. Traiga a la clase la canción "Guantanamera", basada en los "Versos sencillos" de José Martí.

—Repase la **Nota para el bilingüe,** pág. G64.
—Para otra lectura, vaya a ClassZone.

➤ Resumen y conclusión

TAREA —Asigne de tarea **Composición: Expresar opiniones,** en la sección de **Vocabulario activo** del *Cuaderno de actividades para hispanohablantes,* pag. 196.
—Pídales a los estudiantes que en grupos preparen una lista de las herramientas que puedan nombrar. Luego pídale a un grupo que lea su lista para que los otros añadan las que faltan.

Unidad 4, Lección 2

➤ Objetivos

- Leer una lectura histórica, "La República Dominicana: La cuna de América"
- Leer algunos artículos periodísticos, "Cristóbal Colón y 'las Indias'", "La Serie del Caribe" y "Juan Luis Guerra: El poeta que canta al mundo"
- Estudiar las formas del presente de subjuntivo y el uso del subjuntivo en las cláusulas principales
- Estudiar los mandatos formales y mandatos familiares con **tú**
- Comprender eventos históricos de la República Dominicana
- Adquirir conocimiento de asuntos políticos y sociales actuales de la República Dominicana
- Aprender acerca de algunos de los protagonistas actuales en la sociedad dominicana

➤ Motivación / Enfoque

—Anime a los estudiantes a ver las fotos de **Gente del Mundo 21,** págs. 180 y 181 y a compartir lo que sepan sobre ellas. Pídales que lean las biografías en silencio y que escriban un parrafito sobre cada persona. En grupos de tres que comparen sus párrafos y preparen uno más completo sobre cada persona y que los lean a la clase. Luego póngalos a hacer **Personalidades del Mundo 21.** Para más información sobre la gente, vaya a ClassZone.

➤ Presentación y explicación

—Como actividad de prelectura de "La República Dominicana: La cuna de América", págs. 182 a 185, pídale a la clase que describa las fotos y diga lo que cree que va a aprender. Póngala a hacer la lectura en clase y luego, en parejas, que contesten las preguntas de **¡A ver si comprendiste!**, pág. 185. Para más práctica, vaya a ClassZone. Si hay estudiantes dominicanos, pídales que le digan a la clase lo que recuerdan de la isla o lo que sus parientes les han dicho de la vida allí.

—Ponga a los estudiantes a hacer la sección de **¡A escuchar!** en el *Cuaderno de actividades para hispanohablantes,* págs. 197 a 200.

➤ Práctica guiada / Revisión de la comprensión

—Ponga a la clase a hacer **Y ahora ¡a leer!**, pág. 187. Pida voluntarios para leer **Conozcamos al músico,** pág. 188. Pídales que lean "Juan Luis guerra: el poeta que canta al mundo", pág. 189. Para más práctica del vocabulario, vaya a ClassZone. Luego pídales que hagan, *¿Sí o no?,* de **¿Comprendiste la lectura?**, pág. 192.

TAREA —Póngalos a hacer **Escribamos ahora,** pág. 196. Use las estrategias para escribir el primer borrador. Pídales que escriban una composición acerca de un instrumento que les gustaría inventar.

➤ Práctica independiente

TAREA —Asigne de tarea "Cristóbal Colón y 'las Indias'", pág. 186, y "La Serie del Caribe", pág. 194. En clase repase las preguntas de comprensión.

—Pídale a la clase que escoja una de las **Dramatizaciones,** pág. 193. Pídale que comente sobre la autenticidad histórica después de cada dramatización.

TAREA —Asigne de tarea y revise en clase las siguientes secciones del *Cuaderno de actividades para hispanohablantes: Variantes coloquiales: Haiga, váyamos, puédamos, sálganos, etc., Gramática en contexto y Ortografía* en **¡A explorar!;** *La tradición oral* en **Lengua en uso,** págs. 201 a 206.

➤ Comprobación y corrección

—Verifique la comprensión de la lectura "Juan Luis Guerra: el poeta que canta al mundo", pág. 189, poniendo a la clase a hacer *Hablemos de la lectura,* pág. 192.
—Repase los ejercicios del *Cuaderno de actividades para hispanohablantes* asignados de tarea. Verifique la comprensión del vocabulario haciendo el **Vocabulario activo,** págs. 209 a 212.

➤ Evaluación

—Para evaluar la destreza de escribir de los estudiantes, use **Composición: Informar** en el *Cuaderno de actividades para hispanohablantes,* pág. 212.
—Para hacer una evaluación formal, use la **Prueba comunicativa** para la *Lección 2.*

➤ Repaso

—Relea la lectura en **Del pasado al presente,** pág. 182, en grupos pequeños con los estudiantes que tengan dificultades. Modele las estrategias de lectura.
—Compruebe que los estudiantes hayan comprendido las formas del presente de subjuntivo y el uso del subjuntivo en las cláusulas principales, así como los mandatos formales y mandatos familiares con **tú.** Use las secciones 4.3 y 3.4, págs. G65 a G73, del **Manual de gramática,** para repasar. Para más práctica, vaya a ClassZone.

➤ Ampliación y enriquecimiento

—Para ampliar el vocabulario, ponga a los estudiantes a hacer **Palabras como clave,** pág. 193, y revise las respuestas.

TAREA —Si tiene estudiantes dominicanos interesados en obtener puntos extra, pídales que escriban una breve composición ya sea sobre la época de Trujillo, los domincanos en EE.UU., las relaciones entre Haití y la República Dominicana, y que la lean a la clase.

—Pídales a los estudiantes que en grupos pequeños preparen un debate apoyando o contradiciendo el hecho de que no se puede considerar a Colón responsable de las atrocidades de los conquistadores que lo siguieron. Después, seleccione a cuatro o seis personas para debatir. El resto escucha. Cuando se convencen de un lado o del otro, se mudan para la izquierda o la derecha, hasta que no quede nadie sin opinión.

➤ Resumen y conclusión

—Pídales a los estudiantes que escriban una oración original con las palabras y expresiones derivadas de **componer** en **Palabras como clave,** pág. 193. Póngalos a comparar sus oraciones en grupos pequeños y que escojan las mejores para compartirlas con la clase.
—Pídales que nombren beisbolistas hispanos y que digan de qué país vienen.

➤ Objetivos

■ Leer una lectura histórica, "Puerto Rico: Entre varios horizontes"
■ Leer el artículo periodístico "Puerto Rico: Entre libre asociación, estadidad o independencia"
■ Escribir para publicar: *Invenciones: Nuevas herramientas prácticas*
■ Estudiar el subjuntivo en las cláusulas nominales
■ Comprender acontecimientos históricos de Puerto Rico
■ Adquirir conocimientos sobre la sociedad actual de Puerto Rico
■ Aprender acerca de de los protagonistas actuales en la política, las artes y el mundo del entretenimiento de Puerto Rico

➤ Motivación / Enfoque

—Invite a los estudiantes a hacer comentarios sobre las fotos de las páginas 198 y 199. Pídales que hagan **Personalidades del Mundo 21** en parejas. Luego, en grupos de seis, cuatro de ellos deciden cuál de estas personas famosas les gustaría ser y que los otros dos las entrevisten, haciendo el papel de periodistas. Para más información sobre la gente, vaya a ClassZone.

➤ Presentación y explicación

—Pídale a la clase que comparta cualquier información adicional que tenga sobre los lugares que aparecen en las fotos de "Puerto Rico: Entre varios horizontes", pág. 200. Póngalos a hacer **¡A ver si comprendiste!,** pág. 203. Para más práctica, vaya a ClassZone. Si hay puertorriqueños entre sus estudiantes, pídales que añadan cualquier información que ellos tengan sobre la isla, la vida diaria, los huracanes, etc.
—Ponga a los estudiantes a hacer la sección de **¡A escuchar!** en el *Cuaderno de actividades para hispanohablantes,* págs. 213 a 216.

➤ Práctica guiada / Revisión de la comprensión

—Para preparar a los estudiantes para el *Video Los huracanes,* pídale a la clase que hable de los desastres naturales con los que están familiarizados. Luego, póngalos a completar **Antes de empezar el video,** pág. 206. Pídales que lean **Escenario,** pág. 207, en grupos. Póngalos a hacer **¡A ver si comprendiste!,** pág. 207, en clase.
—Pídale a la clase que describa las fotos del *Video* , pág. 208 y que trate de adivinar sobre qué va a tratar. Pídales que lean **Y ahora, ¡veámoslo!** y luego haga preguntas de comprensión. Muestre el *Video* sin parar. Devuélvalo y muéstrelo una sección a la vez, pausando para hacer preguntas de comprensión. Muestre el *Video* completo una vez más. Luego, ponga a la clase a hacer *Dime si entendiste,* pág. 209.

TAREA —Póngalos a hacer **Escribamos ahora,** pág. 210. Póngalos a revisar las composiciones que comenzaron en la lección previa. Asigne el ejercicio D, *Versión final,* de tarea. Para compartir el trabajo, vaya a ClassZone.

➤ Práctica independiente

TAREA —Asigne como lectura independiente, "Puerto Rico: entre libre asociación, estadidad o independencia" en **Ventana al Mundo 21,** pág. 204. Asigne las preguntas de **Tres alternativas,** pág. 205, de tarea y repase las respuestas en clase.

TAREA —Asigne de tarea el *Cuaderno de actividades para hispanohablantes: Expresiones impersonales y el subjuntivo, Gramática en contexto* y *Ortografía* en **¡A explorar!;** *Variantes coloquiales: Interferencia en la lengua escrita* en **Lengua en uso,** págs. 217 a 223.

➤ Comprobación y corrección

—Para verificar la comprensión del *Video* , pídales a los estudiantes que hagan la actividad B, *¿Y qué dices tú?* de **A ver cuánto comprendiste...,** pág. 209.
—Repase los ejercicios del *Cuaderno de actividades para hispanohablantes* asignados de tarea. Repase el **Vocabulario activo** para verificar la comprensión del vocabulario, págs. 224 a 226.

➤ Evaluación

TAREA —Para evaluar la destreza de escribir, pídales a los estudiantes que hagan **Composición: Argumentos,** en el *Cuaderno de actividades para hispanohablantes,* pág. 226.
—Si quiere una evaluación formal, use la **Prueba comunicativa** para la *Lección 3.*
—Si quiere una evaluación formal de la unidad, use el **Examen** para la *Unidad 4.*

➤ Repaso

—Si la clase tiene dificultad en comprender el **Video,** vuélvalo a mostrar haciendo pausas. Pídales a los estudiantes que resuman lo que vieron.
—Si la clase tiene dificultad con la lectura, póngala a releer **Del pasado al presente,** pág. 200, en grupos pequeños. Insista en que usen estrategias de lectura.
—Asegúrese de que hayan comprendido el subjuntivo en las cláusulas nominales. Si es necesario, refiéralos a la sección 4.5 en la página G73 del **Manual de gramática.** Para más práctica, vaya a ClassZone.

➤ Ampliación y enriquecimiento

—Pídales que definan lo que es un huracán, terremoto, tornado, incendio forestal o inundación.

TAREA —Si tiene estudiantes puertorriqueños, pídales que entrevisten a sus padres o a dos parientes mayores acerca de si prefieren libre asociación, estadidad o independencia y por qué. Luego pídales que informen a la clase de los resultados de la entrevista.

➤ Resumen y conclusión

—Use la actividad *Sopa de letras* en **Pasaporte cultural,** pág. 209, para repasar. No se olvide de copiar las hojas de duplicación necesarias para hacer esta actividad en *Pasaporte cultural.* Déles tiempo para trabajar en parejas.

Unidad 5, Lección 1

➤ Objetivos

- Leer una lectura histórica, "El Salvador: la búsqueda de la paz"
- Leer los artículos periodísticos, "Isaías Mata: artista por la paz" y "Los salvadoreños en el ciberespacio"
- Leer una lectura literaria, "Los perros mágicos de los volcanes" de Manlio Argueta y una lectura cultural, "La leyenda del Cipitío"
- Estudiar los pronombres relativos y el presente de subjuntivo en las cláusulas adjetivales
- Comprender y hablar sobre acontecimientos históricos de El Salvador
- Adquirir conocimiento de asuntos sociales y políticos de El Salvador
- Aprender acerca de de los protagonistas actuales en la política, las artes y el mundo del entretenimiento de El Salvador

➤ Motivación / Enfoque

—Pídale a la clase que comente sobre el título de la unidad y su significado y que busquen los países citados en el título en el mapa de la página xii. Póngalos a hacer **Enfoque**, pág. 213, por su cuenta. Hágales preguntas de comprensión. Para más información, vaya a ClassZone.

—Pídales que reaccionen a las fotos de **Gente del mundo 21,** pág. 214, y que lean las biografías en silencio. En parejas, pídales que se hagan preguntas para verificar la comprensión. Pídales que escojan a la persona salvadoreña que les gustaría ser y que lo escriban en un papel sin que nadie se dé cuenta. Para más información sobre la gente, vaya a ClassZone. Después, en parejas, que se hagan preguntas para descubrir la nueva identidad del compañero. Si tiene salvadoreños, que informen a la clase cómo eran las condiciones de vida en El Salvador cuando ellos o sus familias vivían allí.

➤ Presentación y explicación

—Como actividad de prelectura para "El Salvador: La búsqueda de la paz", en **Del pasado al presente,** pag. 216, pídales que se fijen en las fotos y grabados al pie. Asigne de tarea **¡A ver si comprendiste!**, pág. 219. Si tiene salvadoreños, pídales que entrevisten a sus padres o a otros parientes para saber cómo ven ellos el papel que ha tenido el FMLN. Pídales que presenten sus conclusiones a la clase. Opción: invitar a una o dos de estas personas a la clase. Para más información, vaya a ClassZone.

—Ponga a los estudiantes a hacer la sección de **¡A escuchar!** en el *Cuaderno de actividades para hispanohablantes,* págs. 227–231.

➤ Práctica guiada / Revisión de la comprensión

—Prepare a la clase para la lectura de "Los perros mágicos de los volcanes" poniéndola a hacer **Y ahora, ¡a leer!,** pág. 221; pida voluntarios para leer en voz alta **Conozcamos al autor**. Asigne la lectura de tarea y en clase hágales preguntas de compensión. Para más práctica del vocabulario, vaya a ClassZone. Póngalos a hacer **¿Comprendiste la lectura?,** pág. 227.

➤ Práctica independiente

TAREA —Asigne de tarea "Isaías Mata, artista por la paz", "pág. 220, y "Los salivadoreños en el ciberespacio", pág. 229, en **Ventana al Mundo 21.** Pídales que hagan las actividades de comprensión en parejas y verifique las respuestas con la clase.

—Pídales a los estudiantes que preparen la primera de las **Dramatizaciones,** pág. 177, *Cipotes y cadejos.*

TAREA —Asigne de tarea las siguientes secciones del *Cuaderno de actividades para hispanohablantes:* "Cognados falsos", *Gramática en contexto* y *Ortografía* en **¡A explorar!**; *Variantes coloquiales: El voseo* en **Lengua en uso,** (págs. 232 a 242). Revísela en clase.

➤ Comprobación y corrección

—Verifique la comprensión de "Los perros mágicos de los volcanes", pág 223, poniendo a la clase a hacer la actividad B, *Hablemos de la lectura,* en **¿Comprendiste la lectura?,** pág. 227.

TAREA —Repase los ejercicios del *Cuaderno de actividades para hispanohablantes* asignados de tarea. Use las actividades en **Vocabulario activo** (págs. 243 a 244) para verificar la comprensión del vocabulario. Asigne de tarea el ejercicio de redacción *Una carta comercial* de **Correspondencia práctica** en el *Cuaderno de actividades para hispanohablantes.*

➤ Evaluación

—Para evaluar la destreza de conversar, use *¡Debate!* en **Dramatizaciones,** pág. 228. Anime a los estudiantes a grabar en cinta o video sus presentaciones.
—Si quiere una evaluación formal, use la **Prueba comunicativa** para la *Lección 1.*

➤ Repaso

—Asegúrese de que hayan comprendido los pronombres relativos y el presente de subjuntivo en las cláusulas adjetivales. Si fuera necesario, use las secciones 5.1 y 5.2, págs. G77 a G83 del **Manual de gramática** para repasar. Para más información, vaya a ClassZone.
—Ponga a los estudiantes que tengan dificultades con la lectura a releer **Del pasado al presente,** pág. 216. Asegúrese de que estén usando estrategias de comprensión como buscar la idea principal, adivinar a partir del contexto, etc.

➤ Ampliación y enriquecimiento

—Para ampliar el vocabulario, póngalos a hacer **Palabras como clave,** pág. 228.
—Presente **Cultura en vivo,** pág. 230, leyendo "La leyenda del Cipitío" a la clase. Pídales que sigan las instrucciones que ahí se dan para escribir una leyenda basada en los dibujos, o pídales que usen sus propios dibujos o que hagan un collage de recortes de revistas para narrar su leyenda favorita.
—Repase la **Nota para el bilingüe,** pág. G77.
—Para otra lectura, vaya a ClassZone.

➤ Resumen y conclusión

TAREA —Asigne de tarea **Composición: Opiniones personales** en la sección de **Vocabulario activo** del *Cuaderno de actividades para hispanohablantes,* pág. 244.

—Si tiene estudiantes salvadoreños, pídales que cuenten la leyenda del Cipitío, si no cuéntela Ud.: El Cipitío es un duende que actúa como un niño travieso. Aparece al anochecer. Entra, y con la curiosidad típica de un niño, se mete en todas partes causando caos dondequiera que vaya. Le encanta comer ceniza. Si la encuentra se sienta a comer hasta quedar satisfecho. Al amanecer regresa a la selva.

Unidad 5, Lección 2

➤ Objetivos

- Leer dos lecturas histórica, "Honduras: con esperanza en el desarrollo" y "Nicaragua: reconstrucción de la armonía"
- Leer dos artículos periodísticos, "La importancia del plátano" y "Nicaragua: tierra de poetas"
- Leer una lectura literaria: "Mis primeros versos"
- Estudiar el presente de subjuntivo en las cláusulas adverbiales: Primer paso
- Comprender y hablar sobre eventos históricos de Honduras y Nicaragua
- Adquirir conocimiento de asuntos políticos y sociales actuales de Honduras y Nicaragua
- Aprender acerca de algunos de los protagonistas actuales en la política, las artes y el mundo del entretenimiento de Honduras y Nicaragua

➤ Motivación / Enfoque

—Anime a los estudiantes a hacer comentarios sobre las fotos en **Gente del Mundo 21,** págs. 232 y 233 y a compartir lo que sepan sobre ellas. Pídales que en grupos de tres lean las biografías y preparen unas quince preguntas sobre estas personas. Permita una competencia entre grupos. Un grupo empieza por hacerle una pregunta a otro. Si el grupo la contesta bien, recibe un punto. Luego, el grupo que contestó hace una de sus preguntas y el otro grupo contesta. Continúan así hasta hacer todas sus preguntas. Luego póngalos a hacer **Personalidades del Mundo 21.** Para más información sobre la gente, vaya a ClassZone.

➤ Presentación y explicación

—Pídale a la clase que lea "Honduras: Con esperanza en el desarrollo", en **Del pasado al presente,** pág. 234, y que haga **¡A ver si comprendiste!,** pág. 235. Pídale que lea "Nicaragua: Reconstrucción de la armonía", pág. 237 a 239 y que haga **¡A ver si comprendiste!,** pág. 240. Si tiene hondureños o nicaragüenses, pídales que le digan a la clase lo que recuerdan de Honduras o de Nicaragua respectivamente, o lo que sus padres o parientes les hayan dicho de la vida en el país. Para más práctica, vaya a ClassZone.
—Ponga a los estudiantes a hacer la sección de **¡A escuchar!** en el *Cuaderno de actividades para hispanohablantes,* págs. 245 a 250.

➤ Práctica guiada / Revisión de la comprensión

—Ponga a la clase a hacer **Y ahora ¡a leer!,** pág. 241, para prepararla a leer "Los primeros versos". Póngalos a hacer la actividad A con toda la clase, la actividad B en pequeños grupos y la C en parejas. Para más práctica del vocabulario, vaya a ClassZone. Pida voluntarios para leer **Conozcamos al autor,** pág. 242. Asigne la lectura y la actividad A, *¿Sí o no?,* de **¿Comprendiste la lectura?,** pág. 246.
—Póngalos a hacer **Escribamos ahora,** pág. 250.

➤ Práctica independiente

TAREA —Asigne de tarea "La importancia del plátano", pág. 236, y "Nicaragua: tierra de poetas", pág. 248, de **Ventana al Mundo 21.** Pídale a la clase que hagan en parejas las preguntas de comprensión al final de cada sección.

—Ponga a la clase a preparar una de las **Dramatizaciones,** pág. 247. Después de la presentación de cada grupo, pídale a la clase que comente sobre la validez educativa de la primera dramatización y sobre cuáles fueron los mejores argumentos en la segunda dramatización.

TAREA —Asigne de tarea las siguientes secciones del *Cuaderno de actividades para hispanohablantes: Conjunciones adverbiales, Gramática en contexto* y *Ortografía* en **¡A explorar!**; *Variantes coloquiales: Nombres de frutas y legumbres* en **Lengua en uso** (págs. 251 a 255). Revísela en clase.

➤ Comprobación y corrección

—Para saber si entendieron "Los primeros versos", pág. 243, ponga a la clase a hacer la actividad B, *Hablemos de la lectura,* en **¿Comprendiste la lectura?,** pág. 246.
—Repase los ejercicios del *Cuaderno de actividades para hispanohablantes* asignados de tarea. Conteste cualquier pregunta que los estudiantes tengan. Asigne de tarea el **Vocabulario activo,** págs. 256 a 258.

➤ Evaluación

—Para evaluar la destreza de escribir de los estudiantes, use **Composición: Descripción** en la sección de **Vocabulario activo** del *Cuaderno de actividades para hispanohablantes,* pág. 258.
—Para hacer una evaluación formal, use la **Prueba comunicativa** para la *Lección 2.*

➤ Repaso

—Ponga a los estudiantes que tienen dificultades con la lectura a releer el segundo **Del pasado al presente,** pág. 237, en grupos pequeños. Pídales que se pongan de acuerdo de antemano sobre las estrategias de lectura que van a usar.
—Verifique la comprension del presente de subjuntivo en las cláusulas adverbiales: Primer paso. Si le parece necesario, use la sección 5.3, págs. G84 a G86, del **Manual de gramática** para repasar. Para más práctica, vaya a ClassZone.
—Repase el **Vocabulario activo** en el *Cuaderno de actividades para hispanohablantes.*

➤ Ampliación y enriquecimiento

—Para ampliar el vocabulario, ponga a los estudiantes a hacer **Palabras como clave,** pág. 247, y revise las respuestas.
—Pídale a la clase que haga el **Vocabulario personal** de la página 249.
—En EE.UU. tiende a comerse sólo un tipo de banana mientras que en los países hispanos se usa una gran variedad de esta fruta. Pídales a los estudiantes que conozcan otras variedades que se las describan a la clase y que digan cómo se preparan para comer. ¿Distinguen en su casa entre el banano y el plátano?
—Pídales a los estudiantes de ascendencia nicaragüense que le pregunten a algún pariente sobre la importancia de los poetas en Nicaragua. Puede referirse a los nombres de éstos en hospitales, monumentos, teatros, plazas, calles, etc. Pídales que compartan sus observaciones con la clase.

➤ Resumen y conclusión

—Pídales que preparen una dramatización sobre algunos de los problemas con que se enfrentan los niños hispanohablantes en una clase en que sólo se habla inglés. Pueden tener un tono serio o cómico.

➤ Objetivos

■ Leer una lectura histórica, "Costa Rica: ¿utopía americana?"
■ Leer el artículo periodístico "Educación en vez de ejército"
■ Escribir para publicar: *Leyendas modernas de nuestra región*
■ Estudiar el presente de subjuntivo en las cláusulas adverbiales: Segundo paso
■ Comprender y hablar sobre acontecimientos históricos de Costa Rica
■ Adquirir conocimientos sobre asuntos sociales y políticos actuales de Costa Rica
■ Aprender acerca de de los protagonistas actuales en la política, las artes y el mundo del entretenimiento de Costa Rica

➤ Motivación / Enfoque

—Anime a los estudiantes a comentar sobre las fotos de las páginas 252 y 253 en **Gente del Mundo 21**. Pídales que preparen por lo menos seis preguntas para cada una de las personas descritas y se las hagan a sus compañeros para verificar la comprensión. Luego, pídales que hagan **Personalidades del Mundo 21**. Para más información sobre la gente, vaya a ClassZone.

➤ Presentación y explicación

—Pídales que lean "Costa Rica: ¿Utopía americana? en **Del pasado al presente,** pág. 254. Póngalos a hacer **¡A ver si comprendiste!**, pág. 257. Si tiene costarricenses entre sus estudiantes, pídales que añadan cualquier información que ellos o sus padres o parientes tengan sobre Costa Rica: descripción del campo y las ciudades, la vida diaria, las escuelas, la variedad de climas. Para más práctica, vaya a ClassZone.
—Ponga a los estudiantes a hacer la sección de **¡A escuchar!** en el *Cuaderno de actividades para hispanohablantes,* págs. 259 a 263.

➤ Práctica guiada / Revisión de la comprensión

—Para preparar a los estudiantes para el *Video*, póngalos a hacer **Antes de empezar el video,** pág. 259, para que hablen de los parques nacionales y la deforestación. Pídales que lean **Escenario**, pág. 260, en grupos pequeños. Asigne de tarea **¡A ver si comprendiste!**, pág. 261, y repase las respuestas en clase.
—Pídale a a la clase que describa las fotos del *Video* en la página 262 y que digan de qué creen que va a tratar. Pídales que lean **Y ahora, ¡veámoslo!** en silencio y luego haga preguntas de comprensión. Muestre el *Video* sin parar. Devuélvalo y muéstrelo una sección a la vez, pausando para hacer preguntas de comprensión. Muestre el *Video* completo una vez más. Luego, ponga a la clase a hacer la actividad A, *Dime si entendiste,* en **A ver cuánto comprendiste...,** pág. 263.
—Póngalos a hacer **Escribamos ahora**, pág. 264. Pídales que preparen dibujos o recortes de revistas para sus cuentos. Junte todos los cuentos en un libro titulado *Leyendas modernas de nuestra región.* Para compartir el trabajo, vaya a ClassZone.

➤ Práctica independiente

TAREA —Asigne como lectura independiente, "Educación en vez de ejército" en **Ventana al Mundo 21,** pág. 258. Asigne las preguntas de **La educación en Costa Rica** de tarea y repase las respuestas en clase.

TAREA —Asigne de tarea las siguientes secciones del *Cuaderno de actividades para hispanohablantes: El uso excesivo de la palabra "cosa"*, *Gramática en contexto* y *Ortografía* en **¡A explorar!**; *Vocabulario para hablar del medio ambiente* en **Lengua en uso** (págs. 264 a 269). Revísela en clase.

➤ Comprobación y corrección

—Para verificar la comprensión del *Video*, pídales a los estudiantes que hagan la actividad B, *¿Y qué dices tú?* de **A ver cuánto comprendiste...**, pág. 263.

—Repase los ejercicios del *Cuaderno de actividades para hispanohablantes* asignados de tarea. Conteste cualquier pregunta que los estudiantes tengan. Repase el **Vocabulario activo** para verificar la comprensión del vocabulario (págs. 270 a 272).

➤ Evaluación

—Para evaluar la destreza de escribir, pídales a los estudiantes que hagan **Composición: Argumentos y propuestas** en la sección de **Vocabulario activo** del *Cuaderno de actividades para hispanohablantes,* pág. 272.

—Si quiere una evaluación formal de la lección, use la **Prueba comunicativa** para la *Lección 3.*

—Si quiere una evaluación formal de la unidad, use el **Examen** para la *Unidad 5.*

➤ Repaso

—Trabaje en grupos pequeños con los estudiantes que tengan dificultad con la lectura, y pídales que relean **Del pasado al presente,** pág. 254. Insista en que usen estrategias de lectura.

—Si la clase tienen dificultad en comprender el **Video,** vuélvalo a mostrar y haga pausas después de cada segmento. Pídales a los estudiantes que expliquen en sus propias palabras lo que vieron.

—Asegúrese de que hayan comprendido el presente de subjuntivo en las cláusulas adverbiales: Segundo paso. Si es necesario, refiéralos a la sección 5.4 en la página G86 del **Manual de gramática.** Para más práctica, vaya a ClassZone.

➤ Ampliación y enriquecimiento

—Pregúnteles si saben algo de la desforestación en el país de sus antepasados. ¿Existe? ¿Qué daño o qué beneficios ha causados? ¿Hay algún esfuerzo para controlarlo? Si no saben, pídales que les pregunten a sus padres o parientes y que informen a la clase.

—Pregúnteles si hay parques nacionales en el país de sus antepasados. Si los hay, pídales que describan uno de ellos. Si no saben, pídales que lo indaguen con sus padres o parientes o en la biblioteca, y que le pasen la información a la clase.

➤ Resumen y conclusión

—Para hacer un resumen y repaso de la unidad, ponga a los estudiantes a jugar *¡Veinte preguntas!* en **Pasaporte Cultural,** pág. 263. No se olvide de copiar y recortar las hojas de duplicación necesarias para hacer esta actividad en *Pasaporte cultural.*

—Pídales a los estudiantes que discutan sobre los pros y los contras de abolir a los militares en todo Centroamérica. ¿Tendrían que abolir sus ejércitos todos los países de Suramérica, más México y los EE.UU. para que el plan funcionara? Si no, ¿Qué evita que un país o países con ejércitos ataque a los países sin ejército?

➤ Objetivos

- Leer una lectura histórica, "Colombia: la esmeralda del continente"
- Leer los artículos periodísticos, "La Gran Colombia: sueño de Simón Bolívar" y "El Museo del Oro"
- Leer una lectura literaria, "Un día de éstos" de Gabriel García Márquez
- Adaptar un cuento de García Márquez para un guión de teatro
- Estudiar el futuro: Verbos regulares e irregulares
- Comprender y hablar sobre acontecimientos históricos de Colombia
- Adquirir conocimiento de asuntos sociales y políticos colombianos
- Aprender acerca de los protagonistas actuales en la política, las artes y el mundo del entretenimiento de Colombia

➤ Motivación / Enfoque

—Anime a la clase a buscar Colombia, Panamá y Venezuela en el mapa, pág. xiii, y a compartir cualquier conocimiento que tengan sobre estos países. Pídales que comenten el título de la unidad. Pídales que miren las fotos y grabados al pie en las páginas 266 y 267, y que lean **Enfoque**, pág. 267. Para más información, vaya a ClassZone.

—Pídales que reaccionen a las fotos en **Gente del Mundo 21,** pág. 268, que lean las biografías en silencio y que preparen por lo menos seis preguntas originales sobre cada una de las personas, para hacerles a la clase. Luego, que hagan **Personalidades del Mundo 21** en parejas. Para más información sobre la gente, vaya a ClassZone.

➤ Presentación y explicación

—Ponga a la clase a mirar las fotos y grabados al pie, en **Del pasado al presente,** págs. 270 a 272, y a leer "Colombia: La esmeralda del continente". Asigne de tarea **¡A ver si comprendiste!,** pág. 273. Pregunte: ¿Pueden nombrar otras piedras preciosas en español? (aguamarina, cuarzo, diamante, lapislázuli, rubí, topacio, turquesa, zafiro, perla, ópalo). Anímelos a ampliar cualquiera de los temas de la lectura. Si tiene colombianos, pídales que hablen sobre cómo era Colombia según ellos, sus padres o parientes la recuerdan. Para más práctica, vaya a ClassZone.

—Ponga a los estudiantes a hacer la sección de **¡A escuchar!** en el *Cuaderno de actividades para hispanohablantes,* págs. 273 a 277.

➤ Práctica guiada / Revisión de la comprensión

—Antes de leer "Un día de éstos", ponga a la clase a hacer **Y ahora, ¡a leer!,** pág. 275. Para más práctica del vocabulario, vaya a ClassZone. Pida voluntarios para leer en voz alta **Conozcamos al autor.** Lea el cuento en clase. Pídales que hagan un resumen de la lectura haciendo una cadena: en orden cronológico, cada uno relata un punto o evento clave de la lectura hasta que todo el contenido quede cubierto. Luego, pídales que hagan la actividad A, *¿Sí o no?* de **¿Comprendiste la lectura?,** pág. 281.

➤ Práctica independiente

—Asigne de tarea "La Gran Colombia: Sueño de Simón Bolívar", pág. 274, y "El Museo del Oro", pág. 283, en **Ventana al Mundo 21.** También las actividades de comprensión al final de cada sección. Pregúnteles quién sería un héroe comparable a Bolívar en el país de sus antepasados y qué fue lo que hizo. Pregúnteles si saben de incidentes interesantes de la vida de Bolívar para relatar a la clase. Hágales ver que muchos objetos de oro precolombino fueron derretidos por los españoles y enviados a España. La mayoría de las

piezas en los museos de hoy fueron descubiertas en tumbas que no han sido profanadas.
—Pídales que escojan una de las **Dramatizaciones,** pág. 282. Pueden tomar notas, pero no escribir un guión completo. Pídale a la clase que comente sobre la veracidad cultural e histórica después de cada presentación.

TAREA —Asigne de tarea las siguientes secciones del *Cuaderno de actividades para hispanohablantes: Los sobrenombres, Gramática en contexto* y *Ortografía* en **¡A explorar!;***Variantes coloquiales: Expresiones derivadas del inglés* en **Lengua en uso** (págs. 278 a 281). Revísela en clase.

➤ Comprobación y corrección

—Para asegurarse de que entendieron "Un día de éstos", pág. 277, póngalos a hacer la actividad B, *Hablemos de la lectura,* en **¿Comprendiste la lectura?,** pág. 381.
—Repase los ejercicios del *Cuaderno de actividades para hispanohablantes* asignados de tarea. Conteste cualquier pregunta que la clase tenga. Pídale que hagan las actividades en **Vocabulario activo** (págs. 284 a 286). Asigne de tarea el ejercicio de redacción *Carta de solicitud de empleo* de **Correspondencia práctica** en el *Cuaderno de actividades para hispanohablantes,* págs. 281 a 282.

➤ Evaluación

—Para evaluar la escritura, use la **Composición: Resumen de ideas** en **Vocabulario activo** del *Cuaderno de actividades para hispanohablantes,* pág. 286.
—Si quiere una evaluación formal, use la **Prueba comunicativa** para la *Lección 1.*

➤ Repaso

—Verifique la comprensión del futuro con los verbos regulares e irregulares. Si necesitan más práctica, refiera a los estudiantes a la sección 6.1, págs. G89 a G92 del **Manual de gramática.** Para más práctica, vaya a ClassZone.
—Ponga a los estudiantes que tengan dificultades con la lectura a releer las lecturas de **Ventana del mundo,** pág. 274 y 283. Insista en que usen estrategias de lectura.
—Para otra lectura, vaya a ClassZone.

➤ Ampliación y enriquecimiento

—Para ampliar el vocabulario de "Un día de éstos", pág 277, pág. 349, pídale a la clase que haga **Palabras como clave,** pág. 282 y que escriba oraciones originales con cada uno de los usos de **cuenta.** Revise las oraciones con la clase.
—Pregúnteles si alguno de ellos ha leído alguna obra de García Márquez. De ser así, pídales que hagan un resumen a la clase de lo que leyeron.
—Explique el significado de *Teatro para ser leído* en **Cultura en vivo,** pág. 284, y lo que van a hacer en esta actividad.
—Repase la **Nota para el bilingüe,** pág. G90.

➤ Resumen y conclusión

—Anímelos a dar sus opiniones sobre por qué a las repúblicas de América Latina les ha tomado tanto tiempo unirse (por las luchas internacionales que precedieron, las disputas fronterizas, guerras entre países, problemas de emigración, etc. Esto hace difícil unirse en la igualdad o aceptar el liderazgo de antiguos enemigos).

➤ Objetivos

- Leer una lecturas histórica, "Panamá: el puente entre las Américas"
- Leer dos artículos periodísticos, "Los cunas" y "El Canal de Panamá"
- Leer otro artículo periodístico, "La encrucijada de Rubén Blades"
- Estudiar el condicional: Verbos regulares e irregulares
- Comprender y hablar sobre eventos históricos de Panamá
- Adquirir conocimiento de asuntos políticos y sociales actuales de Panamá
- Aprender acerca de algunos de los protagonistas actuales en la política, las artes y el mundo del entretenimiento de Panamá

➤ Motivación / Enfoque

—Ponga a la clase a reaccionar a las fotos de **Gente del Mundo 21,** págs. 286 y 287. Pídales que en grupos de tres lean las biografías y preparen unas quince preguntas sobre estas personas. Permita una competencia entre grupos. Un grupo empieza por hacerle una pregunta a otro. Si el grupo la contesta bien, recibe un punto. Luego el grupo que contestó hace una de sus preguntas y el otro grupo contesta. Continúan así hasta hacer todas sus preguntas. Luego póngalos a hacer **Personalidades del Mundo 21.** Para más información, vaya a ClassZone.

➤ Presentación y explicación

—Como actividad de prelectura, pídale a la clase que comparta cualquier información que sepa sobre los dibujos y las personas en **Del pasado al presente,** págs. 288 a 291. Póngala a leer o asigne de tarea "Panamá: El puente entre las Américas" y **¡A ver si comprendiste!,** pág. 292. Si tiene panameños en clase, pídales que le digan a la clase lo que ellos o su familia recuerdan de Panamá. Para más práctica, vaya a ClassZone.
—Ponga a los estudiantes a hacer la sección de **¡A escuchar!** en el *Cuaderno de actividades para hispanohablantes,* págs. 287 a 291.

➤ Práctica guiada / Revisión de la comprensión

—Pídales que hagan **Y ahora ¡a leer!,** pág. 294, como prelectura de "La encrucijada de Rubén Blades" y que piensen en artistas hispanos al hacer la actividad. Para más práctica del vocabulario, vaya a ClassZone. Pida voluntarios para leer **Conozcamos a un panameño multifacético,** pág. 295. Lea en clase o asigne de tarea la lectura y la actividad A, *¿Sí o no?,* de **¿Comprendiste la lectura?,** pág. 300. Use la actividad B para estimular la conversación en clase. Pregunte: ¿Conocen algo de la música de Rubén Blades? De ser así, que describan su canción favorita o que traigan un CD o cinta de su música a la clase.
—Póngalos a hacer **Escribamos ahora,** pág. 304. Pídales que hagan la actividad A en parejas y asigne la B de tarea.

➤ Práctica independiente

TAREA —Asigne de tarea "Los cunas", pág. 293, y "El Canal de Panamá", pág. 302, de **Ventana al Mundo 21.** Póngalos a hacer las preguntas de comprensión en clase. Pregunte: ¿Hay grupos indígenas en el país de sus antepasados que han logrado mantener sus tradiciones, como los cunas? De ser así, que le hablen de ello a la clase. Asigne de tarea el **Vocabulario personal** en la página 303.

—Póngalos a hacer una de las **Dramatizaciones,** pág. 301. Opción: dramatizar a un adolescente tratando de decidir si continuar como músico o hacerse abogado; su llegada a Nueva York con esperanzas de ser músico, pero trabajando de mensajero; el día que le ofrecen el papel principal en su primera película; y su decisión de volver a la escuela de derecho en media cumbre de su carrera musical y cinemática.

TAREA —Asigne de tarea las siguientes secciones del *Cuaderno de actividades para hispanohablantes: Repaso de acentuación y los tiempos verbales, Gramática en contexto* y *Ortografía* en **¡A explorar!;** *La tradición oral* en **Lengua en uso** (págs. 292 a 298). Revísela en clase.

➤ Comprobación y corrección

—Para ampliar el vocabulario de "La encrucijada de Rubén Blades", pág. 296, pídale a la clase que haga **Palabras como clave,** pág. 301. Pídales que escriban oraciones originales con los diversos significados y derivaciones de la palabra **sabor.**
—Repase los ejercicios del *Cuaderno de actividades para hispanohablantes* asignados de tarea. Conteste cualquier pregunta que los estudiantes tengan. Asigne de tarea el **Vocabulario activo,** págs. 299 a 301.

➤ Evaluación

—Use las **Dramatizaciones,** pág. 301, para evaluar la destreza de conversar. Use la **Composición: Opiniones** en la sección de **Vocabulario activo** del *Cuaderno de actividades para hispanohablantes* para evaluar la destreza de escribir (pág. 302).
—Para hacer una evaluación formal, use la **Prueba comunicativa** para la *Lección 2.*

➤ Repaso

—Relea las lecturas de **Ventana al Mundo 21,** págs. 293 y 303, con grupos pequeños de estudiantes que tengan dificultades con la lectura.
—Verifique la comprension del condicional con los verbos regulares e irregulares. Use la sección 6.2, págs. G92 a G94, del **Manual de gramática** para repasar. Para más práctica, vaya a ClassZone.
—Repase el **Vocabulario activo** en el *Cuaderno de actividades para hispanohablantes* que asignó de tarea.

➤ Ampliación y enriquecimiento

—Pregúnteles si el sueño del *crossover* está limitado a las estrellas musicales de *pop* o si se puede aplicar a otras áreas. Hágalos concluir que el mismo sueño existe en relación con los deportes, el teatro, el cine, el modelaje, la política, etc. Pregúnteles si tienen amigos o saben de alguien que haya seguido el sueño del *crossover.* De ser así, pídales que describan los sueños de estas personas y digan hasta qué punto los han alcanzado o no.

➤ Resumen y conclusión

—Pregúnteles a los estudiantes cómo piensan que se sienten los panameños acerca de la intervención de los militares estadounidenses en su capital. Pregúnteles si piensan que EE.UU. tenía derecho a entrar a Panamá a capturar a Noriega y bajo qué circunstancias sería apropiado que un ejército extranjero entrara a EE.UU. a capturar a nuestro presidente.

➤ Objetivos

- Leer una lectura histórica, "Venezuela: los límites de la prosperidad"
- Leer el artículo periodístico "Caracas: una ciudad ultramoderna"
- Hacer lecturas dramáticas de los mejor diálogos en la clase
- Estudiar el imperfecto de subjuntivo: formas y cláusulas con **sí**
- Comprender y hablar sobre acontecimientos históricos de Venezuela
- Adquirir conocimientos sobre asuntos sociales y políticos actuales de Venezuela
- Aprender acerca de los protagonistas actuales en la política, las artes y el mundo del entretenimiento de Venezuela

➤ Motivación / Enfoque

—Anime a los estudiantes a comentar sobre las fotos de las páginas 306 y 307 en **Gente del Mundo 21** y a leer las biografías en silencio. Pídales que preparen preguntas de comprensión para hacerle a la clase. Luego pídales que hagan **Personalidades del Mundo 21** en parejas. Para más práctica, vaya a ClassZone.

➤ Presentación y explicación

—Pídales que compartan cualquier información geográfica, política o cultural que sepan sobre las fotos y la gente en **Del pasado al presente,** pág. 308. Póngalos a leer "Venezuela: Los límites de la prosperidad" y a hacer **¡A ver si comprendiste!,** pág. 312. Anímelos a ampliar cualquiera de los temas. Si tiene venezolanos en clase, pídales que hablen sobre Venezuela según ellos o sus parientes la recuerdan. Para más práctica, vaya a ClassZone.

—Ponga a los estudiantes a hacer la sección de **¡A escuchar!** en el *Cuaderno de actividades para hispanohablantes,* págs. 303–308.

➤ Práctica guiada / Revisión de la comprensión

—Para preparar a los estudiantes para el *Video,* pídales que hablen de las experiencias que hayan tenido en algún metro. Pídales que hagan **Antes de empezar el video,** pág. 314, y que lean **Escenario,** pág. 315, y contesten las preguntas de **¡A ver si comprendiste!** en grupos pequeños.

—Pídales que describan las fotos del *Video,* pág. 316, y que traten de adivinar de qué se trata. Pídales que lean **Y ahora, ¡veámoslo!** en silencio. Muestre el *Video* sin parar. Devuélvalo y muéstrelo una sección a la vez, pausando para hacer preguntas de comprensión. Muestre el *Video* completo una vez más. Luego, ponga a la clase a hacer la actividad A, *Dime si entendiste,* de **A ver cuánto comprendiste...,** pág. 317.

—Póngalos a hacer **Escribamos ahora,** pág. 318, y que al revisar el borrador de sus compañeros se concentren en el contenido con el fin de aprender a reconocer si hay faltas de continuidad en el contenido para que luego las puedan reconocer en sus propias redacciones. Anímelos a tomar en serio las recomendaciones de sus compañeros y aceptar aquéllas con las que están de acuerdo e ignorar las demás. Para compartir el trabajo, vaya a ClassZone.

➤ Práctica independiente

—Asigne como lectura independiente, "Caracas: una ciudad ultramoderna" en **Ventana al Mundo 21,** pág. 313. Póngalos a hacer en parejas **Caracas: ultramoderna ciudad.**

TAREA —Asigne de tarea las siguientes secciones del *Cuaderno de actividades para hispanohablantes: El imperfecto de subjuntivo de verbos terminados en -cir, Gramática en contexto* y *Ortografía* en **¡A explorar!;** *Variantes coloquiales: Los nombres de animales* en **Lengua en uso** (págs. 309 a 311). Revísela en clase.

➤ Comprobación y corrección

—Para verificar la comprensión del *Video,* póngalos a hacer la actividad B, pág. 317.
—Repase los ejercicios del *Cuaderno de actividades para hispanohablantes* asignados de tarea. Conteste cualquier pregunta que los estudiantes tengan. Repase el **Vocabulario activo** para verificar la comprensión del vocabulario (págs. 312 a 314).

➤ Evaluación

—Para evaluar la destreza de escribir, pídales a los estudiantes que hagan **Composición: Descripción** en la sección de **Vocabulario activo** del *Cuaderno de actividades para hispanohablantes,* pág. 314.
—Si quiere una evaluación formal de la lección, use la **Prueba comunicativa.**
—Si quiere una evaluación formal de la unidad, use el **Examen** para la *Unidad 6.*

➤ Repaso

—Trabaje en grupos pequeños con los estudiantes que tengan dificultad con la lectura, y pídales que relean **Del pasado al presente,** pág. 308. Ayúdelos a identificar las estrategias específicas de lectura que pueden usar en este caso.
—Si la clase tiene dificultad con el **Video,** vuélvalo a mostrar y haga pausas después de cada segmento. Pídales que expliquen en sus propias palabras lo que vieron.
—Asegúrese de que hayan comprendido el imperfecto de subjuntivo y las formas y cláusulas con **sí.** Si es necesario, refiéralos a la sección 6.3, pág. G95 a G98 del **Manual de gramática.** Para más práctica, vaya a ClassZone.

➤ Ampliación y enriquecimiento

—Pregúnteles a los estudiantes el nombre de la ciudad más grande en el país de sus antepasados o de su estado actual. Pídales que la comparen con Caracas.
—Pregúnteles si hay un metro en la capital de su país de origen o el de sus antepasados. De ser así, pregúnteles si alguna vez lo han usado y cómo les fue y si en su opinión debería haber un metro en su ciudad y que expliquen por qué.
—Pídales a los que quieran ganarse unos puntos extras, que preparen una breve presentación escrita u oral de algunas de las personalidades de **Gente del Mundo 21,** o de algún artisa, actor, dramaturgo, músico o político famoso de Venezuela. Otros temas: el papel de Venezuela en el desarrollo de la OPEC; cómo afecta el petróleo a la economía venezolana; los esfuerzos en la actualidad para diversificar la economía.

➤ Resumen y conclusión

—Repase la unidad poniendo a los estudiantes a hacer *Un crucigrama cooperativo* en **Pasaporte cultural,** pág. 317. No se olvide de copiar las hojas de duplicación necesarias para hacer esta actividad en *Pasaporte cultural.*

➤ Objetivos

- Leer una lectura histórica, "El Perú: Piedra angular de los Andes"
- Leer los artículos periodísticos, "Los tesoros de Sipán" y "La papa"
- Leer una leyenda quechua, "El hombre y la víbora"
- Leer una lectura cultural, "Los incas: Arquitectos e ingenieros por excelencia"
- Estudiar el imperfecto de subjuntivo: Cláusulas nominales y adjetivales
- Comprender y hablar sobre acontecimientos históricos del Perú
- Adquirir conocimientos sobre asuntos sociales y políticos actuales del Perú
- Aprender acerca de los protagonistas actuales en la política, las artes y el mundo del entretenimiento del Perú

➤ Motivación / Enfoque

—Para motivar a los estudiantes con los temas de la unidad, pídales que describan y comenten las fotos de las páginas 320 y 321. Póngalos a leer **Enfoque**, pág. 231, y hágales preguntas de comprensión. Para más información, vaya a ClassZone.

—Pídales que reaccionen a las fotos de **Gente del Mundo 21,** pág. 322, y que lean las biografías. Pídales que en grupos de seis, cuatro de ellos representen el papel de estas personas importantes y que los otros dos los entrevisten, haciendo el papel de periodistas. Pídales que hagan **Personalidades del Mundo 21** en parejas. Para más información sobre la gente, vaya a ClassZone.

➤ Presentación y explicación

—Ponga a la clase a mirar y comentar las fotos en **Del pasado al presente**, págs. 324 a 325, y a leer "Perú: Piedra angular de los Andes". Asigne de tarea **¡A ver si comprendiste!,** pág. 327. Para más práctica, vaya a ClassZone. Anímelos a ampliar cualquiera de los temas de la lectura. Si tiene estudiantes peruanos, pídales que narren algunas experiencias que ellos o sus familiares hayan tenido cuando vivían en el Perú.

—Ponga a los estudiantes a hacer la sección de **¡A escuchar!** en el *Cuaderno de actividades para hispanohablantes,* págs. 315 a 320.

➤ Práctica guiada / Revisión de la comprensión

—Como actividad de prelectura, pídales que hablen de cómo se usa a la gente y a los animales en los cuentos para representar características específicas. Póngalos a hacer **Y ahora, ¡a leer!,** pág. 331. Pida un voluntario para leer en voz alta **Conozcamos la tradición oral quechua.** Pídales que lean el cuento y que hagan la actividad *¿Sí o no?,* pág. 335. Para más práctica del vocabulario, vaya a ClassZone.

➤ Práctica independiente

TAREA —Asigne como lectura independiente "Los tesoros de Sipán", pág. 328, y "La papa", pág. 337. Pídales que hagan las actividades de comprensión. Pregúnteles si saben de algún hallazgo similar en sus países de origen y de ser así, que compartan lo que sepan. Pregúnteles si se sienten ligados a la historia de su país a través de los monumentos arqueológicos.

—Ponga a una mitad de la clase a preparar la primera de las **Dramatizaciones,** pág. 336, y a la otra mitad, la segunda. Déles tiempo para presentar sus dramatizaciones.

TAREA —Asigne de tarea las siguientes secciones del *Cuaderno de actividades para hispanohablantes: Deletreo de palabras parecidas en español e inglés, Gramática en contexto* y *Ortografía* en **¡A explorar!;** *La tradición oral* en **Lengua en uso,** págs. 321 a 326, 329 a 330.

➤ Comprobación y corrección

—Verifique la comprensión de "El hombre y la víbora" poniendo a la clase a hacer la actividad B, *Hablemos de la lectura,* de **¿Comprendiste la lectura?,** pág. 335.
—Repase los ejercicios del *Cuaderno de actividades para hispanohablantes* asignados de tarea. Pídale que hagan las actividades en la sección de **Vocabulario activo,** págs. 331 a 333.

➤ Evaluación

TAREA —Para evaluar la destreza de hablar use las **Dramatizaciones,** pág. 336; para la destreza de escribir, use la **Composición: Detalles y emociones** en la sección de **Vocabulario activo** del *Cuaderno de actividades para hispanohablantes,* pág. 334.

—Si quiere una evaluación formal, use la **Prueba comunicativa** para la *Lección 1.*

➤ Repaso

—Verifique la comprensión del imperfecto de subjuntivo en cláusulas nominales y adjetivales. Si le parece necesario, refiéralos a las sección 7.1, págs. G99 a G101 del **Manual de gramática.** Para más práctica, vaya a ClassZone.

TAREA —Ponga a los estudiantes que tengan dificultades a releer cualquiera de las lecturas de pág. 328 y 337. Ayúdelos a identificar qué estrategias de lectura servirían.

➤ Ampliación y enriquecimiento

—Póngalos a hacer **Palabras como clave,** pág. 336, y a escribir oraciones originales con cada uno de los derivados de **picar.** Revise las oraciones con la clase.
—Pídale a la clase que mire las fotos de las páginas 338 y 339 antes de leer "Los incas: arquitectos e ingenieros por excelencia" en **Cultura en vivo.** Pídales que hagan especulaciones acerca de para qué servían las cosas que se ven en las fotos.
—Pregunte si alguien conoce leyendas similares a la leyenda quechua de los grupos indígenas en el país de sus antepasados. De ser así, pídales que resuman alguna de ellas.
—Pregúnteles si pueden nombrar otros alimentos que tengan su origen en las Américas y que tengan la importancia mundial de la papa; si saben otros nombres para las siguientes comidas: **frijoles** (porotos, alubias). **chabacano** (albaricoque, damasco), **ejotes** (porotos verdes, judías), **chile** (ají, picante), **chícharos** (arvejas, guisantes), **aguacate** (palta), **betabel** (remolacha), **durazno** (melocotón), **piña** (ananá).
—Para otra lectura, vaya a ClassZone.

➤ Resumen y conclusión

TAREA —Use el ejercicio de redacción *Declaración de propósitos personales al solicitar ingreso a una universidad* de **Correspondencia práctica** en el *Cuaderno de actividades para hispanohablantes ,* págs. 326 a 328, para resumir lo que han aprendido en la *Lección 1.*

Unidad 7, Lección 2 página 340

➤ Objetivos

- Leer una lectura histórica, "Ecuador: Corazón de América"
- Leer algunos artículos periodísticos, "La zona amazónica: ¿Desarrollo o destrucción?", "Quito: Tesoro colonial" y "Las islas Galápagos: Gran zoológico del mundo"
- Estudiar el imperfecto de subjuntivo: Cláusulas adverbiales
- Comprender y hablar sobre eventos históricos de Ecuador
- Adquirir conocimiento de la sociedad actual de Ecuador
- Aprender acerca de algunos de los protagonistas actuales en la política, las artes y el mundo del entretenimiento de Ecuador

➤ Motivación / Enfoque

—Muéstrele a la clase las fotos de **Gente del Mundo 21,** págs. 340 y 341. Pídales que en grupos de tres lean las biografías y preparen unas quince preguntas sobre estas personas. Permita una competencia entre grupos. Un grupo empieza por hacerle una pregunta a otro. Si el grupo la contesta bien, recibe un punto. Luego el grupo que contestó hace una de sus preguntas y el otro grupo contesta. Continúan así hasta hacer todas sus preguntas. Pídales que hagan **Personalidades del Mundo 21.** Para más información sobre la gente, vaya a ClassZone.

➤ Presentación y explicación

—Pídale a la clase que comparta cualquier información que sepa sobre los dibujos y las personas en **Del pasado al presente,** págs. 342 a 344. Póngalos a leer "Ecuador: Corazón de América" y **¡A ver si comprendiste!,** pág. 345. Para más información, vaya a ClassZone. Si tiene ecuatorianos en la clase, pídales que cuenten lo que recuerdan de Ecuador.

—Ponga a los estudiantes a hacer la sección de **¡A escuchar!** en el *Cuaderno de actividades para hispanohablantes,* págs. 335 a 339.

➤ Práctica guiada / Revisión de la comprensión

TAREA —Asigne de tarea las actividades **Y ahora ¡a leer!,** pág. 347, y la lectura de "Las islas Galápagos: gran zoológico del mundo". Para más práctica del vocabulario, vaya a ClassZone. Pida voluntarios para leer **Conozcamos al autor,** pág. 295. Pídales que hagan en parejas *¿Sí o no?,* pág. 352.

—Póngalos a hacer **Escribamos ahora,** pág. 356. Ayude a los estudiantes a aprender a identificar la moraleja de un cuento mediante el ejercicio de escribir un cuento con moraleja.

➤ Práctica independiente

TAREA —Asigne de tarea "La zona amazónica: ¿Desarrollo o destrucción?", pág. 346, y "Quito: Tesoro colonial", pág. 354, de **Ventana al Mundo 21.** Póngalos a hacer las preguntas de comprensión en parejas. Pregúnteles si Quito los hace pensar en alguna ciudad en el país de sus antepasados. De ser así, pídales que la describan.

—Póngalos en grupos a hacer una de las **Dramatizaciones,** pág. 353. Quizás quiera llevar a cabo una tormenta de ideas antes de hacer las dramatizaciones. Pregunte: "¿Cuáles son algunas reacciones que los dos hijos podrían tener al oír la decisión del padre?" Escriba sus sugerencias en la pizarra. Para la segunda dramatización pregunte: "¿Cuáles son algunas reacciones positivas y negativas que los colegas de Darwin podrían tener?"

TAREA —Asigne de tarea y revise en clase las siguientes secciones del *Cuaderno de actividades para hispanohablantes: Traducción de tiempos verbales, Gramática en contexto* y *Ortografía* en **¡A explorar!**; *"Cognados falsos"* en **Lengua en uso,** págs. 340 a 345.

➤ Comprobación y corrección

—Para verificar la compresión de la lectura sobre las islas Galápagos, pídales que hagan la actividad B, *Hablemos de la lectura,* en **¿Comprendiste la lectura?,** pág. 352.
—Repase los ejercicios del *Cuaderno de actividades para hispanohablantes* asignados de tarea. Asigne de tarea el **Vocabulario activo,** págs. 346 a 348.

➤ Evaluación

TAREA —Use las **Dramatizaciones,** pág. 353, para evaluar la destreza de conversar y la **Composición: Narración descriptiva** en la sección de **Vocabulario activo** del *Cuaderno de actividades para hispanohablantes,* pág. 348, para la destreza de escribir.
—Para hacer una evaluación formal, use la **Prueba comunicativa** para la *Lección 2.*

➤ Repaso

—Relea las lecturas de **Ventana al Mundo 21,** págs. 346 y 354, con grupos pequeños de estudiantes que tengan dificultades con la lectura.
—Verifique la comprensión del imperfecto de subjuntivo en las cláusulas adverbiales. Use la sección 7.2, págs. G101 a G103, del **Manual de gramática** para repasar. Para más práctica, vaya a ClassZone.
—Repase el **Vocabulario activo** en el *Cuaderno de actividades para hispanohablantes.*

➤ Ampliación y enriquecimiento

—Para ampliar el vocabulario de "Las isalas Galápagos: gran zoológico del mundo", pág. 349, pídale a la clase que haga **Palabras como clave,** pág. 353. Pídales que escriban oraciones originales con los derivados de la palabra **isla.**

TAREA —Pídales a los que quieran ganar puntos extras, que presenten una breve presentación escrita sobre algún artista, actor, dramaturgo, músico o político famoso de Ecuador, o sobre alguna noticia reciente sobre Ecuador.

➤ Resumen y conclusión

TAREA —Divida a la clase en cuatro grupos. A cada uno asígnele algún tema sobre la Amazonia: aspectos geográficos; el río; las luchas de supervivencia de los indígenas; las "Amazonas" que encontró Orellana; la fiebre del oro/caucho; la destrucción de los bosques tropicales; algún héroe ecologista. Pídales que busquen información sobre el tema. Asegúrese de que se coordinen para que no todos traigan la misma información. En clase déles tiempo para organizar sus notas en forma coherente antes de presentarlas a la clase. Si quieren, que traigan fotos o recortes de revistas para ilustrar su presentación. Después de que todos hayan terminado de hacer sus presentaciones, pregúnteles qué es lo que más les atrae de la Amazonía, qué es lo que más les preocupa y que recomendaciones harían para resolver algunos de los problemas.

➤ Objetivos

- Leer una lectura histórica, "Bolivia: Desde las alturas de América"
- Leer el artículo periodístico "La música andina"
- Escribir para publicar: *Leyendas ilustradas por los estudiantes de Mundo 21*
- Estudiar el presente perfecto de indicativo y de subjuntivo.
- Comprender y hablar sobre acontecimientos históricos de Bolivia
- Adquirir conocimientos sobre asuntos sociales y políticos actuales de Bolivia
- Aprender acerca de los protagonistas actuales en la política, las artes y el mundo del entretenimiento de Bolivia

➤ Motivación / Enfoque

—Anime a los estudiantes a comentar las fotos de las páginas 358 y 359 en **Gente del Mundo 21**. En grupos póngalos a leer las biografías en silencio y a hacerse los unos a los otros preguntas de comprensión después de cada biografía. Luego pídales que hagan **Personalidades del Mundo 21**. Para más información sobre la gente, vaya a ClassZone.

➤ Presentación y explicación

—Pídales que compartan cualquier información que sepan sobre las fotos y la gente en **Del pasado al presente,** págs. 360 a 363. Asigne de tarea "Bolivia: Desde las alturas de América" y **¡A ver si comprendiste!**, pág. 364. Para más práctica, vaya a ClassZone. Anímelos a ampliar cualquiera de los temas presentados. Si tiene bolivianos en clase, pídales que hablen sobre Bolivia según ellos o sus parientes la recuerdan.
—Ponga a los estudiantes a hacer la sección de **¡A escuchar!** en el *Cuaderno de actividades para hispanohablantes,* págs. 349 a 354.

➤ Práctica guiada / Revisión de la comprensión

—Para preparar a los estudiantes para el *Video* , pídales que hagan **Antes de empezar el video,** pág. 366, en parejas. En grupos pequeños que lean **Escenario,** pág. 367, y que contesten las preguntas de **¡A ver si comprendiste!**
—Pídales que lean **Y ahora, ¡veámoslo!,** pág. 368, que describan las fotos del *Video* y traten de adivinar sobre qué va a tratar. Muestre el *Video* sin parar. Devuélvalo y muéstrelo una sección a la vez, pausando para hacer preguntas de comprensión. Muestre el *Video* completo una vez más. Luego, ponga a la clase a hacer la actividad A, *Dime si entendiste,* de **A ver cuánto comprendiste...,** pág. 369.

TAREA —Póngalos a hacer **Escribamos ahora,** pág. 370. Ayúdelos a revisar y completar el proceso de escritura que comenzaron en la lección previa. Pídales que consigan ilustraciones. Junte las leyendas en un libro titulado *Leyendas ilustradas por los estudiantes del Mundo 21.* Para compartir el trabajo, vaya a ClassZone.

➤ Práctica independiente

TAREA —Asigne como lectura independiente, "La música andina" en **Ventana al Mundo 21,** pág. 365. Póngalos a hacer en parejas la actividad de comprensión.

TAREA —Asigne de tarea y revise en clase las siguientes secciones del *Cuaderno de actividades para hispanohablantes: Variantes coloquiales: Participios pasados, Gramática en contexto y Ortografía* en **¡A explorar!**; *Variantes coloquiales: Presencia del quechua en el habla de Bolivia* en **Lengua en uso,** págs. 355 a 361.

➤ Comprobación y corrección

—Para asegurarse de que entendieron el *Video,* pídales que hagan la actividad B, *¿Y qué dices tú?* de **A ver cuánto comprendiste...,** pág. 369
—Repase los ejercicios del *Cuaderno de actividades para hispanohablantes* asignados de tarea. Conteste cualquier pregunta que los estudiantes tengan. Repase el **Vocabulario activo,** págs. 362 a 365, para verificar la comprensión del vocabulario.

➤ Evaluación

TAREA —Para evaluar la destreza de escribir, pídales a los estudiantes que hagan **Composición: Narración y opinión personal** en la sección de **Vocabulario activo** del *Cuaderno de actividades para hispanohablantes,* pág. 366.

—Si quiere una evaluación formal, use la **Prueba comunicativa** para la *Lección 3.*
—Si quiere una evaluación formal de la unidad, use el **Examen** para la *Unidad 7.*

➤ Repaso

—Trabaje en grupos pequeños con los estudiantes que tengan dificultad con la lectura, y pídales que relean **Del pasado al presente,** pág. 360. Ayúdelos a identificar las estrategias específicas de lectura que pueden usar tales como uso del conocimiento de trasfondo, los cognados y las claves del contexto, etc.
—Si la clase tiene dificultad con el **Video,** vuélvalo a mostrar y haga pausas después de cada segmento. Pídales que expliquen en sus propias palabras lo que vieron.
—Asegúrese de que hayan comprendido el presente perfecto de indicativo y subjuntivo. Si es necesario, refiéralos a la sección 7.3, pág. G103 a G105 del **Manual de gramática.** Para más práctica, vaya a ClassZone.

➤ Ampliación y enriquecimiento

TAREA —Pídales a los que quieran ganarse unos puntos extras, que preparen una breve presentación escrita u oral sobre algunas de las personalidades de **Gente del Mundo 21,** sobre algún artista, actor, dramaturgo, músico o político famoso de Bolivia, o sobre algún tema de actualidad relacionado con Bolivia.

—Pregúnteles si conocen algunos instrumentos precolombinos que hayan sobrevivido en los países de sus antepasados. De ser así, pídales que se los describan a la clase. Opción: traer una grabación con música andina o invitar a un grupo a la clase.
—Pregúnteles si hay grupos indígenas similares a los aymaras en EE.UU. o en los países de sus antepasados. De ser así, que le hablen de ello a la clase.

➤ Resumen y conclusión

—Pídales a los estudiantes que hagan la *Sopa de letras* en **Pasaporte cultural,** pág. 369. No se olvide de copiar las hojas de duplicación necesarias para hacer esta actividad.

➤ Objetivos

- Leer dos lecturas históricas, "Argentina: Un gran país con un nuevo comienzo" y "Uruguay: La 'Suiza de América' en recuperación"
- Leer dos artículos periodísticos, "Eva Duarte de Perón: La mujer y el mito" y "Fútbol: el deporte sudamericano"
- Leer un cuento, "Continuidad de los parques"
- Leer unas tiras cómicas sobre Mafalda, de Joaquín Lavado o Quino
- Estudiar otros tiempos perfectos
- Comprender la historia de Argentina y Uruguay
- Adquirir conocimientos sobre la sociedad actual de Argentina y Uruguay
- Aprender acerca de los protagonistas actuales en la política, las artes y el mundo del entretenimiento de Argentina y Uruguay

➤ Motivación / Enfoque

—Ponga a los estudiantes a mirar el mapa, pág. xv. Pídales que hablen de las fotos de las páginas 372 y 373. Póngalos a leer **Enfoque**, pág. 373, y hágales preguntas de comprensión. Para más información, vaya a ClassZone.

—Pídales que comenten las fotos, págs. 374 y 375. Pídales que en grupos de tres, lean las biografías y preparen unas quince preguntas sobre las personas. Permita una competencia: Un grupo le hace una de sus preguntas al otro. Si el grupo la contesta bien, recibe un punto. Luego el grupo que contestó hace una de sus preguntas y el otro grupo contesta y así hasta acabar. Pídales que hagan **Personalidades del Mundo 21** en parejas. Para más información sobre la gente, vaya a ClassZone.

➤ Presentación y explicación

—Pídale a la clase que comparta cualquier información que sepa sobre las personas o lugares en **Del pasado al presente**. Pídales que lean "Argentina: Un gran país con un nuevo comienzo", pág. 376, y "Uruguay: La 'Suiza de América' en recuperación", pág. 381. Use **¡A ver si comprendiste!**, págs. 379 y 383, para verificar la comprensión. Para más práctica, vaya a ClassZone. Si tiene estudiantes argentinos o uruguayos, pídales que narren las experiencias que sus familiares hayan tenido.

—Ponga a los estudiantes a hacer la sección de **¡A escuchar!** en el *Cuaderno de actividades para hispanohablantes*, págs. 367 a 370.

➤ Práctica guiada / Revisión de la comprensión

—Haga **Y ahora, ¡a leer!**, pág. 395. Pida voluntarios para leer **Conozcamos al autor**. Pídales que lean el cuento en grupos pequeños, cada uno con un líder. Para más práctica del vocabulario, vaya a ClassZone. Pídale a los líderes que escojan varios lugares del cuento donde detenerse para que se hagan los unos a los otros preguntas. Luego, que hagan *¿Sí o no?*, pág. 390.

➤ Práctica independiente

TAREA —Asigne de tarea "Eva Duarte de Perón: la mujer y el mito", pág. 380, y "Fútbol: el deporte sudamericano", pág. 384, en **Ventana al Mundo 21**. Pídales que hagan las actividades al final de cada sección. Pregúnteles si saben de algunas mujeres que se destaquen en la historia de otros países. Pregúnteles a los centroamericanos y mexicanos si el fútbol tiene la misma influencia en sus países.

—Póngalos a escoger una de las **Dramatizaciones**, pág. 391. Si escogen A, que sean bien creativos en cuanto a crear una situación en la que lo imaginario se vuelve real. Si escogen B, quizás quiera hacer una tormenta de ideas antes para ayudarlos.

TAREA —Asigne de tarea y revise en clase las siguientes secciones del *Cuaderno de actividades para hispanohablantes: Los diferentes usos del verbo* **haber,** *Gramática en contexto y Ortografía* en **¡A explorar!;** *Tradición oral: El canto nuevo latinoamericano de protesta* en **Lengua en uso,** págs. 371 a 377, 380 a 381.

➤ Comprobación y corrección

—Asegúrese de que entendieron "Continuidad de los parques". Póngalos a hacer la actividad B, *Hablemos de la lectura,* de **¿Comprendiste la lectura?,** pág. 390.
—Repase los ejercicios del *Cuaderno de actividades para hispanohablantes* asignados de tarea. Pídale que hagan la sección de **Vocabulario activo,** págs. 382 a 384.

➤ Evaluación

TAREA —Evalúe la destreza de hablar por el uso de las **Dramatizaciones,** pág. 391; para la destreza de escribir, use la **Composición: Comparación** en el *Cuaderno de actividades para hispanohablantes,* pág. 384.

—Si quiere una evaluación formal, use la **Prueba comunicativa** para la *Lección 1.*

➤ Repaso

—Verifique la comprensión de otros tiempos perfectos. Use la sección 8.1, págs. G106 a G108 del **Manual de gramática** de repaso. Para más práctica, vaya a ClassZone.
—Ponga a los estudiantes que tengan dificultades a releer alguna de las lecturas en págs. 376 y 381, modelando para ellos las estrategias de lectura pertinentes.

➤ Ampliación y enriquecimiento

—Pídale a la clase que compare un partido de fútbol con uno de fútbol americano, no sólo el deporte, sino también a los aficionados.
— Póngalos a hacer **Palabras como clave,** pág. 391, y a escribir oraciones originales con cada una de las derivaciones de **molestar.** Revise las oraciones con la clase.
—Pídales que miren los dibujos, págs. 392 y 393, antes de leer las tiras cómicas de "Mafalda". Pídales que lean *El padre de la criatura* en parejas. Pregúnteles si conocen a algún personaje famoso de las tiras cómicas en el país de sus antepasados.

TAREA —Póngalos a hacer el ejercicio de redacción *Un résumé o currículum vitae* de **Correspondencia práctica** en el *Cuaderno de actividades para hispanohablantes,* págs. 378 a 379.

—Para otra lectura, vaya a ClassZone.

➤ Resumen y conclusión

—Ponga a los estudiantes a practicar la escritura de diálogos para tiras cómicas. Cubra las burbujas de diálogo de varias tiras cómicas bien conocidas con blanco, y hágales fotocopias para que los estudiantes las llenen con sus propios diálogos. Póngalos a leer sus tiras en grupos de tres o cuatro y que escojan la mejor para compartirla con la clase.

➤ Objetivos

- Leer una lectura histórica, "Paraguay: La nación guaraní se moderniza"
- Leer dos artículos periodísticos, "Los guaraníes" y "La presa gigante de Itaipú"
- Leer un fragmento de un discurso, "Discurso en la entrega del Premio Cervantes 1989", por Augusto Roa Bastos
- Estudiar la secuencia de tiempos en indicativo
- Comprender y hablar sobre la historia y de Paraguay
- Adquirir conocimiento de la sociedad actual de Paraguay
- Aprender acerca de algunos de los protagonistas actuales en la política, las artes y el mundo del entretenimiento de Paraguay

➤ Motivación / Enfoque

—Pídale a la clase que mire las fotos de **Gente del Mundo 21,** págs. 394 y 395. Pídales que en grupos de tres lean las biografías y preparen unas quince preguntas sobre estas personas. Permita una competencia entre grupos. Un grupo empieza por hacerle una pregunta a otro. Si el grupo la contesta bien, recibe un punto. Luego el grupo que contestó hace una de sus preguntas y el otro grupo contesta. Continúan así hasta acabar. Pídales que hagan **Personalidades del Mundo 21.** Para más información sobre la gente, vaya a ClassZone. Si tiene paraguayos en clase, pídales que le digan a la clase lo que ellos o sus parientes recuerdan de Paraguay.

➤ Presentación y explicación

—Pídale a la clase que comparta cualquier información que tenga sobre los dibujos de págs. 396 a 399. Póngalos a leer "Paraguay: La nación guaraní se moderniza" y **¡A ver si comprendiste!,** pág. 400. Pídales que en grupos de tres preparen preguntas de cierto o falso. Luego, que intercambien sus preguntas con otro grupo de manera que cada grupo acabe por contestar las preguntas preparadas por otro grupo. Para más práctica, vaya a ClassZone.

—Ponga a los estudiantes a hacer la sección de **¡A escuchar!** en el *Cuaderno de actividades para hispanohablantes,* págs. 385 a 388.

➤ Práctica guiada / Revisión de la comprensión

TAREA —Asigne de tarea **Y ahora ¡a leer!,** pág. 402, y el discurso de Augusto Roa Bastos. Pida voluntarios para leer **Conozcamos al autor,** pág. 403. Para más práctica del vocabulario, vaya a ClassZone. Pídales que en parejas hagan *¿Sí o no?,* pág. 406.

TAREA —Póngalos a hacer **Escribamos ahora,** pág. 410. Ayúdelos a generar ideas y a escribir un borrador de un cuento en el cual lo imaginario se vuelve real. Pídales que hagan la actividad A en clase y la B en casa.

➤ Práctica independiente

TAREA —Asigne de tarea "Los guaraníes", pág. 401, y "La presa gigante de Itaipú", pág. 408. Póngalos a hacer las preguntas de comprensión en parejas y el **Vocabulario personal,** pág. 409. Pregúnteles qué semejanzas ven entre lo que les ha pasado a los guaraníes y lo que les está pasando a los indígenas en EE.UU. Pídales que les pregunten a sus parientes si saben de algunos proyectos industriales importantes actuales en el país de sus antepasados.

—Ponga a la mitad de la clase a hacer la primera de las **Dramatizaciones,** pág. 407, y a la otra mitad la segunda. Pregunte: "¿Cuáles son algunos argumentos que usarían los jesuitas? ¿Y el gobernador?" Escriba sus sugerencias en la pizarra.

TAREA —Asigne de tarea y revise en clase estas secciones del *Cuaderno de actividades para hispanohablantes: Secuencia de tiempos verbales, Gramática en contexto* y *Ortografía* en **¡A explorar!;** *Tradición oral: Refranes* en **Lengua en uso,** págs. 389 a 394.

➤ Comprobación y corrección

—Para verificar la compresión del discurso, pídales que hagan la actividad B, *Hablemos de la lectura,* en **¿Comprendiste la lectura?,** pág. 406.
—Repase los ejercicios del *Cuaderno de actividades para hispanohablantes* asignados como tarea. Asigne de tarea el **Vocabulario activo,** págs. 395 a 397.

➤ Evaluación

TAREA —Use las **Dramatizaciones,** pág. 407, para evaluar la destreza de conversar y la **Composición: Orador principal** en la sección de **Vocabulario activo** del *Cuaderno de actividades para hispanohablantes,* pág. 398, para la destreza de escribir.

—Para hacer una evaluación formal, use la **Prueba comunicativa** para la *Lección 2.*

➤ Repaso

—Relea las lecturas de págs. 401 y 408, con grupos pequeños que tengan dificultades con la lectura. Ayúdelos a identificar estrategias de lectura apropiadas.
—Verifique la comprension de la secuencia de tiempos en el indicativo. Use la sección 8, págs. G109 a G111, del **Manual de gramática.** Para más práctica, vaya a ClassZone.
—Repase el **Vocabulario activo** en el *Cuaderno de actividades para hispanohablantes.*

➤ Ampliación y enriquecimiento

—Anime a los estudiantes a identificar las palabras que no conozcan, pidiéndoles que escriban definiciones para esas palabras a base del contexto. En grupos de tres o cuatro, permítales que confirmen la exactitud de sus definiciones. Para ampliar el vocabulario del discurso de Roa Bastos, pág. 404, pídales que hagan **Palabras como clave,** pág. 407, y que escriban oraciones originales con los derivados de la palabra **fortuna.**

TAREA —Pídales a los que quieran ganar puntos extras, que presenten una breve presentación escrita ya sea sobre algún artista, actor, dramaturgo, músico o político famoso de Paraguay, o sobre alguna noticia reciente sobre Paraguay.

➤ Resumen y conclusión

—Pregúnteles a los estudiantes si saben de algún escritor o artista exiliado, en el presente o el pasado, del país de sus antepasados. Quizás quiera ampliar el tema preguntándoles si han pensado por qué hay y ha habido artistas y escritores exiliados.

➤ Objetivos

- Leer una lectura histórica, "Chile: un largo y variado desafío al futuro"
- Leer el artículo periodístico "Chile: frutería del mundo"
- Escribir para publicar: Un cuento original
- Estudiar la secuencia de tiempos en indicativo y subjuntivo.
- Comprender y hablar sobre acontecimientos históricos de Chile
- Adquirir conocimientos sobre asuntos de la sociedad de Chile
- Aprender acerca de los protagonistas actuales en la política, las artes y el mundo del entretenimiento de Chile

➤ Motivación / Enfoque

—Anime a los estudiantes a comentar las fotos en las páginas 412 y 413 en **Gente del Mundo 21**. En grupos póngalos a leer las biografías en silencio y a preparar por lo menos cuatro preguntas de comprensión para hacerse unos a otros después de cada biografía. Luego pídales que hagan **Personalidades del Mundo 21**. Para más información sobre la gente, vaya a ClassZone.

➤ Presentación y explicación

—Pídales que compartan cualquier información que sepan sobre las fotos y la gente en págs. 414 a 417. Asigne de tarea "Chile: Un largo y variado desafío al futuro" y **¡A ver si comprendiste!,** pág. 418. Para más práctica, vaya a ClassZone. Pídales que en grupos de tres preparen preguntas de cierto o falso y que luego intercambien sus preguntas con otro grupo de manera que cada grupo acabe por contestar las preguntas preparadas por otro grupo. Anímelos a que amplíen cualquiera de los temas presentados. Si tiene chilenos en clase, pídales que hablen sobre Chile.

—Póngalos a hacer la sección de **¡A escuchar!** en el *Cuaderno de actividades para hispanohablantes,* págs. 399 a 403.

➤ Práctica guiada / Revisión de la comprensión

—Para preparar a los estudiantes para el *Video*, pídales que reflexionen sobre lo que democracia significa para ellos. Pídales que hagan **Antes de empezar el video,** pág. 420. En grupos pequeños que lean **Escenario,** pág. 421, y que contesten las preguntas de **¡A ver si comprendiste!**

—Pídales que lean **Y ahora, ¡veámoslo!,** pág. 422, que describan las fotos del *Video* y traten de adivinar de qué va a tratar. Muestre el *Video* sin parar. Devuélvalo y muéstrelo una sección a la vez, para hacer preguntas de comprensión. Muestre el *Video* completo una vez más. Luego, ponga a la clase a hacer *Dime si entendiste,* pág. 423.

TAREA —Póngalos a hacer **Escribamos ahora,** pág. 424. Póngalos a revisarse unos a otros las composiciones antes de hacer la versión final. El día que le entregan las versiones para publicar, ponga el arte que acompaña las redacciones en la pizarra. Lea varias redacciones en voz alta y pídale a la clase que traten de identificar qué arte va con qué redacción. Continúe así por varios días hasta leer todas las redacciones. Para compartir el trabajo, vaya a ClassZone.

➤ Práctica independiente

TAREA —Asigne como lectura independiente, "Chile: frutería del mundo" en **Ventana al Mundo 21,** pág. 419. Póngalos a hacer en parejas la actividad de comprensión.

TAREA —Asigne de tarea y revise en clase estas secciones del *Cuaderno de actividades para hispanohablantes:* **¡A explorar!; Lengua en uso,** págs. 404 a 410.

➤ Comprobación y corrección

—Para asegurarse de que entendieron el *Video,* pídales que hagan la actividad B, *¿Y qué dices tú?* de **A ver cuánto comprendiste…,** pág. 423

—Repase los ejercicios del *Cuaderno de actividades para hispanohablantes* asignados de tarea. Conteste cualquier pregunta que los estudiantes tengan. Repase el **Vocabulario activo,** págs. 411 a 413, para verificar la comprensión del vocabulario.

➤ Evaluación

TAREA —Para evaluar la destreza de escribir, pídales a los estudiantes que hagan **Composición: Expresar opiniones** en la sección de **Vocabulario activo** del *Cuaderno de actividades para hispanohablantes,* pág. 414.

—Si quiere una evaluación formal, use la **Prueba comunicativa** para la *Lección 3.*
—Si quiere una evaluación formal de la unidad, use el **Examen** para la *Unidad 8.*

➤ Repaso

—Trabaje en grupos pequeños con los estudiantes que tengan dificultad con la lectura, y pídales que relean **Del pasado al presente,** pág. 414. Modele estrategias específicas.
—Si la clase tiene dificultad con el **Video,** vuélvalo a mostrar y haga pausas después de cada segmento. Pídales que expliquen en sus propias palabras lo que vieron.
—Asegúrese de que hayan comprendido la secuencia de tiempos en el indicativo y el subjuntivo. Si lo cree necesario, refiéralos a la sección 8.3, pág. G111 a G116 del **Manual de gramática.** Para más práctica, vaya a ClassZone.

➤ Ampliación y enriquecimiento

TAREA —Pídales a los que quieran ganarse unos puntos extras, que preparen una breve presentación escrita u oral ya sea sobre algunas de las personalidades de **Gente del Mundo 21,** sobre algún artista, actor, dramaturgo, músico o político famoso de Chile, o sobre algún tema de actualidad relacionado con Chile.

—Pregúnteles si saben de otros países que exporten comestibles a EE.UU. De ser así, que digan qué comestibles y en qué temporada son exportados.

➤ Resumen y conclusión

—Para resumir y repasar lo que han aprendido en esta unidad, pídales a los estudiantes que hagan la *Veinte preguntas* de **Pasaporte Cultural,** pág. 423. No se olvide de copiar y recortar las hojas de duplicación necesarias para hacer esta actividad.

Actividades adicionales e información sobre las fotos

En el plan de clase hemos sugerido en **Gente del Mundo 21**, bajo la anotación **Extra,** una serie de posibles actividades que se podrían hacer en la clase para interesar y motivar a los estudiantes aún más. También hemos añadido información adicional sobre las fotos en **Del pasado al presente.** Aquí hacemos lo mismo para el resto de las unidades.

Unidad 2 España: puente al futuro

Inicio de la unidad

págs. 72–73

Fotos

El acueducto romano es la imagen que más distingue a Segovia, ciudad situada en la región central de España.

Cádiz, ciudad fundada por los fenicios en 1100 a.C. y ciudad donde vivieron Aníbal y Julio César

Barcelona es la segunda ciudad más grande y la más industrializada de España. Barcelona fue la sede de las Olimpíadas de 1992.

Cibeles. En esta importante intersección se encuentra el monumento dedicado a Cibeles, diosa romana de la naturaleza, la tierra y la vegetación.

Unidad 2, Lección 1 España: los orígenes

Gente del Mundo 21

págs. 74–75

El Cid Campeador. Se cree que el *Cantar de Mío Cid* fue compuesto alrededor de 1140 aunque el ejemplar más viejo que ha sobrevivido es de 1307. De los varios poemas épicos europeos como el *Chanson de Roland* en francés, *Nibelungenlied* en alemán y *Beowulf* en inglés, el *Cantar de Mío Cid* es considerado el más realista y el que mejor refleja los hechos históricos de los tiempos.

Alfonso X, considerado por algunos críticos el padre de la prosa española, reunía a intelectuales de distintos países y religiones a trabajar en su biblioteca y a intercambiar ideas e información.

Los Reyes Católicos es el título oficial que les fue dado a Fernando e Isabel en 1496 por el papa Alejandro VI, por el papel que ellos hicieron en la defensa de Italia cuando ésta fue atacada por los franceses.

Extra

- Si ha viajado por España, muestre diapositivas de Burgos, Zaragoza, Ávila, Castilla, León, Aragón.
- Si se puede conseguir, muestre selecciones de la película *El Cid,* con Sofía Loren y Charlton Heston.
- Déles crédito adicional a estudiantes que se ofrezcan a investigar a cualquiera de estos personajes y escribir un informe.

Del pasado al presente | págs. 76–79 |

 Fotos

Pinturas prehistóricas de la cueva de Altamira localizada al oeste de Santander en el norte de España

Detalle de una de las pinturas prehistóricas de la cueva de Altamira

Ilustración de un barco fenicio

Teatro romano, notable por sus impresionantes columnas, localizado en Mérida, Extremadura

Puente romano, sobre el río Guadalquivir, que está en uso desde los tiempos de los césares, en Córdoba

Acueducto romano construido por el emperador Trajano en los siglos I y II de nuestra era en Segovia, Castilla

La mezquita de Córdoba, construida entre los siglos VIII y X, extraordinario ejemplo de la belleza de la arquitectura musulmana en España

Callejón de las Flores en un antiguo barrio medieval de Córdoba

Antigua sinagoga construida en el siglo XII en Toledo y ahora conocida como la Iglesia Santa María la Blanca

El Imperio de Carlos V Por ser nieto de los Reyes Católicos, heredó la corona española con todas las vastas posesiones de América y el norte de África además de los territorios italianos de Nápoles, Sicilia y Cerdeña. De su padre, Felipe el hermoso, recibió los Países Bajos, Flandes y la provincia del Franco-Condado, al este de Francia. Después adquirió el ducado de Milán. Con razón se decía que en su imperio "no se ponía nunca el sol".

Retrato de Felipe II, rey de España durante el comienzo de la decadencia del imperio español

La mezquita tiene más de 850 columnas en lo que es un verdadero bosque de arcos de ónice, jaspe, granito y mármol.

Unidad 2, Lección 2 España: al presente

Gente del Mundo 21

págs. 92–93

Extra

* Traiga revistas con fotos de la familia real, de Antonio Banderas, de Sergio García y de otros deportistas, actores o políticos españoles.
* Pregúnteles a los estudiantes el nombre de las últimas películas de Antonio Banderas. Pídales un resumen de la trama.
* Pregúnteles si conocen a otros deportistas españoles. Si así es, que se los describan a la clase.

Del pasado al presente

págs. 94–97

Fotos

Toledo fue uno de los temas preferidos por el pintor conocido como "El Greco".

La rendición de Breda, también conocida como *Las lanzas,* es el único cuadro histórico que pintó Diego Velázquez. El capitán de las fuerzas españolas recibe la espada del capitán de las fuerzas flamencas en los Países Bajos.

Portada de uno de los libros que incluyen comedias del dramaturgo español Lope de Vega. Esta colección fue publicada en Madrid en 1613.

La Cibeles y el Palacio de Comunicaciones de Madrid. La Cibeles es la diosa mitológica de la tierra y se ha convertido en símbolo de Madrid. El Palacio de Comunicaciones es donde están las oficinas de correo.

El Dos de Mayo Este cuadro de Francisco Goya representa la lucha del pueblo de Madrid contra el ejército de Napoleón el 2 de mayo de 1808.

Isabel II Su reinado de treinta y cinco años se caracterizó por una gran inestabilidad política. En 1868 fue desterrada de España.

Federico García Lorca (1898–1936) es considerado el poeta español más importante del siglo XX. Murió fusilado al inicio de la Guerra Civil Española.

Francisco Franco (1892–1975), el "caudillo", gobernó España de una manera autoritaria durante casi cuarenta años.

La familia real española compuesta por el rey Juan Carlos I, la reina Sofía, el príncipe Felipe y las infantas Elena y Cristina

La Expo de Sevilla coincidió en 1992 con la conmemoración de los 500 años de la llegada de Cristóbal Colón a América.

ACTIVIDADES ADICIONALES

Unidad 3 México y Guatemala: raíces de la esperanza

Inicio de la unidad págs. 118–119

Fotos

Xilonen, la diosa azteca del maíz; se encuentra en el Museo Nacional de Antropología e Historia en la Ciudad de México.

Unidad 3, Lección 1 México

Gente del Mundo 21 págs. 120–121

Extra

- Traiga algunas de las novelas de Elena Poniatowska y léale alguna selección a la clase.
- Pídales a los estudiantes que traigan su CD favorito de Luis Miguel.
- Pídales a estudiantes interesados en crédito adicional que preparen un trabajo escrito sobre alguno de estos mexicanos u otro artista, actor, cantante, político o persona histórica.

Del pasado al presente págs. 122–125

Fotos

Benito Juárez es el Abraham Lincoln de México. Es reconocido como uno de los héroes más importantes de la historia de México. Muchos artistas lo han incluido en sus murales y pinturas. En casi todas las ciudades mexicanas hay una calle o avenida principal que lleva su nombre. La ciudad mexicana fronteriza con El Paso, Texas, se llama Ciudad Juárez por ser el lugar donde Juárez se refugió en su lucha contra los invasores franceses.

Porfirio Díaz fue un general que había luchado contra la intervención francesa. Aunque cada cuatro años se celebraban elecciones presidenciales, su gobierno era una dictadura. En las elecciones de 1910 encarceló a Francisco I. Madero, líder de la oposición. Al salir libre, llamó a la lucha armada contra el gobierno, el 20 de noviembre de 1910. Díaz renunció unos meses después y se exilió en París, donde murió en 1915.

Entrada del ejército revolucionario a la Ciudad de México (noviembre de 1914). Después del triunfo de la Revolución, hubo muchas divisiones y conflictos entre los revolucionarios. Emiliano Zapata y Francisco "Pancho" Villa fueron, quizás, los líderes revolucionarios más populares, pero fueron derrotados por la facción revolucionaria dirigida por Venustiano Carranza y Álvaro Obregón.

Pancho Villa y Emiliano Zapata fueron aliados y en noviembre de 1914 tomaron la Ciudad de México. En esta foto, Villa está sentado sobre la silla presidencial junto a Zapata en el Palacio Nacional, en la capital de México.

Centro Bursátil, México, D.F. Ésta es la localidad de la bolsa de valores de la Ciudad de México donde los inversionistas compran y venden acciones.

Universidad Nacional Autónoma de México (UNAM). La UNAM es la universidad más grande de México. La ciudad universitaria tiene modernos edificios como el que vemos en esta foto que corresponde a la Biblioteca Central de la UNAM. Este edificio tiene murales de mosaicos que representan la historia de México. El muralista Juan O'Gorman terminó esta obra en 1953.

Unidad 3, Lección 2 Guatemala

Gente del Mundo 21
págs. 136–137

Extra

- Traiga un ejemplar de *Me llamo Rigoberta Menchú y así me nació la conciencia* y de *El señor presidente* y léale unas selecciones a la clase.
- Pregúnteles a los estudiantes si tienen bolsos o ropa hecha en Guatemala que puedan mostrarle a la clase, en particular los tejidos muy coloridos indígenas.
- Muéstrele un ejemplar del *Popol Vuh* a la clase, uno ilustrado, si es posible.
- Ofrézcales crédito adicional a estudiantes interesados en investigar a los mayas de Guatemala y escribir un informe.

Del pasado al presente
págs. 138–141

Fotos

Dos Pilas es un importante lugar arqueológico situado en el norte de Guatemala. Fue una ciudad maya destruida en el año 761 de nuestra era.

Antigua Guatemala o simplemente **Antigua** es una ciudad colonial que fue la capital de la Capitanía General de Guatemala de 1541 a 1773, año en que fue destruida por un terremoto.

Compañía *United Fruit*. La exportación de plátanos o bananas a EE.UU. y Europa ha sido una de las actividades más importantes de Guatemala y otros países de la región.

San Jorge es uno de los pueblos mayas que se encuentra a orillas del lago de Atitlán.

Rigoberta Menchú muestra la medalla de oro y el diploma que recibió en Estocolmo, la capital de Suecia, como parte del Premio Nóbel de la Paz de 1992.

Unidad 4 Cuba, la República Dominicana y Puerto Rico: en el ojo del huracán

Inicio de la unidad págs. 162–163

Fotos

Artefacto indígena taíno de la República Dominicana.

Máscaras del artista puertorriqueño Jacinto Ramírez.

Unidad 4, Lección 1 Cuba

Gente del Mundo 21 págs. 164–165

Extra
- Traiga ejemplares de los libros de Nicolás Guillén y lea algunas poesías a la clase.
- Pídales a los estudiantes que investiguen la opinión de sus padres o abuelos sobre Fidel Castro. Dígales que traten de conseguir la mayor cantidad de información posible.
- Traiga ejemplares de la música afrocubana a la clase. Pídales a los estudiantes que opinen sobre la música.

Del pasado al presente págs. 166–169

Fotos

Vista de la playa desde un balcón del Hotel Ancón de Trinidad, Cuba.

Recibimiento pacífico del líder taíno Guacanagari a Cristóbal Colón.

Grabado de madera en que aparece una pareja de esclavos plantando caña de azúcar en Cuba bajo la dirección de un supervisor con látigo.

Dibujo de la explosión del barco estadounidense *Maine* en el puerto de La Habana, evento que llevó a EE.UU. a la guerra con España en 1898.

Fidel Castro habla a una gran multitud congregada en el parque frente al Palacio Presidencial de La Habana en enero de 1959, al inicio de la Revolución Cubana.

Tres misiles soviéticos a bordo del barco ruso *Okhotsk* localizado en la costa norte de Cuba por un avión de reconocimiento de la Armada de EE.UU. en 1962. Éstos eran los primeros de más de treinta misiles que fueron removidos de bases cubanas según un acuerdo entre el presidente John F. Kennedy y el primer ministro soviético Nikita Khrushchev.

Unidad 4, Lección 2 la República Dominicana

Gente del Mundo 21
págs. 180–181

Extra

- Ofrézcale un premio al estudiante que pueda identificar el mayor número de beisbolistas dominicanos en las ligas mayores.
- Pregúnteles a los estudiantes si tienen revistas con información sobre Julia Álvarez u Oscar de la Renta que le puedan mostrar a la clase.
- Déles crédito adicional a estudiantes que investiguen y escriban un informe sobre Rafael Leónidas Trujillo o sobre la relación entre la República Dominicana y Cristóbal Colón.

Del pasado al presente
págs. 182–185

 Fotos

Mapa del siglo XVI mostrando las islas del Caribe. La isla La Española que comparten la República Dominicana y Haití, es la segunda en tamaño después de Cuba.

Monumento a Cristóbal Colón frente a la catedral y el cabildo de Santo Domingo, capital de la República Dominicana. En la actualidad existe una controversia sobre el lugar donde descansan los restos de Cristóbal Colón. La catedral de Santo Domingo y la de Sevilla, España, se disputan ese mismo honor.

Juan Pablo Duarte organizó en 1838 la sociedad secreta llamada "la Trinitaria" bajo el lema de "Dios, Patria y Libertad" para luchar contra la dominación haitiana.

Rafael Leónidas Trujillo gobernó la República Dominicana como dictador de 1930 a 1961.

Artefacto indígena taíno de la República Dominicana

Unidad 4, Lección 3 Puerto Rico

Gente del Mundo 21
págs. 198–199

Extra

- Pídales a los estudiantes que traigan revistas con fotos de Ricky Martin para mostrarle a la clase. Si tienen algunos de sus CD que los traigan también.
- Traiga ejemplares de algunos de los libros de Rosario Ferré o de algún otro escritor puertorriqueño y léales algunas selecciones a la clase.
- Si es posible, invite a un político puertorriqueño a hablarle a la clase.
- Si ha viajado a la isla, muestre diapositivas del viejo San Juan, de El Castillo, del moderno San Juan y de la vida en la isla.

Del pasado al presente
págs. 200–203

 Fotos

Selva tropical. En una época, por toda la isla había selvas tropicales. Hoy se conserva la selva tropical original en el parque El Yunque, en la región oriental de la isla de Puerto Rico.

Jardines de la Casa Blanca en el viejo San Juan de Puerto Rico.

El Morro, como se conoce al Castillo de San Felipe del Morro, era la defensa principal de San Juan de Puerto Rico en tiempos de la colonia española. En la foto se observan también la bahía y el puerto de San Juan.

Cosecha de la caña de azúcar usando maquinaria cerca de Manatí, Puerto Rico.

Compañía farmacéutica cerca de Arecibo, Puerto Rico.

Balcones del viejo San Juan con la catedral en el fondo.

Unidad 5 El Salvador, Honduras, Nicaragua y Costa Rica: entre el conflicto y la paz

Inicio de la unidad
págs. 212–213

Fotos

Detalle de una imponente figura de un gobernante indígena que se encuentra en las ruinas mayas de Copán, en Honduras.

Artesanías representando dos pericos, uno rojo y otro azul, provenientes de El Salvador.

Rueda de colores de un carruaje artesanal de Costa Rica. En un tiempo, estos carruajes se utilizaban en la cosecha del café.

Unidad 5, Lección 1 El Salvador

Gente del Mundo 21

págs. 214–215

Extra

* Traiga ejemplares de las obras de Claribel Alegría y Manlio Argueta, y léales algunas selecciones a los estudiantes.
* Si hay estudiantes salvadoreños en la clase o si es posible invitar a un salvadoreño de la comunidad, pídales que le hablen a la clase de su país.
* Ofrézcales crédito adicional a los interesados en investigar la demografía de salvadoreños en EE.UU. ¿Cuántos hay? ¿Dónde vive la mayoría?, etc.

Del pasado al presente

págs. 216–219

Fotos

Izalco es uno de muchos volcanes que todavía permanecen activos en El Salvador.

Moderna avenida de la ciudad de San Salvador.

Planta con los granos de café madurando en racimos.

Conmemoración por las madres de los desaparecidos y los prisioneros políticos de El Salvador del cuarto aniversario del asesinato del arzobispo Óscar Arnulfo Romero.

Unidad 5, Lección 2 Honduras y Nicaragua

Gente del Mundo 21

págs. 232–233

Extra

* Si hay estudiantes hondureños o nicaragüenses en la clase, o si puede invitar a gente de la comunidad, pídales que hablen de su país.
* Ofrézcales crédito adicional a los interesados en investigar y escribir un informe sobre algún tema relacionado con uno de estos países: el cacique Lempira, la *United Fruit Company,* los Somoza, los misquitos, etc.
* Traiga ejemplares de poesía nicaragüense y léales algunas selecciones.

Del pasado al presente: Honduras

págs. 234–235

Fotos

Plaza principal de San Pedro Sula, segunda ciudad en importancia de Honduras.

Palacio presidencial localizado en el centro de Tegucigalpa, Honduras.

Mujeres lavando y pesando bananas en una de las plantaciones bananeras de la *United Fruit Company,* en Honduras.

ACTIVIDADES ADICIONALES

Del pasado al presente: Nicaragua

págs. 237–239

 Fotos

Inauguración de Violeta Barrios de Chamorro como presidenta de Nicaragua. El presidente saliente Daniel Ortega le transferirá momentos después la banda presidencial a la nueva presidenta electa.

Las huellas de Acahualinca a orillas del lago Xolotlán, o Managua, demuestran que esta zona de América estaba ya habitada hace más de seis mil años.

César Augusto Sandino fue el líder de un grupo de guerrilleros que se oponían a la presencia de *marines* de EE.UU. en Nicaragua. Es considerado héroe nacional por el grupo de guerrilleros que formó el FSLN en oposición a la dictadura de Anastasio Somoza Debayle.

Luis Somoza Debayle, hijo del presidente Anastasio Somoza García que fue asesinado en 1956, toma el juramento como presidente de Nicaragua, con el arzobispo Alejandro González Robleto, a la izquierda, y Ulises Nias, presidente del congreso nicaragüense, a la derecha.

El Frente Sandinista de Liberación Nacional (FSLN) entra triunfante a Managua en 1979.

Huracán Mitch, gran huracán de 1998 que dejó 9.000 muertos y 2 millones de personas sin casas.

Unidad 5, Lección 3 Costa Rica

Gente del Mundo 21

págs. 252–253

Extra

◆ Ofrézcales crédito adicional a estudiantes interesados en investigar y escribir un informe sobre los parques nacionales y las reservas biológicas de Costa Rica.

◆ Pídale a un estudiante que prepare un informe oral sobre la importancia del café en la economía costarricense. Dígale que busque fotos de una plantación de café, si es posible.

Del pasado al presente

págs. 254–256

 Fotos

Calle de San José, capital de Costa Rica.

Niños indígenas nadando en la preservación indígena bribrí en las montañas Talamanca en la provincia de Puntarenas de Costa Rica.

Artefacto de oro proveniente de la colección de arte precolombino del Museo Nacional del Oro localizado en San José de Costa Rica.

Bananas transportadas en un sistema de líneas móviles en una plantación bananera de la *United Fruit Company* en Fullito, Costa Rica.

Plantación cafetalera en la región de Cartago, Costa Rica.

Unidad 6 Colombia, Panamá y Venezuela: la modernidad en desafío

ACTIVIDADES ADICIONALES

Esmeraldas sin cortar y ya cortadas tal como se venden en el mercado de esmeraldas de Bogotá, Colombia.

El Libertador Simón Bolívar al frente de sus tropas en una batalla por la independencia de Colombia; ésta es una acuarela.

Cafetales cubren las verdes colinas en Caldas, Colombia.

Soldado colombiano hace guardia en la quema de seis toneladas de cocaína en una localidad a veinte kilómetros de Bogotá en mayo de 1990.

Unidad 6, Lección 2 Panamá

Gente del Mundo 21
págs. 286–287

Extra
- Traiga un CD de la música de Rubén Blades y páseselo a la clase.
- Muestre una selección de alguna película de Rubén Blades.
- Traiga unos ejemplares de la obra de Bertalicia Peralta y léale algunas selecciones a la clase.
- Pídale a un estudiante que prepare un informe sobre los indígenas cuna en las islas de San Blas y sobre las molas que ellos hacen.

Del pasado al presente
págs. 288–291

 Fotos

El pirata inglés Henry Morgan en Portobelo, un puerto en el mar Caribe de donde salían los barcos hacia La Habana y finalmente a España.

Ilustración de la maquinaria abandonada por la compañía francesa en la fracasada excavación del Canal de Panamá.

Caricatura del Tío Sam representando a EE.UU. removiendo el obstáculo principal para la construcción del Canal de Panamá: la disputa por el título de propiedad.

Firma de los tratados del Canal de Panamá realizada en la sede de la Organización de Estados Americanos (OEA) en Washington, D.C., en septiembre de 1977; en la foto aparecen el presidente Jimmy Carter de EE.UU., Alejandro Orfila, secretario general de la OEA, y el general Omar Torrijos, jefe de estado de Panamá.

El Canal de Panamá fue recibido por la presidenta Mireya Moscoso en una cermonia el 16 de diciembre de 1999.

Unidad 6, Lección 3 Venezuela

Gente del Mundo 21

págs. 306–307

Extra

- Pídales a los estudiantes que traigan un CD de "El Puma" para que la clase lo escuche.
- Traiga unos ejemplares de las novelas de Teresa de la Parra y léale alguna selección a la clase.
- Pídale a un estudiante que prepare un informe sobre la industria petrolera de Venezuela.

Del pasado al presente

págs. 308–311

 Fotos

Casas construidas sobre pilotes por indígenas arawak similares a las que se encontraron los primeros exploradores europeos de la región.

Plantación de cacao cerca de El Clavo, en el estado de Miranda, Venezuela.

Pintura que se encuentra en el Palacio Federal de Venezuela en la que aparecen Francisco de Miranda y Simón Bolívar abogando por la firma de la declaración de la independencia de Venezuela el 5 de julio de 1811.

Universidad Central de Venezuela localizada en Caracas.

Portada de la novela titulada *Canaima,* de Rómulo Gallegos, publicada originalmente en 1935.

Rómulo Gallegos (1884–1969), uno de los novelistas más reconocidos de la literatura latinoamericana, autor de la famosa novela *Doña Bárbara* (1929) que inicia un ciclo de narrativa regionalista. Fue elegido presidente de Venezuela, puesto que sólo ocupó por nueve meses en 1948 ya que sus reformas radicales causaron un golpe de estado militar.

Unidad 7 Perú, Ecuador y Bolivia: camino al sol

Inicio de la unidad págs. 320–321

 Fotos

Textiles en el mercado de Otavalo, Ecuador

Pendiente ceremonial hecho de concha, piedras preciosas, plata y cobre, proveniente de la cultura de Tiahuanaco, de alrededor de 500–600 d.C.

Unidad 7, Lección 1 Perú

Gente del Mundo 21 págs. 322–323

Extra
- Pídales a los estudiantes que traigan un disco compacto de Tania Libertad para que la clase la escuche.
- Traiga unos ejemplares de las novelas de Mario Vargas Llosa y léale algunas selecciones a la clase.
- Déles crédito adicional a estudiantes interesados en investigar y escribir un informe sobre los incas, los mochica, Chavín, los chimú, las ruinas de Chan Chan, Atahualpa, etc.
- Traiga un libro de fotos de Machu Picchu y otros sitios incaicos para mostrarle a la clase.

Del pasado al presente págs. 324–327

 Fotos

Muralla de una fortaleza inca con muchas piedras angulares y que fue utilizada en la construcción de edificios coloniales en Cuzco, la antigua capital del imperio inca

Cerámica mochica que muestra diferentes diseños de textiles del siglo VII d.C. (pieza de la colección del Museo Nacional de Arqueología de Lima, Perú)

Ruinas de la ciudad de Chan Chan, capital del reino chimú que antecedió al establecimiento del imperio inca. La foto inferior es de una sección restaurada de Tschudi, uno de los once pequeños centros urbanos que formaban la gran ciudad de Chan Chan.

Koricancha, parte del templo inca del Sol con la iglesia colonial de Santo Domingo arriba, en el centro de Cuzco, Perú

Catedral y Plaza de Armas de Lima, Perú

Alberto Fujimori se dirige a una multitud durante una de sus campañas presidenciales.

Unidad 7, Lección 2 Ecuador

Gente del Mundo 21

págs. 340–341

Extra

* Traiga ejemplares de las obras de Jorge Icaza y Gilda Holst, y léale algunas selecciones a la clase.
* Traiga un libro de arte con obras de Enrique Tábara y muéstreselo a la clase.
* Pídale a un estudiante que prepare un informe sobre las muchas variedades de animales en las islas Galápagos.

Del pasado al presente

págs. 342–345

 Fotos

Monumento que marca la línea ecuatorial y divide al mundo en los hemisferios norte y sur en Ecuador

Volcán Cotopaxi ahora convertido en parte del Parque Nacional Cotopaxi en Ecuador

Indígenas colorados de Ecuador, llamados así por llevar el pelo de ese color

El río Guayas como medio de transporte en Guayaquil, Ecuador

Pozo petrolero de Conoco, en la región amazónica en Napo, Ecuador

Panorama de edificios modernos de Guayaquil, el principal puerto de Ecuador y ciudad que rivaliza con Quito, la capital del país

Unidad 7, Lección 3 Bolivia

Gente del Mundo 21

págs. 358–359

Extra

* Traiga unos ejemplos de las obras de Alcides Arguedas y léale unas selecciones a la clase.
* Muéstrele a la clase un libro con el arte de María Luisa Pacheco.
* Déles crédito adicional a estudiantes interesados en investigar y escribir un informe sobre los indígenas quechua o los aymaras.
* Traiga algunos ejemplos de música andina y páseselo a la clase.

Del pasado al presente

págs. 360–363

✦ *Fotos*

Vista aérea de La Paz, con el pico nevado de Illimani en la parte superior izquierda

Indígenas aymaras con sus vestidos tradicionales en la fiesta dedicada al verano en Tiahuanaco, Bolivia

Escalinatas del Santuario de Calasaya en Tiahuanaco, Bolivia

Puerta del Sol, monolito de Tiahuanaco, Bolivia

Vista aérea de la ciudad de Potosí, ciudad minera desde la época colonial

Estrecha calle en el centro colonial de La Paz

Grabado del general y libertador venezolano Antonio José de Sucre (1795–1830). Fue uno de los militares que ayudó a Simón Bolívar a derrotar a los españoles; ocupó la presidencia de Bolivia de 1826 a 1828.

Panorama de la ciudad de Sucre, Bolivia. En 1839, la ciudad de Chuquisaca cambió de nombre a Sucre en honor al general venezolano Antonio José de Sucre que tuvo un papel importante en la lucha por la independencia de Bolivia.

Unidad 8 Argentina, Uruguay, Paraguay y Chile: aspiraciones y contrastes

Inicio de la unidad

págs. 372–373

✦ *Fotos*

Cerro Fitzroy sobre del Valle Chorrillo del Salto al amanecer (Parque Nacional Los Glaciares, Patagonia, Argentina)

Tapete bordado con diseños, proveniente de Paraguay

Cerámica precolombina que se encuentra en el Museo Chileno de Arte Precolombino en Santiago de Chile

Unidad 8, Lección 1 Argentina y Uruguay

Gente del Mundo 21

págs. 374–375

Extra

- Traiga unos ejemplares de las obras de Jorge Luis Borges y Cristina Peri Rossi, y léale unas selecciones a la clase.
- Muéstrele a la clase un libro de fotos de Argentina y Uruguay.
- Déles crédito adicional a los interesados en investigar y escribir un informe sobre temas relacionados con estos dos países: Evita, los gauchos, la música uruguaya, Buenos Aires, Punta del Este, etc.
- Pídale a un estudiante que prepare un informe sobre la importancia del ganado en la economía argentina y uruguaya.

Del pasado al presente: Argentina

págs. 376–379

 Fotos

Ilustración histórica de Sebastiano Caboto (exploró Argentina en 1526)

Ilustración de Buenos Aires durante la época colonial, en 1602

Grabado que ilustra la captura de caballos salvajes realizado por los gauchos originales de Argentina en el siglo XVIII. Para los gauchos, los caballos tenían un alto valor ya que era medio de transporte imprescindible en las extensas pampas argentinas.

Gaucho cantor con guitarra; la música tradicional era una de las principales distracciones de la vida del gaucho de los siglos XVIII y XIX.

Juan Domingo Perón saluda a la multitud desde un balcón de la Casa Rosada, la sede del gobierno en Buenos Aires, en agosto de 1948.

Madres de la Plaza de Mayo encabezan una manifestación de protesta en 1986 contra el "punto final" que limita acciones judiciales por violaciones de derechos humanos durante el régimen militar. Las Madres de la Plaza de Mayo es una organización formada por madres de miles de personas que "desaparecieron", víctimas de la violencia institucionalizada. Su nombre proviene de la famosa Plaza de Mayo en Buenos Aires, donde regularmente se reúnen para pedirle al gobierno el esclarecimiento de lo sucedido a sus hijos e hijas.

Carlos Saúl Menem, político argentino, nació en 1930, hijo de inmigrantes sirios, estudió leyes en la Universidad de Córdoba y comenzó sus actividades políticas en el Partido Peronista como gobernador de La Rioja en 1973, cargo en el que fue elegido en 1983 y 1987. En 1988 fue candidato peronista a la presidencia y ganó las elecciones al año siguiente. Ha podido revertir la crisis económica promoviendo una mayor liberalización y apertura, y reduciendo la hiperinflación.

Del pasado al presente: Uruguay págs. 381–382

✦ Fotos

Palacio Legislativo, hermoso edificio que refleja el compromiso al sistema democrático de la sociedad de Uruguay desde principios del siglo XX

Punta del Este es una ciudad uruguaya localizada en la costa del Atlántico y famosa por ser el lugar preferido de miles de vacacionistas.

Unidad 8, Lección 2 Paraguay

Gente del Mundo 21 págs. 394–395

Extra

● Traiga unos ejemplares de las obras de Augusto Roa Bastos y Josefina Plá, y léale algunas selecciones a la clase.
● Traiga un CD con música del arpa paraguaya y páseselo a la clase.
● Pídale a un estudiante que prepare un informe sobre los Stroessner en Paraguay.

Del pasado al presente págs. 396–399

✦ Fotos

Las cataratas del Iguazú marcan la frontera entre Paraguay, Brasil y Argentina.

Iglesia de la Misión de Jesús, una de las reducciones jesuíticas ahora en ruinas, en Paraguay

Portal de la sacristía de la misión jesuítica de Trinidad, también en ruinas en Paraguay

Panteón Nacional de los Héroes que incluye el Oratorio de la Virgen de la Asunción. Este edificio fue construido de 1863 a 1936 para conmemorar a los caídos en las diferentes guerras que ha librado Paraguay en su vida independiente.

La presa de Itaipú constituye la planta hidroeléctrica más grande de Sudamérica.

ACTIVIDADES ADICIONALES

Unidad 8, Lección 3 Chile

Gente del Mundo 21

págs. 412–413

Extra

◆ Traiga ejemplares de las obras de Isabel Allende y Pablo Neruda, y léale algunas selecciones a la clase.

◆ Traiga un libro de arte con obras de Roberto Matta y muéstreselas a la clase.

◆ Pídale a un estudiante que prepare un informe sobre Violeta Parra

Del pasado al presente

págs. 414–417

Fotos

Ilustración de Pedro de Valdivia, conquistador y colonizador de Santiago de Chile

Ilustración de Bernardo O'Higgins, militar chileno de origen irlandés que participó en la lucha por la independencia y gobernó Chile de 1817 a 1822

Mina de nitrato en el norte de Chile según una ilustración de la década de 1880

Eduardo Frei Montalva dirige un discurso en junio de 1956 a jóvenes que participaron en una marcha desde el norte de Chile a Santiago. El senador Frei era candidato a la presidencia por el Partido Demócrata Cristiano.

General Augusto Pinochet, dictador de Chile de 1973 a 1989.

El presidente Patricio Aylwin saluda a Eduardo Frei Ruiz-Tagle, hijo del presidente Eduardo Frei Montalva y ganador de las elecciones presidenciales de diciembre de 1993.

ACTIVIDADES ADICIONALES

CLAVE DE RESPUESTAS

Lección preliminar

Del pasado al presente

A ver si sabes...

pág. 4

1. *Las respuestas van a variar.*
2. Inglés en EE.UU., Canadá, Belice, Guyana, Jamaica y las Bahamas; francés en Canadá, Guyana Francesa y Haití; portugués en Brasil y holandés en Surinam. El español tiene más hablantes.
3. c. 360 millones
4. (1) chino, (2) inglés, (3) español, (4) ruso, (5) árabe, (6) portugués, (7) francés, (8) japonés
5. b. náhuatl, c. maya, d. quechua, a. guaraní
6. b. 42 millones

Lectura

¡A ver si comprendiste!

pág. 9

1. El español se deriva del latín. Llegó a la Península Ibérica con la conquista romana entre 218 y 219 a.C. El español también se llama castellano.
2. Además del árabe, el ibérico, el celta y el germano influyeron en el español en la península.
3. Las respuestas van a variar entre éstas: del taíno vienen las palabras **canoa, tabaco** y **huracán;** del náhuatl vienen **chocolate, tomate** y **aguacate;** del quechua vienen **cóndor, alpaca** y **papa.**
4. Se refiere a los 21 países de habla hispana y al siglo XXI.
5. Las respuestas van a variar. EE.UU. es el país con el quinto número más grande de hispanohablantes. Más de 22 millones de méxicoamericanos, puertorriqueños, cubanoamericanos y otros hispanos viven en EE.UU. ahora.
6. Hay 8 unidades. Las respuestas van a variar con respecto a los temas.

Y ahora, ¡a leer!

Antipando la lectura

A. Estrategias: un repaso.

pág. 10

1. c
2. d
3. e
4. b
5. a

B. Cultura.

pág. 10

Las respuestas van a variar.

C. Vocabulario en contexto.

pág. 11

1. c. nos hacemos mejores
2. a. perdemos valor
3. a. esta historia
4. a. la influencia

Lectura

¿Comprendiste la lectura?

A. ¿Sí o no?

pág. 15

1. Sí.
2. No. "El Aleph" es un cuento del escritor argentino Jorge Luis Borges.
3. Sí.
4. No. Pablo Neruda es un famoso poeta chileno.

B. Hablemos de la lectura.

pág. 15

1. Carlos Fuentes es un escritor mexicano contempóraneo. Pasó su infancia y adolescencia en varios países, inclusive EE.UU., Chile y Argentina.
2. La cuestion universal es: ¿cómo tratar con el otro? Piensa que estos tres grupos están bien preparados para contestar la pregunta porque representan centros de múltiples culturas, centros de incorporación y no de exclusión.
3. Los griegos, iberos, romanos, judíos, árabes, cristianos y gitanos han formado España. Los indígenas, africanos, europeos y mestizos han formado el Nuevo Mundo.
4. Cuando excluimos nos traicionamos y nos empobrecemos. Cuando incluimos nos enriquecemos y nos encontramos a nosotros mismos. Las respuestas van a variar en la segunda parte.
5. Encuentra un instante perfecto en el tiempo y en el espacio en el que todos los lugares del mundo pueden ser vistos en el mismo momento.
6. Veríamos el sentimiento indígena de lo divino, la comunidad y la voluntad de supervivencia. Veríamos también el derecho, la filosofía, los perfiles cristianos, judíos y árabes de una España multicultural.
7. Porque si no la reconocemos en los otros, nunca la vamos a reconocer en nosotros mismos.
8. Las respuestas van a variar. El título se motiva por el quinto centenario del encuentro de los españoles con los indígenas del Nuevo Mundo y del significado de ese encuentro en el siglo XX. "El otro" es una persona de diferente cultura que la nuestra.

Luz, cámara, acción

Antes de empezar el video pág. 16

1. Las respuestas van a variar. Quizás digan que el arte de Tamayo incluye temas muy mexicanos, muy aztecas —el jaguar y la serpiente—; el arte de Botero refleja varios elementos muy colombianos —la presencia de militares y la iglesia—; y el arte de Lam claramente refleja la influencia africana en Cuba —los colores vivos y el diseño.
2. *Las respuestas van a variar.*
3. Las respuestas van a variar. Tal vez mencionen la temática aparentemente azteca de Tamayo y los colores y diseño de Lam.
4. *Las respuestas van a variar.*

Y ahora, ¡veámoslo!

A ver cuánto comprendiste...

A. Dime si entendiste. pág. 18

1. Indígenas, españoles, cristianos, judíos, islámicos, africanos.
2. La cultura es la respuesta a los desafíos de la vida; es nuestra manera de amar y hablar; es lo que comemos; es cómo nos vestimos; es nuestras memorias y deseos; es nuestra manera de ver.
3. La indígena; arte precolombino.

B. ¿Y qué dices tú? pág. 18

1. Motivos precolombinos y el art deco.
2. *Las respuestas van a variar.*
3. *Las respuestas van a variar.*

Manual de gramática

LP.1 Sustantivos

A. La tarea pág. G3

1. el mapa
2. el césped
3. la cama
4. la labor
5. la catedral
6. la moto

B. ¿Fascinante? pág. G4

1. El artista Wifredo Lam (no) es fascinante.
2. El idioma español (no) es fascinante.
3. La diversidad multicultural de EE.UU. (no) es fascinante.
4. La capital de nuestro estado (no) es fascinante.
5. El programa "El espejo enterrado" (no) es fascinante.
6. La guía turística de mi estado (no) es fascinante.
7. La pintura "El jaguar y la serpiente" de Rufino Tamayo (no) es fascinante.
8. La foto de Machu Picchu (no) es fascinante.

Contrarios. pág. G5

1. Tengo muchos intereses.
2. Asisto a muchos festivales folklóricos.
3. Reconozco a muchas actrices hispanas.
4. Escribo sobre muchos temas.
5. Conozco a muchos hablantes de náhuatl.
6. Paso por muchas crisis ahora.
7. Tratamos muchas cuestiones importantes.
8. Me gustan muchas ciudades grandes.

LP.2 Artículos definidos e indefinidos

A. Viajero. pág. G8

1. Voy a visitar Bolivia porque quiero conocer Sucre, la antigua capital.
2. Voy a visitar México porque quiero conocer Teotihuacán, la ciudad de los dioses.
3. Voy a visitar Ecuador porque quiero conocer Guayaquil, el puerto principal.
4. Voy a visitar (el) Brasil porque quiero conocer el Amazonas, el río más largo de América.
5. Voy a visitar (el) Perú porque quiero conocer Machu Picchu, las ruinas incaicas.
6. Voy a visitar Venezuela porque quiero conocer Caracas, la cuna del Libertador Simón Bolívar.
7. Voy a visitar Chile porque quiero conocer la Isla de Pascua, el lugar misterioso lleno de gigantescos monolitos de piedra.

B. Preparativos pág. G8

1. —
2. —
3. el
4. El
5. el / —
6. las

C. ¿Eres bilingüe? pág. G8

Las respuestas van a variar.

A. Personajes. pág. G10

1. Jorge Luis Borges es argentino. Es escritor. Es un escritor argentino.
2. Pablo Neruda es chileno. Es poeta. Es un poeta chileno.
3. Gloria Estefan es cubanoamericana. Es cantante. Es una cantante cubanoamericana.
4. Frida Kahlo es mexicana. Es pintora. Es una pintora mexicana.

B. Fiesta. pág. G10

1. —
2. —
3. El
4. una
5. una
6. unas
7. la
8. —
9. —
10. el

CLAVE DE RESPUESTAS

C. Un científico.　　　　　　　　pág. G10

1. un　　　　　　7. la
2. la　　　　　　8. del
3. el　　　　　　9. los
4. El　　　　　　10. del
5. el　　　　　　11. un
6. los　　　　　12. la

LP.3 *Presente de indicativo:*
Verbos regulares

A. Primer Premio Nóbel
Hispanoamericano.　　　　　pág. G12

1. nace　　　　6. recibe
2. dedica　　　7. Es
3. practica　　8. recibe
4. acepta　　　9. Deja
5. Publica

B. Información personal.　　　pág. G12

Las respuestas van a variar.

C. Planes.　　　　　　　　　　pág. G13

1. El martes nadamos y descansamos en la playa.
2. El miércoles practicamos deportes submarinos.
3. El jueves visitamos el acuario en el Faro de Colón.
4. El viernes compramos regalos para la familia.
5. El sábado regresamos a casa.
6. El domingo descansamos todo el día.

D. Presente histórico.　　　　pág. G13

1. nace　　　　　7. viaja
2. Se educa　　　8. se queda
3. publica　　　　9. entra
4. viaja　　　　　10. aparece
5. participa　　　11. renuncia
6. recibe　　　　12. recibe

E. Mi vida actual.　　　　　　pág. G13

Las respuestas van a variar.

Unidad 1, Lección 1

Gente del Mundo 21

Personalidades del Mundo 21　　pág. 23

1. Sandra Cisneros
2. Edward James Olmos
3. Ellen Ochoa
4. Carlos Santana
5. Ellen Ochoa

Del pasado al presente

¡A ver si comprendiste!　　　pág. 27

1. Tres siglos. Los méxicoamericanos estaban aquí más de 100 años antes de que EE.UU. existiera como nación.
2. EE.UU. ganó California, Nevada, Utah, la mayor parte de Nuevo México y Arizona, y partes de Colorado y Wyoming. México perdió casi la mitad de su territorio.
3. Muchas familias huían de la Revolución Mexicana.
4. El programa de braceros les proporcionaba trabajo en EE.UU. a ciudadanos mexicanos. Duró 22 años, de 1942 a 1964.
5. Se deriva de "mexica", que es como se llamaban los aztecas a sí mismos.
6. Es el suroeste de EE.UU., lugar donde se originaron los aztecas.
7. M.E.Ch.A. significa "Movimiento Estudiantil Chicano de Aztlán".
8. Luis Valdez fundó el Teatro Campesino para entretener y educar a los trabajadores agrícolas del sindicato conocido como "United Farm Workers".

Ventana al Mundo 21　　　　　pág. 28

Las respuestas van a variar.

Y ahora, ¡a leer!

Anticipando la lectura

A. Nuevo México.　　　　　　pág. 29

1. *Las respuestas van a variar.*
2. c. Santa Fe
3. d, b, a, c, e
4. b. río Grande
5. Consiste en la cría de ganado.
6. Some examples are: *rodeo, lasso, ranch, corral, bronco, mustang, patio, pinto, adobe.*
7. La cultura indígena, la hispana y la angloamericana.
8. *Las respuestas van a variar.*

B. Vocabulario en contexto.　　pág. 30

1. a. disolvía
2. a. el cariño y afecto
3. c. el establo
4. a. ojeadas
5. c. receptáculo
6. b. el constante observar
7. c. tiene derecho a tener
8. a. el beneficio

Lectura

¿Comprendiste la lectura?

A. ¿Sí o no? pág. 35
1. No. Muchos de sus cuentos están inspirados por la historia y las leyendas del suroeste de EE.UU., especialmente Nuevo México.
2. No. Adolfo era un angloamericano que no tenía dónde vivir.
3. Sí.
4. No. Al contrario, Adolfo y Francisquita se amaban.
5. Sí.
6. No. Adolfo tenía un gran resentimiento contra Víctor.

B. Hablemos de la lectura. pág. 35
1. Las respuestas van a variar. Tal vez digan que es el nombre del protagonista.
2. Adolfo Miller: un "gringuito" o angloamericano que nadie conocía; don Anselmo: un terrateniente y dueño de una tienda; doña Francisquita: esposa de don Anselmo; Francisquita: hija de don Anselmo, amada por Adolfo y novia de Víctor; Víctor: joven del pueblo que regresa de la universidad; narrador: sobrino de Víctor y Francisquita.
3. Adolfo era listo, hablaba un español perfecto, era guapo, y era muy responsable y muy trabajador. También era un macho pendenciero y atrevido, borracho y peleador.
4. Víctor era un joven del pueblo que se había ido a estudiar a la universidad y acababa de regresar al pueblo. Era culto, elegante y arrogante.
5. Víctor se enamoró y se casó con Francisquita. Como nuevo yerno, él pasó a ser el administrador de los negocios de don Anselmo.
6. Los dos iban a Chama en el norte de Nuevo México; iban a tomar el tren para llevar el ganado a vender en Denver, Colorado.
7. Adolfo se roba los $30.000 dólares y se va.
8. No hay una explicación clara. Se mencionan varias posibilidades: quizás no le pagaban suficiente, o quizás quiso vengarse porque Víctor se había casado con Francisquita, o tal vez era un gringo aprovechado, o quizás fue una víctima...
9. *Las respuestas van a variar.*
10. *Las respuestas van a variar.*

Cultura en vivo

A. ¿Platillos mexicanos? pág. 38
1. b   4. c
2. a   5. e
3. d

B. Ingredientes. pág. 38
burritos: las respuestas van a variar; se hacen con tortillas de harina
enchiladas: tortillas de maíz, salsa, queso, carne guisada de res o de pollo para el relleno
nachos: tostaditas de maíz, queso, chiles jalapeños.
tamales: masa de maíz, carne guisada de puerco o de pollo para el relleno
fajitas: carne de res o de pollo asada, cebollas y especies, la carne se corta en rajas y se sirve en una tortilla de harina

C. ¿De EE.UU.? pág. 38
burritos, nachos y fajitas

D. Tacos y burritos. pág. 38
Las respuestas van a variar.

Manual de gramática

1.1 Usos de los verbos **ser** y **estar**

A. Los chicanos. pág. G16
1. Es   5. son
2. están   6. está
3. está   7. están
4. es

B. Comienzos de Adolfo Miller. pág. G16
1. es   6. es
2. está   7. está
3. es   8. Es
4. está   9. está
5. Es

C. Preguntas personales. pág. G16
Las respuestas van a variar.

1.2 Adjetivos descriptivos

A. Tierra Amarilla. pág. G19
1. pequeño   6. animados
2. norte   7. jóvenes
3. agitada   8. alegres
4. apacible   9. divertidas
5. agrícolas

B. Un escritor nuevomexicano. pág. G19
1. Sabine Ulibarrí es un profesor universitario.
2. Es también un excelente escritor nuevomexicano.
3. Es autor de importantes ensayos críticos.
4. Es un famoso cuentista chicano.
5. Muchos de sus cuentos están inspirados en episodios familiares.
6. Sus historias reflejan la larga tradición hispana de Nuevo México.

CLAVE DE RESPUESTAS

C. Continuación de la historia. pág. G19
1. nueva vida
2. propio rancho
3. propio destino
4. muchacho pobre
5. pobre hombre
6. gran amor
7. hombre viejo

D. Impresiones. pág. G20
1. Lo cierto es que los chicanos llevan mucho tiempo en EE.UU.
2. Lo positivo es que la población chicana es joven.
3. Lo sorprendente es que la edad promedio de los chicanos es de diecinueve años.
4. Lo bueno es que la cultura hispana enriquece la vida norteamericana.
5. Lo importante es que la participación política de las minorías continúa.

Unidad 1, Lección 2

Del pasado al presente

¡A ver si comprendiste! pág. 45
1. Más de dos millones. Hay muchas razones por la emigración a EE.UU. La más probable es que existen mayores oportunidades económicas en EE.UU.
2. En Nueva York. Por ser tan grande, esta ciudad ofrece la mejor posibilidad de empleo para los nuevos inmigrantes.
3. Salsa. Las otras respuestas pueden variar.
4. Son ciudadanos de EE.UU. No necesitan pasaporte. Los estadounidenses no necesitan pasaporte para viajar a Puerto Rico.
5. En 1917. Los residentes en la isla de Puerto Rico no votan en las elecciones presidenciales ni eligen senadores ni diputados al congreso federal. Tampoco pagan impuestos.
6. *West Side Story.* Trata del conflicto entre jóvenes puertorriqueños y jóvenes angloamericanos en Nueva York. En particular trata de lo que pasa cuando una joven puertorriqueña se enamora de un joven angloamericano.
7. Las respuestas van a variar. Tal vez mencionen a Jimmy Smits, Rita Moreno, Chita Rivera, Raúl Juliá, Rosie Pérez, etc.

Ventana al Mundo 21 pág. 46
1. Todos los días Iván hace 200 a 300 *swings.*
2. Practica en las noches en su pueblo, Vega Baja.
3. Su meta es conseguir sortija de la Serie Mundial.

Y ahora, ¡a leer!

Anticipando la lectura

A. Los desfiles en EE.UU. pág. 47
1. En Pasadena en California. El desfile celebra el inicio del año.
2. En Nueva York. El color verde simboliza el verdor de la isla. También se refiere al trébol *(3 leaf clover)* que representa la Trinidad de la teología cristiana. Es la celebración del santo patrón de los irlandeses.
3. No corresponde al primer día del año occidental. Rata, buey, tigre, conejo, dragón, serpiente, caballo, cabra, mono, gallo, perro y cerdo.
4. Es el Desfile de Macy's. Celebra el Día de Acción de Gracias.
5. *Las respuestas van a variar.*
6. *Las respuestas van a variar.*

B. Vocabulario en contexto. pág. 48
1. a. está listo para
2. c. expedición militar
3. b. periodistas
4. b. vivió durante su niñez
5. a. discos y cassettes
6. c. empleado o dueño de un banco
7. b. la radio
8. a. poniendo

Lectura

¿Comprendiste la lectura?

A. ¿Sí o no? pág. 52
1. No. Fue el trigésimocuarto *(34th).* El primero fue en 1957.
2. Sí.
3. No. Una emisora de habla inglesa fue contratada para televisar el desfile y dos emisoras de habla española lo televisaron en vivo.
4. No. Tito Puente fue el Gran Mariscal pero él es un músico conocido como "el Rey de la Salsa".
5. Sí.
6. No. Se calculaba que más de un millón asistiría en 1991.

B. Hablemos de la lectura. pág. 52
1. Las respuestas van a variar. Quizás mencionen que se debe al enfoque en la cultura puertorriqueña combinado con el hecho de que más de un millón de personas participan.
2. Las respuestas van a variar. Es probable que digan que es en Nueva York porque la mayoría de la población hispana de esa ciudad es de origen puertorriqueño. Es obvio que un

porcentaje significativo de puertorriqueños viven en Nueva York si un millón asiste al desfile.

3. Las respuestas van a variar. Tal vez digan que los puertorriqueños en EE.UU. siguen identificándose con la isla y por eso no quieren favorecer ni a un grupo ni al otro. Los tratan como iguales.

4. Las respuestas van a variar. Es probable que digan que los artistas puertorriqueños son bien conocidos por su pueblo y que la televisión, el cine y la radio tienen una tremenda influencia en la vida diaria de los puertorriqueños.

Ventana al Mundo 21 pág. 53

1. Está en la Quinta Avenida en Nueva York.
2. Este museo se dedica a promover el arte y la cultura de la comunidad puertorriqueña de Nueva York.
3. Tiene más de 10.000 objetos. Incluye arte precolombino y tradicional, y pinturas, esculturas, dibujos, grabados y fotografías de artistas puertorriqueños y otros latinoamericanos.
4. Frank Espada es un reconocido fotógrafo puertorriqueño.
5. Esa exhibición trató de la vida diaria de los puertorriqueños en EE.UU.

Escribamos ahora

A. A generar ideas: la descripción pág. 56
1. Punto de vista.
   a. El narrador es un sobrino de Víctor y Francisquita. Cuenta la historia desde su punto de vista.
   b. Las respuestas van a variar. Sin duda incluirán: sereno, callado, serio, sonrisa, risa, amabilidad, peleas, borracheras, ombligo, hondo y violento, resentimiento.
   c. *Las respuestas van a variar.*

Manual de gramática

1.3 Verbos con cambios en la raíz

A. Un gringo listo. pág. G21
1. pide	5. almuerza
2. Consigue	6. duerme
3. comienza	7. Adquiere
4. Se siente	8. atiende

B. Almas gemelas. pág. G22
1. Yo también río cuando cuento chistes.
2. Yo tampoco miento nunca.
3. Yo también juego al básquetbol por las tardes.
4. Yo también elijo cursos interesantes.

5. Yo tampoco huelo las rosas porque siento comezón en la nariz.
6. Yo también consigo buenos trabajos durante el verano.
7. Yo también duermo hasta tarde los domingos.
8. Yo tampoco resuelvo muy rápidamente los problemas matemáticos.

C. Obra teatral. pág. G22
1. Comienza a las siete de la noche.
2. Sí, se divierte muchísimo.
3. Sí, la entienden completamente.
4. No, no se duermen.
5. Sí, se ríen bastante.
6. Sí, vuelven a verla varias veces.
7. Sí, la recomiendo sin reserva.

1.4 Verbos con cambios ortográficos y verbos irregulares

A. Retrato de un puertorriqueño. pág. G25
1. Soy	6. mantengo
2. tengo	7. conozco
3. Vivo	8. salgo
4. voy	9. distraigo
5. está	

B. Somos individualistas. pág. G25
1. Traduzco del español al francés.
2. Sé hablar portugués.
3. Construyo barcos en miniatura.
4. Doy lecciones de guitarra.
5. Distingo el acento de los cubanos y de los puertorriqueños.
6. Conduzco un Toyota de 1985.
7. Compongo canciones de amor.
8. Satisfago a mis profesores en mis clases.
9. Reconozco de dónde son muchas personas por su modo de hablar.
10. Convenzo a mis compañeros en nuestros debates.

C. Club Latino. pág. G25
1. Sí, soy miembro.
2. Yo lo dirijo.
3. Tiene cerca de cuarenta.
4. No, no nos reunimos todas las semanas, sino todos los meses.
5. Sí, atraemos a muchos.
6. Sí, traemos a dos o tres cada año.
7. Las anunciamos en el periódico universitario.
8. Proponemos un mejor conocimiento de la cultura hispana.

Unidad 1, Lección 3

Gente del Mundo 21

Personalidades del Mundo 21
pág. 59

1. ...uno de los mejores escritores de su generación.
2. ...Congreso de EE.UU.
3. ...la base de sus fuerzas.
4. ...una película basada en una novela de Óscar Hijuelos.
5. ...telelocutora y técnica.

Del pasado al presente

¡A ver si comprendiste!
pág. 63

1. Años 60/70
1. 260.000 refugiados
2. profesionales
3. de clase media
4. se adaptaron con más facilidad

Ambos 60/70 y 80
1. se oponían al gobierno comunista
2. recibieron apoyo de cubanos ya establecidos en Miami

Años 80
1. 125.000 refugiados
2. la mayoría era de clases menos acomodadas
3. se han ido adaptando lentamente

2. Tal vez mencionen que el éxito se debe a que los primeros refugiados eran profesionales que pudieron seguir practicando sus profesiones en EE.UU. Pronto establecieron una comunidad cubana en Miami y ésa ha seguido creciendo con la continua expansión de negocios hispanos.

3. El gobierno federal de EE.UU. ayudó mucho para facilitar la adaptación de los refugiados cubanos. Proveyó vivienda temporal y buenos incentivos para encontrar trabajo. El gobierno ha resistido mucho más a aceptar a refugiados de Haití, El Salvador, Nicaragua y Guatemala. Los que han sido aceptados no han encontrado ayuda fácilmente ni incentivos para encontrar trabajo. No cabe duda de que EE.UU. ha cambiado de opinión acerca de los refugiados y está tratando de limitar mucho más el número de refugiados que acepta. Esto se debe en gran parte a problemas económicos y de desempleo que el país está teniendo.

Escenario

¡A ver si comprendiste!
pág. 67

1. A dos millones.
2. Con Oprah Winfrey o Sally Jessy Raphael.

3. Opina que es una mujer inteligente que usa el lenguaje de la gente.
4. Ganan más de cinco millones de dólares al año; las respuestas van a variar.
5. *Las respuestas van a variar.*
6. *Las respuestas van a variar.*

Y ahora, ¡veámoslo!

¡A ver cuánto aprendiste!

A. Dime si entendiste.
pág. 68

1. En Miami, Florida.
2. Es un programa de entrevistas. Invita a artistas y a personas famosas y no tan famosas.
3. Chicano. Las respuestas van a variar.
4. En la playa.

B. ¿Y qué dices tú?
pág. 69

1. Los panelistas, el público y la audiencia; las respuestas van a variar.
2. *Las respuestas van a variar.*
3. *Las respuestas van a variar.*
4. *Las respuestas van a variar.*

Escribamos ahora

C. A revisar.
pág. 70

1. personas más pintorescas
2. una aventura
3. pelo rojo
4. ustedes, muchachos
5. robusta, pero no gorda
6. faldas y suéteres ajustados

Manual de gramática

1.5 Adjetivos y pronombres demostrativos

A. Decisiones, decisiones.
pág. G27

1. Quiero ésas. o Quiero aquéllas.
2. Me voy a llevar aquéllos. o Me voy a llevar éstos.
3. Voy a comprar éstos. o Voy a comprar ésos.
4. Prefiero ésos. o Prefiero aquéllos.
5. Dame éstos. o Dame ésos.

B. Sin opinión.
pág. G28

1. Eso es controvertido. No sé mucho de eso.
2. Eso es discutible. No comprendo mucho de eso.
3. Eso es complejo. No estoy informado(a) de eso.
4. Eso es difícil. No entiendo nada de eso.
5. Eso es problemático. No tengo opinión acerca de eso.

1.6 Comparativos y superlativos

A. Dos estados del suroeste. pág. G31
1. Arizona es más grande.
2. Arizona tiene más habitantes.
3. Hay menos hispanos en Colorado.
4. Ganan menos en Arizona.
5. No. Gastan tanto en Colorado como en Arizona.

B. Hispanos en Estados Unidos. pág. G31
1. Los chicanos son más numerosos.
2. Los cubanos tienen la menor población.
3. Los cubanos tienen más personas con educación universitaria.
4. Los cubanos tienen el porcentaje más alto de personas que terminan la educación secundaria.
5. Los chicanos tienen menor escolaridad.
6. Los cubanos son más activos en los negocios.
7. Los puertorriqueños tienen menos negocios que los otros.

C. Disciplinas. pág. G31
1. Para mí la antropología es más interesante que las ciencias políticas.
2. Para mí la química es tan complicada como la física.
3. Para mí la historia es menos aburrida que la geografía.
4. Para mí la literatura inglesa es más fácil que la filosofía.
5. Para mí la psicología es tan fascinante como la sociología.
6. Para mí el español es menos difícil que el alemán.
7. Para mí la biología es más entretenida que la informática.

Unidad 2, Lección 1

Del pasado al presente

¡A ver si comprendiste! pág. 79
1. Los celtas, fenicios y griegos.
2. Seis siglos. Los romanos impusieron su lengua, cultura y gobierno. Construyeron grandes ciudades, carreteras, puentes y acueductos.
3. Procedentes del norte de África, invadieron en 711 y estuvieron allí hasta 1492.
4. En Córdoba. Ésta se convirtió en uno de los grandes centros intelectuales de la cultura islámica.
5. Empezó en 718 y tomó casi ochocientos años. Terminó en 1492.

6. Son los judíos españoles que salieron de España en 1492. Se fueron a comunidades por todo el Mediterráneo.
7. Los musulmanes mantuvieron una tolerancia étnica y religiosa hacia los cristianos, quienes adoptaron muchas de las costumbres de la vida diaria —la comida, música, arquitectura, agricultura, lengua, etc.
8. En 1492 los Reyes Católicos lograron la unidad política y territorial de la península; expulsaron a los judíos que rehusaban convertirse al cristianismo; y extendieron las fronteras del imperio hasta el Nuevo Mundo.
9. Su imperio se extendía desde Europa hasta el Nuevo Mundo: incluía parte de los Países Bajos; del norte de África, de Alemania, Italia, Austria, Francia y, por supuesto, España.
10. Las respuestas van a variar. En parte, se debe al gran costo de las guerras contra el protestantismo y a la salida de los judíos —los verdaderos negociantes y la clase intelectual de España—. El resultado de esto fue una inflación que causó el colapso de al economía y, a la vez, del poderío del gobierno español.

Y ahora, ¡a leer!

Anticipando a la lectura

A. ¿Idealista o realista? pág. 81
   Las respuestas van a variar.

B. ¡La imaginación! pág. 81
   Las respuestas van a variar.

C. Vocabulario en contexto. pág. 82
1. b. matarlos
2. a. señor noble
3. c. su burro
4. a. la colisión
5. a. vete
6. b. a los consejos
7. c. cambiado
8. b. la hostilidad

Lectura

¿Comprendiste la lectura?

A. ¿Sí o no? pág. 87
1. No. Es un escritor español conocido principalmente por su novela. *El ingenioso hidalgo don Quijote de la Mancha.*
2. No. No se publicó hasta diez años después, en 1615.
3. Sí.
4. No. Al contrario, Sancho es muy realista.
5. Sí.

6. Sí.

7. No. Sancho montaba un asno.

8. Sí.

9. No. Decidieron seguir el camino del Puerto Lápice.

B. Hablemos de la lectura. pág. 87

1. Porque pensó que las aspas de los molinos eran brazos largos.

2. Piensa hacerles batalla y matarlos.

3. Con una lanza, montado en su caballo Rocinante.

4. En su señora Dulcinea.

5. La aspa hizo pedazos la lanza e hizo caer a don Quijote y a Rocinante.

6. Dijo que el mago Frestón fue el responsable, por convertir a los gigantes en molinos.

7. Don Quijote usa su imaginación, Sancho ve la realidad tal como es.

Manual de gramática

2.1 Pretérito: Verbos regulares

A. Lectura. pág. G33

1. llegué	**8.** escuchó
2. busqué	**9.** corrió
3. Comencé	**10.** atacó
4. Leí	**11.** cayó
5. creyó	**12.** agitó
6. vio	**13.** Reí
7. trató	**14.** causó

B. Hacer la tarea de nuevo. pág. G34

1. pasaron

2. se instalaron

3. llegaron

4. fundaron

5. comenzó

6. gobernaron

7. dieron

8. construyeron

9. establecieron

10. contribuyeron

C. Semestre en Sevilla. pág. G34

1. Llegué en septiembre.

2. Viví con una familia.

3. Comencé el lunes 15 de septiembre.

4. Estudié la literatura medieval y la historia de España.

5. Sí, conocí a varios.

6. Sí, me gustó muchísimo.

7. Sí, visité Granada, Córdoba y Madrid.

8. Sí, influyó bastante.

2.2 Pronombres de objeto directo e indirecto y la a personal

A. Ausente. pág. G37

1. El profesor nos entregó el último examen.

2. Dos estudiantes nos mostraron fotos de Córdoba.

3. El profesor nos explicó la importancia de la cultura árabe en España.

4. Rubén le contó a la clase su visita a Granada.

5. Unos estudiantes le hablaron a la clase de la arquitectura árabe.

B. Estudios. pág. G37

1. Sí, me interesan esas clases. o No, no me interesan, me aburren.

2. Sí, me parecen importantes. o No, no me parecen importantes, me parecen innecesarias.

3. Sí, me es difícil memorizar. o No, no me es difícil, me es fácil.

4. Sí, siempre me falta tiempo. o No, no me falta tiempo, me sobra.

5. Sí, me cuesta mucho. o No, no me cuesta mucho, me es fácil.

C. Trabajo de jornada parcial. pág. G37

1. Sí, se las pidieron.

2. Sí, le sirvieron mucho.

3. Sí, se lo dieron.

4. Se lo dieron el jueves.

5. Le van a pagar ocho dólares.

6. No, no lo conoce.

7. Porque le fascinan las leyes.

D. Expulsión de los judíos. pág. G37

1. Fernando e Isabel son los reyes católicos que gobiernan el país.

2. En general la gente admira y respeta a los Reyes.

3. Por razones de intolerancia religiosa, algunos no quieren a los judíos.

4. Los Reyes firman un edicto el 31 de marzo de 1492.

5. El edicto expulsa de España a todos los judíos.

6. Los judíos abandonan su patria y se dispersan por el Mediterráneo.

Unidad 2, Lección 2

Del pasado al presente

¡A ver si comprendiste! pág. 98–99

1. El Siglo de Oro.

2. Las respuestas van a variar: escritores —Santa Teresa de Jesús, Fray Luis de León, San Juan de la Cruz, Lope de Vega, Tirso de Molina, Pedro Calderón de la Barca, Francisco de Quevedo,

Miguel de Cervantes—; artistas— El Greco, Diego de Velázquez, Bartolomé Murillo.

3. Francisco de Goya.
4. Menos de dos años, veintidós meses.
5. Cuba, Puerto Rico, Guam y las Filipinas.
6. Un grupo de escritores y pensadores preocupados por la esencia nacional de España la formaron. Incluyó a Unamuno y Machado.
7. Los republicanos apoyados por la Unión Soviética y los nacionalistas bajo la dirección del general Franco con el apoyo de Alemania e Italia.
8. Francisco Franco. Él monopolizó la vida política y social del país. Prohibió todos los partidos políticos y estableció la censura con una estricta Guardia Civil.
9. Juan Carlos de Borbón. Introdujo la democracia. Se aprobó una nueva constitución, dándoles autonomía a las varias regiones de España.
10. Las respuestas van a variar. El país se desarrolló económicamente y apareció una gran clase media. También la sociedad se democratizó.

Ventana al Mundo 21 ` pág. 99 `

Las respuestas van a variar.

Y ahora, ¡a leer!

Anticipando la lectura

C. Vocabulario en contexto. ` pág. 101 `
1. b. denunciaba
2. c. creación
3. c. apropiado
4. c. costos
5. a. trató de
6. b. cierta
7. c. ilustraciones
8. b. obra

Lectura

¿Comprendiste la lectura?

A. ¿Sí o no? ` pág. 106 `
1. Sí.
2. Sí.
3. No. Hizo aproximadamente sesenta bocetos.
4. Sí.
5. Sí.
6. No. En 1968 Franco trató de recobrar el *Guernica* y usarlo como propaganda.
7. No. Dijo que regresaría a España cuando se establecieran en el país las libertades públicas.

B. Hablemos de la lectura. ` pág. 106 `
1. Las respuestas van a variar. Fue un gran artista español que es considerado uno de los creadores del cubismo.

2. Hace referencia al bombardeo aéreo del pueblo más antiguo de los vascos por la aviación alemana.
3. La manifestación fue en protesta al bombardeo de Guernica.
4. Picasso terminó el *Guernica* en dos meses aproximadamente, del 11 de mayo al 12 de julio.
5. Viajó por Noruega, Dinamarca, Suecia, Inglaterra, Francia y Estados Unidos.
6. Picasso dijo que el *Guernica* no iría a España hasta que volviera la República al país.
7. Es un centro de arte o museo donde se exhibe permanentemente el *Guernica*.
8. *Las respuestas van a variar.*
9. *Las respuestas van a variar.*

Ventana al Mundo 21 ` pág. 108 `

1. Fue fundada por los fenicios. Su localización como puerto explica su importancia.
2. El catalán es la lengua de Barcelona. Ha habido un florecimiento de esta lengua desde la muerte de Franco.
3. En 1992.
4. Fue el arquitecto que diseñó el Parque Güell y el Templo de la Sagrada Familia. Vivió de 1852 a 1926. Por su estilo, ha llegado a ser el símbolo de Barcelona.

Escribamos ahora

A. A generar ideas: descripción imaginativa ` pág. 110 `
1. Lo que ve don Quijote:
   1. bultos
   2. encantadores
   3. ladrones
   4. princesa

   Lo que es en realidad
   1. frailes
   2. de la orden de San Benito
   3. viajeros
   4. gente pasajera

2. **Recoger información.**
   Las respuestas van a variar.

Manual de gramática

▶ **2.3** *Pretérito: Verbos con cambios en la raíz y verbos irregulares*

A. Mala noche. ` pág. G40 `
1. Durmió
2. Durmió
3. Se despertó

4. Se vistió
5. Prefirió
6. Pidió
7. se sintió
8. pidió
9. Se despidió

B. Fecha clave. pág. G40

1. fueron
2. terminó
3. duró
4. fue
5. se repartió
6. olvidó
7. perdió
8. salió
9. llegó
10. se incorporó
11. aumentó

C. Museo interesante. pág. G40

1. dijeron
2. propuse
3. pude
4. tuve
5. fui
6. hice
7. fue
8. Vi
9. Supe
10. Quise
11. pude
12. traje

D. Lucha entre hermanos. pág. G40

1. fue
2. Comenzó
3. concluyó
4. empezaron
5. obtuvieron
6. abandonó
7. se proclamó
8. se rebeló
9. se inició
10. opuso
11. vencieron
12. se convirtió
13. Gobernó

2.4 *Gustar* y construcciones semejantes

A. Gustos. pág. G42

1. A mí me fascinan los bailes folklóricos españoles.
2. A mí me agrada leer acerca de la civilización romana.
3. A mí me gusta ir a fiestas con mis amigos.
4. A mí me interesa la fotografía.
5. A mí me encantan las películas de amor.

B. Cine español. pág. G42

1. A algunos les encantan las películas de Pedro Almodóvar.
2. A otros les ofende Almodóvar.
3. A los norteamericanos les agrada el cine de Almodóvar.
4. A mí me disgustan algunas películas de Buñuel.
5. A mucha gente le encantan los temas gitanos de Carlos Saura.

C. Picasso y el *Guernica*. pág. G42

1. Sí, le dolió mucho.
2. Sí, por supuesto, le indignó enormemente.
3. Le tomó un poco más de un mes.
4. Sí, y todavía le gusta.
5. Me agradan los cuadros del período azul.

Unidad 2, Lección 3

Luz, cámara, acción

Antes de empezar el video pág. 112

1, 3, 7, 8, 10

Escenario

¡A ver si comprendiste! pág. 113

1. *Pepi, Luci, Beni y otras chicas del montón.*
2. *Mujeres al borde de un ataque de nervios* fue nominada como la mejor película en lengua extranjera. *Todo sobre mi madre* fue nominada y ganó en la misma categoría.
3. Las respuestas van a variar. Son tragedias y comedias a la vez. Son como un espejo en que se refleja la sociedad española contemporánea.
4. *Las respuestas van a variar.*

Y ahora, ¡veámoslo!

A ver cuánto comprendiste...

A. Dime si entendiste. pág. 115

1. Un melodrama.
2. Llorar.
3. Porque vemos que otra persona la canta.
4. En la cárcel.
5. Cerca de dos años.

B. ¿Y qué dices tú? pág. 115

1. Victoria Abril y Marisa Paredes; porque el equipo entero dejó lo que estaba haciendo para mirar.
2. Que es un director de los más exigentes.
3. *Las respuestas van a variar.*
4. *Las respuestas van a variar.*
5. *Las respuestas van a variar.*

Escribamos ahora

C. Segunda revisión. pág. 116

Pretérito: Cuando don Quijote **vio** los molinos de viento **se imaginó** unos gigantes. Su escudero Sancho Panza le **explicó** que no, pero don Quijote **rehusó** a creerlo. **Decidió** atacar los molinos y **acabó** por lastimarse, tanto él como su caballo Rocinante. Sancho Panza **tuvo** que ayudarlos.

Imperfecto: Don Quijote **creía** que Dulcinea **era** un doncella, una mujer pura y hermosa. Él la **amaba** pero su amor por ella **era** muy especial. **Sentía** gran respeto por Dulcinea y siempre **hablaba** de ella en términos muy exagerados, muy elevados. En realidad, ella no **era** nada especial. **Trabajaba** en una taberna y no **quería** aceptar lo que don Quijote **decía**. Pero esto no le **importaba** a don Quijote. Él **seguía** pensando que Dulcinea **era** la mujer ideal.

Manual de gramática

2.5 Imperfecto

A. Periodista. pág. G44
1. estaba
2. Vivía
3. marché
4. Éramos
5. apoyábamos
6. Caminábamos
7. Cantábamos
8. gritábamos
9. protestábamos
10. hacía

B. Un barrio de Madrid. pág. G44
1. vivía
2. veía
3. era
4. estallaban
5. era

C. Al teléfono. pág. G45
Las respuestas pueden variar.
1. Mi hermanita escuchaba música en su alcoba.
2. Mi hermano hacía la tarea en su alcoba.
3. Papá hablaba con alguien en la puerta principal de la casa.
4. Mamá leía una revista en la sala.
5. Yo escribía una carta en la sala.
6. Mi gato dormía debajo de la mesita en la sala.

D. Un semestre como los otros. pág. G45
1. Ponía mucha atención en la clase de español.
2. Asistía a muchos partidos de básquetbol.
3. Iba a dos clases los martes y jueves.
4. Leía en la biblioteca.
5. No tenía tiempo para almorzar a veces.
6. Trabajaba los fines de semana.
7. Estaba ocupado(a) todo el tiempo.

2.6 El infinitivo

A. Valores. pág. G47
1. Es esencial respetar a los amigos.
2. Es necesario seguir sus ideas.
3. Es indispensable tener una profesión.
4. Es fundamental luchar por sus ideales.
5. Es bueno saber divertirse.

B. Letreros. pág. G47
1. No hacer ruido.
2. Guardar silencio.
3. No tocar los muebles.
4. No fumar.
5. No sacar fotografías en la sala.

C. Opiniones. pág. G47
1. Los pueblos necesitan entenderse mejor.
2. El fanatismo ayuda a prolongar las guerras.
3. Todo el mundo desea evitar las guerras.
4. La gente sueña con vivir en un mundo sin guerras.
5. Los diplomáticos tratan de resolver los conflictos.
6. Los fanáticos insisten en imponer un nuevo sistema político.
7. La gente aprende a convivir en situaciones difíciles durante la guerra.

D. Robo. pág. G47
Las respuestas pueden variar.
1. Al entrar en el banco, vi a dos hombres con máscaras.
2. Escuché unos ruidos extraños al entrar en el banco.
3. Al entrar en el banco, oí a alguien que gritaba: "¡Quietos todos!"
4. Noté a un hombre que corría hacia la salida al salir del banco.
5. Al salir del banco reconocí el vehículo en que los hombres huían.

Unidad 3, Lección 1

Gente del Mundo 21

Personalidades del Mundo 21 pág. 121
1. Elena Poniatowska
2. Octavio Paz
3. Luis Miguel
4. Lucero Hogaza de Mijares
5. Elena Poniatowska

Del pasado al presente

¡A ver si comprendiste! pág. 126–127
1. Son personas con una mezcla de sangre indígena y sangre española. El autor dice eso porque actualmente la mayoría de los mexicanos tienen sangre indígena y sangre española.
2. Hace más de 3.000 años, la cultura olmeca floreció en la costa en los estados de Tabasco y Veracruz.
3. Tenochtitlán

4. Quetzalcóatl era un dios de la mitología mesoamericana. El mito decía que este dios se había ido al oriente y que había prometido regresar algún día. Hernán Cortés utilizó el mito, dejando pensar a los indígenas que él era Quetzalcóatl. De este modo los indígenas le tenían miedo y no se atrevían a atacarlo.

5. Virreinato de la Nueva España.

6. No. Fue un período de insurrecciones, golpes de estado y luchas armadas entre políticos. En 1836, México les concedió la independencia a los colonos anglosajones de Texas. En 1848, México le cedió la mitad de su territorio a EE.UU.

7. Benito Juárez.

8. Porfirio Díaz. Las respuestas van a variar. Durante su gobierno hubo cierto desarrollo económico. Pero también muchos campesinos perdieron sus tierras.

9. Las respuestas van a variar. Se revaloraron las raíces culturales auténticamente mexicanas. Muchos artistas y escritores celebraron en sus obras la herencia mestiza de México.

10. Las respuestas van a variar. Es probable que digan que hay contrastes entre las culturas indígenas y la cultura española, entre los pueblos pequeños y las ciudades modernas, entre pobres y ricos, entre períodos de estabilidad y períodos de guerra, etc.

Ventana al Mundo 21 pág. 127

Orden correcto: 3, 4, 2, 5, 1

Y ahora, ¡a leer!

Anticipando la lectura

C. Vocabulario en contexto. pág. 129
1. b. no tener los dedos limpios
2. b. era
3. a. el precio
4. c. informarme
5. c. una marca negra
6. b. me limpié
7. a. hacer
8. a. piso

Lectura

¿Comprendiste la lectura?

A. ¿Sí o no? pág. 131
1. No. Hace referencia a las horas en que no se tiene que trabajar.
2. No. Lo compró en un quiosco o en una tienda.
3. Sí.
4. No. Llamó primero al doctor, luego a las oficinas del periódico.

5. Sí.
6. No. La esposa no lo reconoció. Pensó que era sólo un diario.

B. Hablemos de la lectura. pág. 131
1. Nació y ha vivido toda su vida en la Ciudad de México. La realidad urbana es parte de muchos de los cuentos de Guillermo Samperio.
2. Las respuestas van a variar. Es probable que digan que el título se refiere a lo que muchas personas hacen en su tiempo libre.
3. El periódico acaba por consumir al protagonista y convertirse en el protagonista.
4. Pensó que tenía los dedos manchados como de costumbre cuando leía el periódico.
5. Las respuestas van a variar. Llamó al médico porque creía que estaba enfermo. Llamó a las oficinas del periódico para protestar. El médico le dijo que necesitba descansar, tal vez unas vacaciones. En las oficinas del periódico lo insultaron, tratándolo de loco.
6. Corrió hacia la puerta porque quería salir; estaba asustado.
7. Levantó el periódico (a su esposo) y se sentó a leerlo.
8. Se convirtió en un periódico.
9. Las respuestas van a variar. Este cuento es muy similar a una pesadilla, ya que algo terrible, inesperado sucede. Está lleno de fantasía porque lo que le ocurre al protagonista no puede ocurrir en la realidad, es fantasía.
10. Las respuestas van a variar. Tal vez digan que el mensaje es que es peligroso pasar demasiado tiempo leyendo el periódico.

Cultura en vivo

¿Son buenos arqueólogos? pág. 135
1. *Tonatiuh* se encuentra en el centro de la Piedra del Sol.
2. El círculo de los veinte días es el círculo de veinte símbolos distintos.
3. Si se enumeran los símbolos de uno a veinte comenzando a contar en el centro de la parte superior, y bajando por la izquierda, el águila es quince, el jaguar es catorce, la lagartija es cuatro, el venado es siete y la flor es veinte.
4. *Ehécatl*—viento
   Océlotl—jaguar
   Quiáhuitl—lluvia
   Atl—agua
5. Aparece en las cuatro direcciones y en el círculo de los veinte días.
6. Las serpientes forman el círculo exterior de la Piedra del Sol. Los cuates están en el círculo exterior, en el centro en la parte inferior.

Manual de gramática

3.1 Pretérito e imperfecto: Acciones acabadas y que sirven de trasfondo

A. De viaje. pág. G49
1. Estaba inquieto(a).
2. Me sentía un poco nervioso(a).
3. Caminaba de un lado para otro en el aeropuerto.
4. Quería estar ya en la Ciudad de México.
5. No podía creer que salía ya hacia México.
6. Esperaba poder usar mi español.
7. Tenía miedo de olvidar mi cámara.

B. Sumario. pág. G49
1. Pasé por la aduana.
2. Llamé un taxi para ir al hotel.
3. Decidí no deshacer las maletas todavía.
4. Salí a dar un paseo por la Zona Rosa.
5. Me sentí muy cansado(a) después de una hora.
6. Regresé al hotel.
7. Dormí hasta el día siguiente.

C. Mito. pág. G49

1. buscaban	6. movía
2. pasaban	7. decidieron
3. vieron	8. era
4. había	9. fundaron
5. Tenía	

D. México colonial. pág. G49

1. duró	6. había
2. comenzó	7. enviaba
3. terminó	8. terminaron
4. formaba	9. declararon
5. era	

3.2 Adjetivos y pronombres posesivos

A. ¿El peor? pág. G51
1. Su sillón está cubierto de manchas.
2. Mis calcetines están por todas partes.
3. Sus pantalones aparecen en la cocina.
4. Mi álbum de fotografías está sobre su cama.
5. Sus zapatos aparecen al lado de los míos.

B. Gustos diferentes. pág. G51
1. La mía es Guadalajara.
2. El suyo es la Colonia.
3. El mío es Carlos Fuentes.
4. La suya es Elena Poniatowska.
5. El mío es Guaymas.

C. Comparaciones. pág. G52
Las respuestas pueden variar.
1. Nuestra lengua es diferente a la tuya.
2. Nuestros gestos son diferentes a los tuyos.
3. Nuestro modo de caminar es diferente al tuyo.
4. Nuestra manera de escribir el número siete es diferente a la tuya.
5. Nuestro uso del cuchillo y del tenedor es diferente al tuyo.

Unidad 3, Lección 2

Del pasado al presente

¡A ver si comprendiste! pág. 142–143
1. Los mayas tenían un sistema de escritura, conocían el concepto del cero, eran excelentes arquitectos, matemáticos y astrónomos.
2. Recientes investigaciones indican que ellos se peleaban entre sí y que probablemente ellos mismos fueron responsables por su destrucción.
3. El Salvador, Honduras, Nicaragua y Costa Rica surgieron de las Provincias Unidas de Centroamérica en 1838.
4. Juan José Arévalo promulgó una nueva constitución que resultó en la organización de los trabajadores y los campesinos.
5. La compañía *United Fruit* se opuso al presidente Jacobo Arbenz porque éste quería darles tierras de la compañía a los campesinos.
6. Carlos Castillo Armas dirigió la rebelión militar de 1954. No resolvió ningún problema.
7. Los gobiernos entre los años 1960 y 1980 no respetaban los derechos humanos.
8. Serrano Elías renunció a la presidencia después que intentó suspender la constitución. El nombramiento de Portillo Cabrera en 2000 ha sido bien recibido por los sectores democráticos.

Ventana al Mundo 21 pág. 143
1. Quiché quiere decir "bosque" que en náhuatl es *cuauhtlamallan* de donde viene "Guatemala".
2. El original fue transcrito en alfabeto latino.
3. El sacerdote español Fray Francisco Ximénez fue el primero que copió el texto y lo tradujo. El original se perdió.
4. La primera describe la creación y el origen del hombre, la segunda las aventuras de dos jóvenes héroes y la tercera la historia de los pueblos indígenas.
5. Las respuestas van a variar. El maíz es el alimento básico de la cultura maya.

Y ahora, ¡a leer!

Anticipando la lectura

B. Vocabulario en contexto. pág. 144
1. a. se transformó
2. c. se escondió

3. b. compromete
4. b. de muchos lenguajes

Lectura

¿Comprendiste la lectura?

A. ¿Sí o no? pág. 148

1. No. Es una indígena maya-quiché pero nació en la aldea de Chimel.
2. No. Trabajó de joven en el campo.
3. No. Se exilió en México a mediados de 1980.
4. Sí.
5. No. Ella cree que tenemos que trabajar más.

B. Hablemos de la lectura pág. 148

1. Las respuestas van a variar. Pueden decir que es importante porque ella es representativa de la mayoría de los habitantes de Guatemala.
2. Fue muy difícil. Durante las cosechas, ella tenía que trabajar en el campo.
3. Las respuestas van a variar. Pueden decir que padeció la injusticia, la miseria y las formas de represión de los indígenas y siguió adelante trabajando para la justicia.
4. Ella ha observado avances en cuanto a los beneficios económicos para pequeños grupos.
5. Interculturalidad significa la mezcla de todas las culturas. Menchú espera que la interculturalidad debe ser el motor que guíe las relaciones entre pueblos y culturas para ayudar en el desarrollo de los pueblos.
6. Ella cree que hay más posibilidades para hacer cambios, pero que todavía hay que trabajar.
7. Ella cree que todavía tenemos que trabajar en las relaciones entre grupos, en la interculturalidad que es la base de todo lo necesario para la paz.
8., 9., 10.   *Las respuestas van a variar.*

Palabras como clave pág. 149

1. *Las respuestas van a variar.*
2. Un hecho verdadero.
3. Sí.
4. No. **Real** quiere decir verdadero, **actual** significa en el tiempo presente.

Escribamos ahora

A. A generar ideas: el contraste y la analogía pág. 152

1. Diferencias y semejanzas.
   a. analogía
   b. contraste
   c. contraste
   d. analogía

Manual de gramática

3.3 Expresiones indefinidas y negativas

A. ¿Cuánto sabes? pág. G54

Las respuestas pueden variar.

1. Nunca he leído acerca de las matemáticas mayas. o Sí, leí acerca de las matemáticas mayas el año pasado.
2. No conozco ninguna lengua indígena guatemalteca. o Sí, conozco algunas lenguas indígenas guatemaltecas.
3. No he estudiado nada acerca de la astronomía maya. o Sí, estudié la astronomía maya el año pasado.
4. No he leído nada de Miguel Ángel Asturias. o Sí, leí una novela de Asturias este año.
5. No he leído ningún cuento guatemalteco. o Sí, leí un cuento guatemalteco el año pasado.
6. No entiendo nada de la política actual de Guatemala. o Sí, entiendo un poco de la política actual de Guatemala.
7. No sé nada de la reforma agraria en Guatemala. o Sí, sé un poco de la reforma agraria en Guatemala.
8. Nunca he visitado ninguna ruina maya. o Sí, visité unas ruinas mayas hace dos años.
9. No he estado nunca en Escuintla ni en Quetzaltenango. o Sí, visité Escuintla/Quetzaltenango el año pasado.

B. Opiniones opuestas. pág. G54

1. Nunca se va a encontrar solución a un conflicto.
2. Un gobernante no debe consultar con nadie.
3. La economía no ha mejorado nada.
4. El gobierno no debe conversar con ningún grupo político.
5. No ha habido ningún avance en la lucha contra el narcotráfico.

3.4 Pretérito e imperfecto: Acciones simultáneas y recurrentes

A. Último día. pág. G56

1. Fui a muchas tiendas de artesanías.
2. Compré regalos para mi familia y mis amigos.
3. Tomé mucho tiempo en encontrar algo apropiado.
4. Pasé tres horas en total haciendo compras.
5. Regresé al hotel.
6. Hice las maletas rápidamente.
7. Llamé un taxi.
8. Fui al aeropuerto.

B. Verano guatemalteco. pág. G56

1. Vivíamos con una familia guatemalteca.
2. Regresábamos a casa a almorzar.

3. Por las tardes, paseábamos por la ciudad.
4. A veces íbamos de compras.
5. De vez en cuando cenábamos en restaurantes típicos.
6. Algunas noches íbamos a bailar a alguna discoteca.
7. Salíamos de excursión los fines de semana.

C. Arte mural. pág. G56

1. sabía	4. dijo	7. pude	10. Supe
2. aprendí	5. había	8. Vi	
3. hice	6. quise	9. contaban	

D. Sábado. pág. G57

El uso de **cuando** *y* **mientras** *puede variar.*

1. Mientras miraba un partido de básquetbol en la televisión, llamó por teléfono mi abuela.
2. Mientras preparaba un informe sobre el Premio Nóbel, llegaron unos amigos a visitarme.
3. Cuando escuchaba mi grupo favorito de rock, me pidieron los vecinos que bajara el volumen.
4. Cuando andaba de compras en el supermercado, me encontré con unos amigos.
5. Cuando caminaba por la calle, vi un choque entre una motocicleta y un automóvil.
6. Mientras estaba en casa de unos tíos, vi unas fotografías de cuando yo era niño(a).
7. Mientras tomaba refrescos en un café, presencié una discusión entre dos novios.

Unidad 3, Lección 3

Luz, cámara, acción

¡A ver si comprendiste! pág. 157

1. Los aztecas.
2. Significa "la Ciudad de los Dioses."
3. Está a unas treinta millas de la Ciudad de México.
4. Se cree que fue un centro religioso por la multitud de templos y pirámides que hay allí.
5. Se cree que tenía 150.000 habitantes.
6. No se sabe definitivamente, pero parece que la ciudad fue destruida desde el interior. Tal vez fue una lucha de facciones dentro de la ciudad.
7. *Las respuestas van a variar.*
8. *Las respuestas van a variar.*

Y ahora, ¡veámoslo!

A ver cuánto comprendiste...

A. Dime si entendiste. pág. 159

1. Al sol.
2. La Avenida de los Muertos.
3. Llevaba aretes en las orejas, una barra en la nariz y plumas del pájaro quetzal en la cabeza.

4. Los guerreros del Templo de la Serpiente Emplumada llevaban los collares hechos de concha.
5. Las ponían en estatuas de madera.
6. Las encontraron en los conjuntos habitacionales. Eran como muñecos de barro con un hueco donde ponían a una diosa y otras tres figuras.

B. ¿Y qué dices tú? pág. 159

1. Las respuestas van a variar. Nellie sirvió de guía a la exhibición. Conducía tours en español.
2. *Las respuestas van a variar.*
3. *Las respuestas van a variar.*
4. *Las respuestas van a variar.*

Escribamos ahora

C. Segunda revisión. pág. 161

1. Rigoberta Menchú **aprendió** español a los veinte años. **Adquirió** popularidad en Latinoamérica y Europa a principios de los años 80, con su libro autobiográfico titulado *Me llamo Rigoberta Menchú y así me nació la conciencia,* traducido actualmente a varios idiomas. Rigoberta **fue** la sexta de nueve hijos. Desde muy temprana edad y junto con su familia, **trabajó** en los cultivos de café y algodón de las plantaciones costeras. En su autobiografía **describió** la opresión que sufrieron los indígenas a manos de los terratenientes. Dos de sus hermanos **murieron** en las plantaciones: uno a consecuencia de los pesticidas y otro por desnutrición.

  A los catorce años Rigoberta **se trasladó** a la Ciudad de Guatemala para trabajar como empleada doméstica en casa de una familia rica. Aquí también **sufrió** maltratos y humillaciones.

  Los padres y un hermano de Rigoberta **fueron** brutalmente asesinados a finales de la década de los setenta, víctimas de la represión militar de su país.

Manual de gramática

3.5 *Las preposiciones* **para** *y* **por**

A. Admiración. pág. G59

1. La admiran por su obra en favor de los indígenas.
2. La admiran por su defensa de los derechos humanos.
3. La admiran por su valentía.
4. La admiran por su activismo político.
5. La admiran por su espíritu de justicia social.
6. La admiran por su lucha contra la discriminación.

B. Planes. pág. G59

1. El gobierno ha propuesto nuevos programas para mejorar la economía.
2. El gobierno ha propuesto nuevas leyes para prevenir los abusos de los derechos humanos.
3. El gobierno ha propuesto nuevas resoluciones para combatir el tráfico de drogas.
4. El gobierno ha propuesto nuevas regulaciones para proteger el medio ambiente.
5. El gobierno ha propuesto nuevas negociaciones para reconciliar a la oposición.

C. La Ciudad de los Dioses. pág. G59

1. para
2. por
3. para
4. Para
5. por
6. por / por
7. por
8. Para

D. Paseo. pág. G60

1. para
2. por
3. para
4. por
5. por
6. por
7. por
8. por
9. para
10. por
11. para
12. Para

Unidad 4, Lección 1

Gente del Mundo 21

Personalidades del Mundo 21 pág. 165

1. Nicolás Guillén
2. Driulis González
3. Carlos Acosta
4. Nicolás Guillén
5. Fidel Castro

Del pasado al presente

¡A ver si comprendiste! pág. 169

1. Los taínos y los ciboneyes eran pueblos dedicados a la agricultura y a la pesca.
2. Diego de Velázquez inició la colonización española de Cuba.
3. Había sido exterminada debido a enfermedades, el suicidio y el maltrato de los españoles.
4. Hubo una inexplicable explosión del crucero estadounidense *Maine*.
5. El 20 de mayo de 1902 se estableció la República de Cuba.
6. Fulgencio Batista tomó el poder en 1952. Fue dictador por seis años.
7. Fidel Castro.
8. La Unión Soviética retiró los misiles y EE.UU. prometió no invadir la isla.
9. Los marielitos son los emigrantes cubanos que salieron del puerto de Mariel.

10. Han abandonado la isla a causa de la falta de libertades individuales y las limitaciones económicas.

Ventana al Mundo 21 pág. 170

1. José Martí fundó el Partido Revolucionario Cubano y murió luchando por la independencia de Cuba.
2. Fue encarcelado a los dieciséis años por colaborar en algunas publicaciones clandestinas.
3. Es un examen crítico de la cultura latinoamericana.
4. Las escribió en EE.UU. donde estaba exilado.
5. Regresó a la isla cuando empezó la guerra por la independencia y murió en la Batalla de Dos Ríos en 1895.

Y ahora, ¡a leer!

Anticipando la lectura

A. Las herramientas pág. 171

1. Con una llave
2. Un serrucho
3. Un hacha
4. Con una navaja
5. Las tijeras
6. Los clavos
7. Un candado
8. Un martillo, unos clavos y un serrucho

B. El uso de herramientas. pág. 171

Las respuestas van a variar.

C. Vocabulario en contexto. pág. 172–173

1. a, b, c. *All three may be correct. Ask students to explain why they select a specific answer.*
2. b. la vida humana es muy delicada y fácilmente puede ser cortada
3. b. los dientes irregulares del serrucho ayudan a cortar
4. a. porque la cuchara se usa para dar de comer a niños y ancianos y representa la niñez y la vejez
5. c. calcula exactamente las cosas bellas
6. a. el puesto central del hombre entre todas las cosas
7. b. para estar seguros de que las herramientas no causen daño
8. c. si no sabemos usar las herramientas para beneficio de la humanidad

Lectura

¿Comprendiste la lectura?

A. ¿Sí o no? pág. 176

1. Sí.
2. Sí. *(Ask students to name all the tools.)*

3. No. Aparecen un candado, una llave, un mortero, unas tijeras, una navaja, unas gafas, una cuchara, una sierra, un serrucho, un cuchillo, una paleta, y un hacha.
4. No. Aparece una paleta de albañil.
5. Sí.
6. No. Dice que todas las herramientas del hombre tienen buenos usos y nosotros debemos aprender a usarlas.

B. Hablemos de la lectura. pág. 176

1. Vienen de la famosa imprenta de don José Severino de Boloña del siglo XIX en La Habana.
2. El hombre hizo las herramientas para establecerse bien en el mundo.
3. Las tijeras sirven para cortar muchas cosas, inclusive la vida misma del hombre.
4. La cuchara le recuerda al hombre su niñez y su vejez.
5. El hacha depende del hierro que depende del fuego que depende del fuelle. Al final, el hacha le puede cortar la cabeza al hombre.
6. La belleza puede rebosar, quebrar y deshacerle el corazón al hombre.
7. Las gafas deben usarse para mirar que se haya hecho todo lo posible para cuidar las herramientas.
8. El mortero se usa par mezclar ingredientes.
9. Debemos usarlas para hacer bien, no mal.
10. Las respuestas van a variar. Usa los grabados para ayudar a visualizar sus palabras. También los usa porque son antiguos y valiosos. Es muy efectivo.

Ventana al Mundo 21 pág. 178

1. Les ha influido el mambo y ambos han grabado "Mambo Nº 5".
2. Es reina de la salsa.
3. Cooder introdujo los sones y las baladas de los 50 y 60 nuevamente durante los 90 con la grabación *Buena Vista Social Club*.
4. Chucho es pianista del grupo Irakere quien se inspira en el *bop*. Irakere toca una fusión entre el *latin jazz* y los ritmos afrocubanas tradicionales.
5. Formell es líder de los Van-Van, grupo que toca el son y la salsa contemporánea.

Cultura en vivo

A interpretar... pág. 179

1. *Las respuestas van a variar.*
2. Se perdió. Lo dejó en el pasto y desapareció.
3. No puede reemplazarlo, pues, sólo tiene uno. Dice que no quiere reemplazarlo, aunque pudiera hacerlo.
4. Dice que tenían una amistad basada parte en amor y parte en verdad.

5. Dice que pagará de cien mil a un millón por su unicornio. Probablemente dice esto porque lo ama tanto y no cree que pueda reemplazarlo.
6. *Las respuestas van a variar.*

Manual de gramática

4.1 El participio pasado

A. Breve historia de Cuba. pág. G62

1. conocida	5. declarada
2. situada	6. pobladas
3. descubierta	7. promulgada
4. colonizada	8. dividida

B. Trabajo de investigación. pág. G62

1. Sí, están hechas.
2. Sí, está consultada.
3. No, no está empezado.
4. Todavía no están transcritas.
5. Sí, está decidido.
6. No, no está escrita.
7. No, no están devueltos.
8. Todavía no están resueltas.

4.2 Construcciones pasivas

A. ¿Qué sabes de Cuba? pág. G64

1. Fue poblada por taínos y ciboneyes.
2. Fue colonizada por Diego de Velázquez.
3. Fue cedida a EE.UU. por España en 1898.
4. Fue declarada república independiente en 1902.
5. Fue transformada enormemente por la Revolución de 1959.

B. Poeta nacional. pág. G64

1. fueron publicados
2. fue publicada
3. Fue encarcelado
4. Fue aclamado
5. fue elegido
6. Fue admirado

C. Economía cubana. pág. G65

1. Se cultivan también frutas tropicales.
2. Se explotan las maderas preciosas.
3. Sí, se extraen varios minerales como el níquel y el cobre.
4. Sí, pero se cosecha en el oeste de la isla especialmente.
5. Sí, se conoce en todo el mundo por su calidad.
6. No, se basa en la agricultura.

D. Noticias. pág. G65

1. Aconsejan ir a votar temprano en las próximas elecciones.
2. Informan acerca de nuevos avances en la medicina.
3. Pronostican que la economía va a mejorar.

4. Creen que las negociaciones entre el gobierno y los trabajadores van a tener éxito.
5. Denuncian los abusos en algunos bancos locales.

Unidad 4, Lección 2

Gente del Mundo 21

Personalidades del Mundo 21   pág. 181

1. Teodora Gines fue reconocida como la creadora del son.
2. Julia Álvarez decidió ser ecritora porque le fascinaba el uso de las palabras y tenía una pasión por la literatura.
3. Oscar de la Renta se dedica a su carrera como diseñador.
4. Joaquín Balaguer ha sido presidente siete veces.

Del pasado al presente

¡A ver si comprendiste!   pág. 185

1. El 6 de diciembre de 1492. La nombró La Española.
2. La Española es la primera colonia española de donde salieron muchas expediciones para colonizar América.
3. Francia.
4. Haití.
5. Juan Pablo Duarte es llamado el "padre de la patria" porque él liberó a la República Dominicana de Haití en 1844.
6. Buenaventura Báez y Pedro Santana dominaron el escenario político durante las primeras 3 décadas.
7. Rafael Leónidas Trujillo. Durante su dictadura se modernizó la economía del país. También cambió el nombre de la capital a Ciudad Trujillo.
8. Joaquín Balaguer.

Y ahora, ¡a leer!

Anticipando la lectura

A. ¿Quién personifica a EE.UU.?   pág. 187
Las respuestas van a variar.

B. Embajadores de buena voluntad.   pág. 187
Las respuestas van a variar.

C. Vocabulario en contexto   pág. 187–188
1. b. mensajero
2. c. solo
3. a. incluida en
4. c. escribe canciones
5. b. interesó
6. a. pisos
7. c. se pone
8. b. junta

Clave de respuestas

Lectura

¿Comprendiste la lectura?

A. ¿Sí o no?   pág. 192
1. No. Es un famoso poeta, compositor y cantante dominicano.
2. Sí.
3. No. Es una persona tímida y prefiere estar solo.
4. Sí.
5. No. Sus canciones unen el cielo con la tierra, el canto con el amor y la esperanza con un mensaje social.
6. No. El barrio Gazcue, donde se crió con su familia, es un barrio céntrico, no un *Beverly Hills.*
7. No. Herbert Stern es un especialista oftalmólogo.
8. Sí.

B. Hablemos de la lectura.   pág. 192
1. El merengue.
2. Su gente lo llama "embajador dominicano ante el mundo" porque el pueblo dominicano se siente reflejado en sus canciones y su música.
3. Dice que siempre se oía música en su casa porque estaba frente a la Galería Nacional de Música. A su padre le gustaba la música de Agustín Lara, a su madre la ópera y a él los Beatles.
4. Conoció a su futura esposa en Berklee College of Music, en Boston. Lo que le atrajo de él fue su forma de ser, su personalidad.
5. Él respeta mucho la opinión de Nora. Siente que ella representa la opinión de miles de oyentes.
6. La Fundación de 4.40 ayuda a los dominicanos pobres que necesitan recursos médicos.
7. Su amigo, el oftalmólogo Herbert Stern, está detrás de la operación.
8. Es mejor que se quede en casa porque cuando los enfermos lo ven se olvidan de sus dolencias y sólo quieren hablar, tocar y ver al poeta-cantante.

Ventana al Mundo 21   pág. 194

1. Se encuentran más de 170 peloteros dominicanos en los campos de entrenamiento de las ligas mayores.
2. México, Cuba, Venezuela y Estados Unidos participaron en la primera Serie Interamericana. Se conoce con el nombre Serie del Caribe hoy.
3. Empezó en 1970 y hoy compiten en ella Puerto Rico, la República Dominicana, Venezuela y México. La República Dominicana tiene más victorias.

Escribamos ahora

A. A generar ideas: describir la función de algo
pág. 196

1. *Las respuestas van a variar.*

Herramientas
tijeras
sierras, serruchos y cuchillos
cucharas
fuelle
compás
paleta de albañil
pesas, llaves, cortaplumas y anteojos
gafas
mortero

Función
cortar tela
cortar madera
comer
sostener el fuego
medir
acercar, juntar
pesar, abrir, cortar y ver
mirar
mezclar

Limitación o peligro
cortar el hilo de la vida
pueden causar destrucción
recuerdan la niñez y la vejez
principia un proceso
deshacer el corazón del hombre
crear protección
valor materialista
observar al hombre
arreglar las cosas

Manual de gramática

4.3 *Las formas del presente de subjuntivo y el uso del subjuntivo en las cláusulas principales*

A. Deseos.
pág. G68

1. Quiere que su familia viva en un lugar tranquilo.
2. Quiere que sus amigos conversen con él a menudo.
3. Quiere que su música refleje la realidad dominicana.
4. Quiere que sus canciones lleven un mensaje social.
5. Quiere que los artistas funcionen como embajadores de buena voluntad.
6. Quiere que la gente conozca a los poetas hispanos.
7. Quiere que los artistas comprendan y acepten sus responsabilidades sociales.
8. Quiere que los pobres reciban atención médica.

B. Opiniones contrarias.
pág. G68

1. Es bueno que empiecen nuevos experimentos políticos.
Es malo que empiecen nuevos experimentos políticos.
2. Es bueno que consigan nuevos préstamos extranjeros.
Es malo que consigan nuevos préstamos extranjeros.
3. Es bueno que defiendan su independencia política y económica.
Es malo que defiendan su independencia política y económica.
4. Es bueno que cierren sus fronteras.
Es malo que cierren sus fronteras.
5. Es bueno que tengan elecciones libres.
Es malo que tengan elecciones libres.
6. Es bueno que se conviertan en democracias representativas.
Es malo que se conviertan en democracias representativas.
7. Es bueno que resuelvan sus problemas internos pronto.
Es malo que resuelvan sus problemas internos pronto.

C. Recomendaciones.
pág. G68

1. Les recomiendo que conozcan las necesidades de la gente.
2. Les recomiendo que oigan la opinión de los expertos.
3. Les recomiendo que construyan herramientas resistentes y eficaces.
4. Les recomiendo que produzcan sus aparatos en grandes cantidades.
5. Les recomiendo que dispongan de mucho dinero para la publicidad.
6. Les recomiendo que ofrezcan sus aparatos a buenos precios.
7. Les recomiendo que le den al consumidor lo que desea.
8. Les recomiendo que vayan a exposiciones industriales.
9. Les recomiendo que sean pacientes.

A. Preparativos apresurados.
pág. G69

1. Ojalá que encuentre un vuelo para el sábado próximo.
2. Ojalá que consiga visa pronto.
3. Ojalá que haya cuartos en un hotel de la zona colonial.
4. Ojalá que dejen pasar mi computadora portátil.

5. Ojalá que la computadora portátil funcione sin problemas.

6. Ojalá que pueda entrevistar a muchas figuras políticas importantes.

7. Ojalá que el reportaje resulte todo un éxito.

B. Indecisión. pág. G69

Las respuestas pueden variar.

1. Quizás vea una película.

2. Tal vez acompañe a mi amiga al centro comercial.

3. Probablemente asista a un concierto.

4. Quizás salga con mis amigos.

5. Tal vez tenga que trabajar sobretiempo.

6. Probablemente conduzca a la playa.

4.4 Mandatos formales y mandatos familiares con **tú**

A. Atracciones turísticas. pág. G70

1. Visite la Catedral; admire la arquitectura colonial.

2. Paséese por la zona colonial; no tenga prisa.

3. Entre en el Museo de las Casas Reales.

4. Asista a un concierto en el Teatro Nacional; haga reservaciones con tiempo.

5. Camine junto al mar por la avenida George Washington.

6. Vaya al Parque Los Tres Ojos; admire el Acuario.

7. No deje de visitar el Faro de Colón.

B. ¿Qué hacer? pág. G71

Las respuestas pueden variar.

1. *Él:* Sí, cómprenlo con mucha anticipación.
Ella: No, no lo compren hasta la semana del viaje.

2. *Él:* Sí, visítenlos; son muy interesantes.
Ella: No, no los visiten; son aburridos.

3. *Él:* Sí, practíquenlos; son muy divertidos.
Ella: No, no los practiquen; son muy peligrosos.

4. *Él:* Sí, báñense allí; son hermosas.
Ella: No, no se bañen allí, hay demasiada gente.

5. *Él:* Sí, quédense dos semanas o tres, si es posible.
Ella: No, no se queden más de dos semanas o tal vez una.

A. Receta de cocina. pág. G72

1. Corta las vainitas verdes a lo largo; cocínalas en un poco de agua.

2. Pela los plátanos; córtalos a lo largo; fríelos en aceite hasta que estén tiernos; sécalos en toallas de papel.

3. Mezcla la sopa con las vainitas; ten cuidado; no las rompas.

4. En una cacerola, coloca los plátanos.

5. Sobre los plátanos, pon la mezcla de sopa y vainitas; echa queso rallado encima.

6. Repite hasta que la cacerola esté llena.

7. Hornea a 350° hasta que todo esté bien cocido.

8. Corta en cuadritos para servir; pon cuidado; no te quemes.

B. Elecciones. pág. G72

1. Lee lo que aparece en el periódico acerca de las elecciones; no creas todo lo que lees.

2. Ve las entrevistas a los candidatos en la televisión.

3. No te pierdas los debates televisados.

4. Ve temprano a votar.

5. Vota por los que tú consideres los mejores candidatos.

6. No te sientas mal si tu candidato pierde.

C. Consejos contradictorios. pág. G73

1. No leas acerca de la historia y las costumbres del país que visitas.

2. No te esfuerces por hablar español.

3. No pidas información en la oficina de turismo.

4. No tengas el pasaporte siempre contigo.

5. Cambia dinero en los hoteles.

6. Come en los puestos que veas en la calle.

7. Sal a pasearte solo(a) de noche.

8. No visites los museos históricos.

9. Regatea los precios en las tiendas.

Unidad 4, Lección 3

Gente del Mundo 21

Personalidades del Mundo 21 pág. 199

Las respuestas van a variar.

Del pasado al presente

¡A ver si comprendiste! pág. 203

1. Borinquen.

2. San Juan Bautista.

3. Ponce de León comenzó la colonización de Puerto Rico con la ciudad de Caparra, que después cambió su nombre a Puerto Rico.

4. Con el tiempo el nombre de la ciudad capital, Puerto Rico, y de la isla, San Juan Bautista, se invirtieron.

5. El castillo era una fortaleza que defendía la isla.

6. No. En Puerto Rico el pueblo ya estaba cansado de la dominación de España.

7. La caña de azúcar.

8. La ley Jones en 1917 declaró a todos los residentes de la isla ciudadanos de EE.UU.

9. Puerto Rico ganó su autonomía, lo cual les permitía a los residentes de la isla elegir a su gobernador y a sus legisladores estatales y mandar un comisionado a Washington D.C. para representarlos.

10. Las industrias desarrolladas últimamente en Puerto Rico incluyen la farmacéutica, la petroquímica y la electrónica.

Ventana al Mundo 21 pág. 205

1. Las tres alternativas que tienen son: estado libre asociado, convertirse en el estado 51 o alcanzar la independencia.
2. *Las respuestas van a variar.*
3. *Las respuestas van a variar.*

Escenario

¡A ver si comprendiste! pág. 207

1. En África.
2. Ciento once millas por hora.
3. *Las respuestas van a variar.*

Y ahora, ¡veámoslo¡

A ver cuánto comprendiste...

A. Dime si entendiste pág. 209
1. De julio a noviembre.
2. Al sobrepasar las 36 millas por hora, cuando se convierte en una tormenta tropical, se le asigna un nombre.
3. Pueden entrar o amarrar cosas que pudieran volarse; tapar las ventanas con paneles de madera prensada o cubrirlas con cinta adhesiva; llenar botellas plásticas de agua y congelarlas; llenar la tina del baño de agua; llenar el tanque del auto con gasolina.
4. Huracán Hugo. 125 millas por hora.
5. Fue uno de los lugares más afectados; muchos aviones fueron completamente destruidos.

B. ¿Y qué dices tú? pág. 209
1.–5. *Las respuestas van a variar.*

Escribamos ahora

C. Segunda revisión. pág. 211
1. estoy seguro de que nunca se **pueden** romper,...
2. siempre es posible que **dejen** caer...
3. un muñeco y se **rompan** el pie o...
4. Siempre quieren que sus padres **estén** contentos con ellos.
5. sólo hacen lo que sus padres les **piden** y...
6. si su padres les piden que no **dejen** caer los muñecos...
7. el hierro **viene** de la tierra y...

Manual de gramática

4.5 *El subjuntivo en las cláusulas nominales*

A. Recomendaciones. pág. G75
Las respuestas pueden variar.
1. Es necesario que examines el tanque de gasolina de tu vehículo.
2. Es importante que lo llenes si está vacío.
3. Es preciso que mantengas una radio y una linterna a mano.
4. Es necesario que te asegures de que las pilas funcionan.
5. Es importante que tengas recipientes para guardar agua.
6. Es preciso que mires el botiquín de primeros auxilios.
7. Es necesario que compruebes que tienes lo que necesitas.

B. Sugerencias. pág. G75
Las respuestas pueden variar.
1. Te recomiendo que practiques el béisbol.
2. Te aconsejo que bailes salsa.
3. Te sugiero que juegues al tenis.
4. Te aconsejo que hagas ejercicios aeróbicos.
5. Te sugiero que te pongas unos *shorts* y juegues al baloncesto.

C. Opiniones. pág. G75
1. Es evidente que Puerto Rico es un país de cultura hispana.
2. Pienso que la economía de Puerto Rico se basa más en la industria que en la agricultura.
3. No creo que Puerto Rico se vaya a separar de EE.UU. *o* No creo que Puerto Rico se separe de EE.UU.
4. No dudo que el idioma español va a seguir como lengua oficial.
5. Es cierto que los puertorriqueños no tienen que pagar impuestos federales.
6. Niego que todos los puertorriqueños deseen emigrar a EE.UU.

D. Datos sorprendentes. pág. G76
1. Me sorprende que la isla ofrezca tantos sitios de interés turístico.
2. Es sorprendente que tantas personas vivan en una isla relativamente pequeña.
3. Me sorprende que los puertorriqueños mantengan sus tradiciones hispanas.
4. Es sorprendente que en la montaña de El Yunque haya una selva tropical fascinante.
5. Me sorprende que muy pocos puertorriqueños quieran un estado independiente.
6. Es sorprendente que los puertorriqueños no necesiten visa para entrar en EE.UU.

7. Me sorprende que tantos puertorriqueños practiquen el béisbol.

8. Es sorprendente que los hombres puertorriqueños tengan que inscribirse en el servicio militar de EE.UU.

E. Preferencias. pág. G76

1. Prefieren no perder sus costumbres hispanas.

2. Prefieren que la isla permanezca autónoma.

3. Prefieren que la isla no tenga sus propias fuerzas armadas.

4. Prefieren decidir su propio destino.

5. Prefieren que las empresas estadounidenses no paguen impuestos federales.

6. Prefieren gozar de los beneficios de un estado libre asociado.

7. Prefieren que Puerto Rico no se convierta en el estado cincuenta y uno.

F. Situación mundial. pág. G76

Las respuestas pueden variar.

1. Es bueno que vivamos en armonía.

2. Es mejor que creemos un mundo de paz.

3. Es preferible que todo el mundo sepa leer y escribir.

4. Es bueno que las personas piensen en los demás y no piensen en sí mismas solamente.

5. Es mejor que las herramientas sirvan para mejorar la vida de todo el mundo.

6. Es preferible que nadie muera a causa del hambre.

7. Es bueno que protejamos el medio ambiente.

8. Es mejor que les digamos a los líderes políticos lo que queremos.

9. Es preferible que haya más oportunidades de empleo para los jóvenes.

Unidad 5, Lección 1

Del pasado al presente

¡A ver si comprendiste! pág. 219

1. A pesar de ser el país más pequeño de Latinoamérica, es el más densamente poblado.

2. Se llama así por los muchos temblores que ocurren en la región.

3. Cuzcatlán.

4. Manuel José Arce.

5. Arturo Araujo fue un presidente salvadoreño progresista que trató de imponer reformas pero fue detenido por un golpe militar.

6. Se formó en 1980 y reunió a todos los guerrilleros de izquierda.

7. El acuerdo de paz que se firmó en 1992 da fin a la guerra civil en la cual hubo más de 80.000 muertos.

Ventana al Mundo 21 pág. 220

1.–4. *Las respuestas van a variar.*

Y ahora, ¡a leer!

Anticipando la lectura

A. Personajes legendarios. pág. 221

Las respuestas van a variar.

1. ...busca a los enamorados.

2. ...le iba a conceder tres deseos.

3. ...ir al baile de etiqueta.

4. ...le puso la zapatilla de cristal.

B. Cuentos colectivos. pág. 221

Las respuestas van a variar.

C. Vocabulario en contexto pág. 221–222

1. c. comen

2. a. a los lados

3. c. caliente

4. a. protección

5. b. ropa estupenda

6. c. se vuelven

7. a. habían pasado

8. b. se informaron

Lectura

¿Comprendiste la lectura?

A. ¿Sí o no? pág. 227

1. No. Son perros mágicos que habitan los volcanes de El Salvador.

2. Sí.

3. No. Los querían mucho.

4. Sí.

5. No. Ellos odiaban a los cadejos.

6. Sí.

7. No. No los encontraron porque los cadejos se hacían transparentes.

8. Sí.

9. No. Los volcanes derritieron a los soldados de plomo debido al calor.

10. Sí.

B. Hablemos de la lectura. pág. 227

1. Los cadejos son perros mágicos muy pacíficos, como los venados.

2. Los quiere mucho porque los cadejos cuidan y protegen a la gente de los volcanes.

3. Eran personas malas. Querían matar a los cadejos.

4. Acusaban a los cadejos de hechizar a la gente y hacerla perezosa.

5. Mandaron los soldados de plomo para que cazaran y mataran a los cadejos.

6. Le propuso que él debía calentar la tierra y ella podía sacudirse el vestido de agua.

7. El cuento tiene un final feliz; los cadejos y los volcanes vencen a los soldados de plomo, y desde entonces hay paz en los volcanes de El Salvador.

8. *Las respuestas van a variar.*

Manual de gramática

▶ 5.1 *Pronombres relativos*

A. Estilo más complejo. pág. 78

1. El líder político José Napoleón Duarte, quien (que) fue presidente entre 1984 y 1989, murió en 1990.

2. Isaías Mata, quien (que) vive actualmente en EE.UU., es el creador de la pintura *Cipotes en la marcha por la paz.*

3. Alfredo Cristiani, quien (que) firmó un tratado de paz con el FMLN, asumió el cargo de presidente en 1991.

4. Óscar Arnulfo Romero, quien (que) luchó por los derechos de los pobres, fue arzobispo de San Salvador.

5. Manlio Argueta, quien (que) recibió el Premio Nacional de Novela en 1980, es un reconocido escritor salvadoreño contemporáneo.

B. Conozcamos El Salvador. pág. G78

1. San Salvador es una ciudad que es la capital de El Salvador.

2. El Izalco es un volcán que está todavía en actividad.

3. El colón es una unidad monetaria que se usa en El Salvador.

4. San Miguel es un pueblo que está al pie de los volcanes Chaparrastique y Chinameca.

5. El Valle de las Hamacas es una región del país que está en continuo movimiento a causa de temblores.

C. Valiosa escritora salvadoreña. pág. G79

1. quien (que)
2. que
3. que
4. quien (que)
5. que
6. quien (que)

A. Necesito explicaciones. pág. G80

1. ¿La bibliografía en la que (la cual) se basó no es apropiada?

2. ¿El esquema por el que (el cual) se guió no es apropiado?

3. ¿La tesis central para la cual (la que) presentó argumentación no es apropiada?

4. ¿Las ideas acerca de las cuales (las que) escribí no son apropiadas?

5. ¿Las opiniones contra las cuales (las que) protesté no son apropiadas?

6. ¿Los temas por los cuales (los que) se interesó no son apropiados?

B. Los cadejos. pág. G80

1. Los cadejos, los cuales son tataranietos de los volcanes, protegen a los niños y a los ancianos.

2. Las campánulas, las cuales son flores que parecen campanas, constituyen el principal alimento de los cadejos.

3. Don Tonio, el cual era dueño de la tierra de los volcanes, no quería a los cadejos.

4. Los soldados de plomo, los cuales seguían órdenes de don Tonio salieron a cazar cadejos.

5. Los volcanes Tecapa y Chaparrastique, los cuales eran amigos de los cadejos, lucharon contra los soldados de plomo y los vencieron.

C. Isaías Mata. pág. G80

1. quien (que)
2. la cual (la que)
3. el cual (el que)
4. que (el cual)
5. las cuales
6. que
7. que
8. que

A. ¡Impresionante! pág. G81

1. Me impresionó lo que escuché en la radio.

2. Me impresionó lo que leí en los periódicos.

3. Me impresionó lo que descubrí en mis paseos.

4. Me impresionó lo que aprendí en la televisión.

5. Me impresionó lo que vi en el Museo de Historia Natural.

6. Me impresionó lo que me contaron algunos amigos salvadoreños.

B. Reacciones. pág. G81

1. Leí que El Salvador es el país más pequeño y el más densamente poblado de Centroamérica, lo cual (lo que) me sorprendió mucho.

2. Leí que El Salvador es el único país de la región sin salida hacia el Mar Caribe, lo cual (lo que) me extrañó mucho.

3. Leí que en 1980 más de veinte mil personas murieron a causa de la violencia, lo cual (lo que) me dolió mucho.

4. Leí que hay más de doscientas variedades de orquídeas en el país, lo cual (lo que) me fascinó mucho.

5. Leí que más de la cuarta parte de la población no sabe leer ni escribir, lo cual (lo que) me deprimió mucho.

C. ¿Cuánto recuerdas? pág. G81

1. ¿Cuál es el presidente cuyo período duró entre 1984 y 1989?
2. ¿Cuál es la planta cuya semilla se usa para elaborar chocolate?
3. ¿Cuál es el artista cuyos murales están en San Francisco?
4. ¿Cuál es el grupo político cuya inspiración viene de Farabundo Martí?
5. ¿Cuál es la escritora cuyo esposo es un escritor estadounidense?

5.2 Presente de subjuntivo en las cláusulas adjetivales

A. Información, por favor. pág. G83

1. ¿Hay agencias turísticas que ofrezcan excursiones a las plantaciones de café?
2. ¿Hay tiendas de artesanía que vendan artículos típicos?
3. ¿Hay una escuela de idiomas que enseñe español?
4. ¿Hay una Oficina de Turismo que dé mapas de la ciudad?
5. ¿Hay un libro que describa la flora de la región?

B. Pueblo ideal. pág. G83

1. Deseo visitar un pueblo que quede cerca de un parque nacional.
2. Deseo visitar un pueblo que tenga playas tranquilas.
3. Deseo visitar un pueblo que sea pintoresco.
4. Deseo visitar un pueblo que no esté en las montañas.
5. Deseo visitar un pueblo que no se encuentre muy lejos de la capital.

C. Comentarios. pág. G83

1. produce
2. son
3. beneficien
4. protejan
5. tiene
6. favorezca
7. garanticen
8. bordea
9. sean
10. ayude

Unidad 5, Lección 2

Del pasado al presente

¡A ver si comprendiste! pág. 236

1. Tegucigalpa es la capital. San Pedro Sula es de igual importancia industrial y comercial.
2. Se llamaba Copán.
3. El producto principal de exportación fue el plátano o banana; grandes compañías norteamericanas controlaban este producto.

4. El plátano se convirtió en el producto principal de Honduras. Desafortunadamente, esta riqueza no les ayudó a la mayoría de los hondureños que continuaron trabajando como campesinos.
5. Los últimos presidentes fueron elegidos en elecciones libres.

Ventana al Mundo 21 pág. 236

Las respuestas van a variar.

Del pasado al presente

¡A ver si comprendiste! pág. 240

1. Nicaragua es el país más grande de Centroamérica y tiene menos densidad, con excepción de Belice.
2. Hace más de seis mil años.
3. El nombre de Nicaragua se deriva del pueblo nicarao. Era un pueblo nahua procedente del norte.
4. Los indígenas de Nicaragua fueron casi aniquilados por las enfermedades traídas por los españoles y por abusos de los mismos. Más de 200.000 indígenas de Nicaragua, un tercio de la población, fueron enviados a trabajar en las minas del Perú.
5. César Augusto Sandino fue el líder de un grupo de guerrilleros que luchó contra las tropas de EE.UU. Anastasio Somoza García ordenó su muerte.
6. Somoza García dirigió un golpe militar y depuso al presidente, declarándose presidente él mismo.
7. El Frente Sandinista de Liberación Nacional (FSNL) atacó al gobierno de Somoza Debayle. Éste huyó del país cuando EE.UU. retiró su apoyo. Entonces los sandinistas entraron victoriosos a Managua.
8. Los contras eran guerrilleros antisandinistas. Eran apoyados por EE.UU.
9. Daniel Ortega era el líder del Frente Sandinista.
10. Violeta Barrios de Chamorro fue elegida presidenta en 1990. Ella tenía planes de pacificación de los contras y de superación de la crisis económica del país.

Y ahora, ¡a leer!

Anticipando la lectura

A. Sentimientos pág. 241

1. a. felicidad
2. b. ansiedad
3. a. tristeza
4. b. enojo

C. Vocabulario en contexto pág. 242

1. b. intensos
2. c. felicitaciones
3. a. observan
4. a. alabanzas
5. a. miserable
6. a. petulante
7. b. les faltan
8. b. costumbre

Lectura

¿Comprendiste la lectura?

A. ¿Sí o no? pág. 246

1. No. Tenía catorce años.
2. No. Salió en *La Calavera* 13.
3. Sí.
4. No. A su amigo no les gustó.
5. No. Nunca dijo quién era el autor.
6. No.
7. Sí.
8. No.

B. Hablemos de la lectura. pág. 246

1. Quería escribir unos versos a una muchacha muy linda.
2. Después de escuchar los comentarios de los lectores, al narrador ya no le gusta lo que escribió.
3. Quería saborear las felicitaciones de los lectores.
4. Quería mantenerse anónimo porque a nadie les gustaron los versos. *Las respuestas van a variar:* Para él mismo, fue una buena decisión.
5. Es irónico porque el número 13, en muchas culturas, es un número de la mala suerte. Y a nadie les gustaron los versos.
6. *Las respuestas van a variar.*
7. *Las respuestas van a variar.*

Palabras como clave pág. 247

papelote, papelito, papelillo, papelucho
librote, librito, librillo, librucho
elefantote, elefantito, elefantillo, elefantucho

Ventana al Mundo 21 pág. 248

Nicaragua es conocida como la "tierra de los poetas" por el gran número de poetas ... o por la distinción que se les concede a los poetas. Rubén Darío, reconocido como uno de los grandes poetas hispanos de todos los tiempos, fue el creador del modernismo y uno de los grandes poetas de Nicaragua. Ernesto Cardenal es un poeta y sacerdote nicaragüense contemporáneo; estableció una red de talleres de poesía por todo el país. Gioconda Belli y Daisy Zamora son poetas nicaragüenses de la última generación.

Escribamos ahora

A. A generar ideas: explicar lo inexplicable pág. 250

1. **Leyendas y folklore.** Las respuestas van a variar. Tal vez digan que la moraleja es que no debemos dar por cierto el resultado de nada hasta haberlo comprobado.
2. **Explicar lo inexplicable.** Answers will vary.
   a. Tal vez mencionen los volcanes y digan que el viento de las montañas aúlla como los perros.
   b. Pueden decir que el bien siempre triunfa sobre el mal.
   c. *Las respuestas van a variar.*

Manual de gramática

5.3 *Presente de subjuntivo en las cláusulas adverbiales: Primer paso*

A. Propósitos. pág. G85

1. Hacemos teatro para que (a fin de que) los niños tengan un entretenimiento diferente a la televisión.
2. Hacemos teatro para que (a fin de que) la gente piense en temas importantes.
3. Hacemos teatro para que (a fin de que) nuestra gente conozca a grandes autores.
4. Hacemos teatro para que (a fin de que) el público se instruya.
5. Hacemos teatro para que (a fin de que) los niños se interesen por el arte.
6. Hacemos teatro para que (a fin de que) las personas se den cuenta de los peligros de la guerra.

B. Visita dudosa. pág. G85

1. Sí, iré pronto, a menos (de) que tenga muchas cosas que hacer durante mi último fin de semana.
2. Sí, iré pronto, con tal (de) que consiga un vuelo temprano por la mañana.
3. Sí, iré pronto, a menos (de) que planee otra excursión interesante.
4. Sí, iré pronto, a menos (de) que deba adelantar mi salida del país.
5. Sí, iré pronto, con tal (de) que el hotel de Copán confirme mis reservaciones.

C. Opiniones. pág. G85

1. a menos (de) que
2. porque
3. con tal (de) que
4. Como
5. a fin de que

D. Un aventurero presidente. pág. G86
1. es
2. ayude
3. pueda
4. triunfa
5. termine
6. capturen

Unidad 5, Lección 3

Gente del Mundo 21

Personalidades del Mundo 21 pág. 253
1. Óscar Arias Sánchez
2. Franklin Chang-Díaz
3. Sonia Picada Sotela
4. Claudia Poll Ahrens
5. Óscar Arias Sánchez

Del pasado al presente

¡A ver si comprendiste! pág. 257
1. El 8% de la superficie de Costa Rica está dedicado a parques nacionales. En EE.UU. sólo el 3,2% está dedicado a parques nacionales.
2. El ingreso nacional de Costa Rica es mayor que el de otros países de la región.
3. El nombre de Costa Rica se deriva de la abundancia de objetos de oro que Colón encontró en la costa.
4. La falta de pueblos indígenas que explotar y la necesidad de defenderse de los ataques de los piratas ingleses obligaron a los colonos españoles a establecerse en las mesetas centrales.
5. En 1823, el mismo año que se elaboró su constitución, San José se convirtió en la capital.
6. "Mamita Yunai" se fundó en 1878, cuando el empresario estadounidense Minor C. Keith obtuvo del gobierno costarricense unas grandes concesiones territoriales para el cultivo del plátano con el compromiso de construir un ferrocarril entre Cartago y Puerto Limón.
7. El ejército se disolvió en 1949. Sin tener que mantener un ejército, Costa Rica ha podido dedicar una gran parte de su presupuesto a la educación de sus ciudadanos.
8. Óscar Arias Sánchez fue galardonado con el Premio Nóbel de la Paz en 1987 por haber logrado un acuerdo de paz entre los países centroamericanos.
9. No ha habido guerras civiles en las últimas dos décadas porque Costa Rica no tiene ejército y por lo tanto no puede haber golpes de estado. También la población es más educada y de veras practica la democracia.

Escenario

¡A ver si comprendiste! pág. 261
1. Desde 1950, casi el 50 por ciento del país ha sufrido la desforestación. En 1950 el 72 por ciento estaba cubierto de selva, en 1973 sólo el 49 por ciento, en 1978 el 34 por ciento y en 1985 el 25 por ciento.
2. La Ley Forestal se estableció en 1969.
3. En 1988, casi un millón y medio de hectáreas se encontraban protegidas.
4. Las siete formas distintas son: reservas forestales, zonas protectoras, refugios de fauna, parques nacionales, reservas biológicas, reservas indígenas y zonas fronterizas.
5. Los tres parques nacionales más grandes de Costa Rica son La Amistad, Chirripó y Braulio Carrillo.
6. *Las respuestas van a variar.*

Manual de gramática

5.4 *Presente de subjuntivo en las cláusulas adverbiales: Segundo paso*

A. Flexibilidad. pág. G87
1. Pues, donde te convenga.
2. Pues, como (tú) desees.
3. Pues, donde (tú) digas.
4. Pues, según te convenga.
5. Pues, como te sea más cómodo.
6. Pues, cuando (tú) puedas.

B. Preparativos. pág. G87
1. Vamos a ir después (de) que visitemos la Oficina de Información Turística.
2. Vamos a ir en cuanto alquilemos equipo para acampar.
3. Vamos a ir cuando mejore el tiempo.
4. Vamos a ir cuando consigamos los mapas de la región.
5. Vamos a ir tan pronto como llame Mario, quien será nuestro guía.

C. Intenciones. pág. G88
1. Aunque quede lejos de mi hotel, voy a visitar el Museo de Entomología.
2. Aunque tenga poco tiempo, voy a admirar las antigüedades precolombinas del Museo Nacional.
3. Aunque esté cansado(a), voy a dar un paseo por el Parque Central.
4. Aunque no me interesa la política, voy a escuchar los debates legislativos en el Palacio Nacional.
5. Aunque no tenga hambre, voy a comprar frutas tropicales en el Mercado Borbón.
6. Aunque no entiendo mucho de fútbol, voy a asistir a un partido en el Estadio Nacional.

D. Parques ecológicos.

1. quieras
2. gasta
3. constituyen
4. viajes
5. sean
6. visitaron
7. aprecies
8. es

Unidad 6, Lección 1

Gente del Mundo 21

Personalidades del Mundo 21   pág. 269

Las respuestas pueden variar.
1. él exagera los volúmenes de la figura humana.
2. el servicio médico para todas las mujeres.
3. aparece en todos los libros de Gabriel García Márquez.
4. culmina la historia del pueblo Macondo.
5. viajaron en aviones de carga para avanzar en el mundo de automovilismo.

Del pasado al presente

¡A ver si comprendiste!   pág. 273

1. Se distingue por sus enormes ídolos de piedra.
2. Los chibchas ocupaban las tierra altas. "Bogotá" se deriva de "Bacatá", nombre del centro chibcha más importante.
3. Se llamaba el Virreinato de Nueva Granada.
4. La leyenda de El Dorado cuenta de un jefe indígena que se bañaba en oro antes de sumergirse en un lago. Es importante porque motivó la exploración y conquista del interior de Colombia.
5. Se importaron esclavos africanos para trabajar en las minas y en las plantaciones de caña y azúcar.
6. La independencia de Colombia se conmemora el 17 de diciembre, día en que, en 1819, se proclamó la República de la Gran Colombia.
7. Simón Bolívar fue el primer presidente de la Gran Colombia que incluía Venezuela, Colombia, Ecuador y Panamá.
8. El café.
9. "El bogotazo" fue un período de diez años (1948-1957) caracterizado por una ola de violencia.
10. Desde 1958, Colombia ha tenido elecciones regularmente en las cuales los candidatos del Partido Liberal han resultado triunfadores.

Ventana al Mundo 21   pág. 274

1. Lleva el título de Libertador porque él fue responsable por la independencia de gran parte de América: Panamá, Colombia, Venezuela, Ecuador, Perú y Bolivia.
2. Panamá, Colombia, Venezuela, Ecuador.

3. Su sueño fue la unión de las repúblicas hispanoamericanas. Nunca lo logró.
4. La primera Cumbre Iberoamericana, realizada en Guadalajara, México, en 1991, fue la primera vez que se unieron todas las repúblicas hispanoamericanas, y por lo tanto, la primera vez que se logró el sueño de Bolívar.

Y ahora, ¡a leer!

Anticipando la lectura

C. Vocabulario en contexto.   pág. 275–276

1. c. determinación
2. b. pelo facial
3. a. cuidadosa
4. c. esterilizados
5. c. no dejó de mirarlo
6. a. algo para limpiarse
7. b. se levantó

Lectura

¿Comprendiste la lectura?

A. ¿Sí o no?   pág. 281

1. No. No tenía título.
2. Sí.
3. No. Le dijo a su hijo que le dijera que no estaba.
4. Sí.
5. Sí.
6. Sí.
7. Sí.
8. No. Le dijo que tenía que ser sin anestesia porque tenía un absceso.
9. Sí.
10. No. El alcalde le pidió que mandara la cuenta al municipio.

B. Hablemos de la lectura.   pág. 281

1. Comenzaba a trabajar muy temprano, a las seis de la madrugada.
2. Estaba puliendo una dentadura postiza cuando lo llamó su hijo.
3. Le dijo que le dijera al alcalde que no estaba.
4. El alcalde dijo que le iba a pegar un tiro si no le sacaba la muela.
5. Por vivir durante esta época violenta.
6. Dijo que no podía usar anestesia porque tenía un absceso. Probablemente lo dijo por venganza.
7. Lo dijo porque sabía que el alcalde iba a sufrir un tremendo dolor.
8. Las respuestas van a variar. En efecto significa que no importa si le manda la cuenta a él o al municipio, el municipio la va a pagar debido a la corrupción en el gobierno.
9. *Las respuestas van a variar.*

Manual de gramática

6.1 *Futuro: Verbos regulares e irregulares*

A. ¿Qué harán? pág. G91

Las respuestas pueden variar.
1. Comprarás una camisa.
2. Iré de viaje.
3. Pasearán en bicicleta.
4. Asistiremos a un concierto de rock.
5. Jugarán al básquetbol.
6. Comerán pizza.
7. Estudiarás.

B. La rutina del dentista. pág. G91
1. Sacará una dentadura postiza de la vidriera.
2. Pondrá los instrumentos sobre la mesa.
3. Los ordenará de mayor a menor.
4. Rodará la fresa hacia el sillón.
5. Se sentará.
6. Pulirá la dentadura.
7. Trabajará con determinación.
8. Pedaleará en la fresa.
9. Trabajará por unas horas.
10. Hará una pausa.

C. Promesas de un amigo. pág. G92
1. diré   4. saldré
2. Tendré   5. Podremos
3. podré

D. Posibles razones. pág. G92
1. ¿Le dolerá una muela?
2. ¿Necesitará atención médica?
3. ¿Tendrá un absceso?
4. ¿Querrá hacerse un examen?
5. ¿Deseará hablar de asuntos políticos?
6. ¿Irá a atacar al dentista?

Unidad 6, Lección 2

Gente del Mundo 21

Personalidades del Mundo 21 pág. 287
1. Rubén Blades
2. Juan Carlos Navarro
3. Bertalicia Peralta
4. Rubén Blades
5. Mireya Moscoso

Del pasado al presente

¡A ver si comprendiste! pág. 292
1. Panamá forma un istmo que ha servido de puente y zona de tránsito entre dos continentes y dos océanos.
2. Se llamaba Castilla del Oro.

3. Vasco Núñez de Balboa fue el primer europeo que vio el océano Pacífico, al cual llamó el mar del Sur.
4. Panamá significa "donde abundan los peces".
5. Todo el comercio tenía que pasar por Panamá para poder llegar del Pacífico al mar Caribe.
6. En 1671 la Ciudad de Panamá fue saqueada y quemada pro el pirata inglés Henry Morgan. Por eso se reconstruyó a ocho kilómetros de su sitio original.
7. En 1826 Simón Bolívar convocó el primer Congreso Interamericano, que resultó en la desintegración de la Gran Colombia.
8. El descubrimiento de oro en California trajo prosperidad al istmo en la segunda mitad del siglo XIX.
9. Ha causado resentimiento porque el tratado le concedía a EE.UU. el uso, control y ocupación a perpetuidad de la Zona del Canal.
10. En 1977 Omar Torrijos y el presidente Carter firmaron los dos tratados.

Y ahora, ¡a leer!

Anticipando la lectura

B. Vocabulario en contexto. pág. 294–295
1. b. sobresalir
2. c. tomó
3. b. afirmó
4. a. jurisprudencia
5. a. Después de
6. c. una expresión
7. a. posición

Lectura

¿Comprendiste la lectura?

A. ¿Sí o no? pág. 300
1. Sí.
2. No. Su madre era una cantante cubana llamada *Anoland.*
3. No. Se recibió de abogado en Panamá.
4. Sí.
5. Sí.
6. No. *Siembra* fue el álbum que más se vendió en la historia de la salsa.
7. Sí.
8. No. *Crossover Dreams* tenía mucho que ver con la vida de Blades.
9. Sí.
10. No. Está muy interesado en la política. Formó un nuevo partido político.

B. Hablemos de la lectura. pág. 300
1. La salsa.
2. Su padre era un bongosero panameño y su madre una cantante cubana.

3. Fue a Nueva York porque tenía un contrato con la compañía Fania, reina del *boom* de la salsa.
4. El primer álbum con Willie Colón se llama *Willie Colon Presents Rubén Blades* y tiene en la portada a Colón de entrenador y Blades de boxeador.
5. "Pedro Navaja".
6. Su primera película se llama *Crossover Dreams*. Esta película representa lo negativo de la industria disquera que hace abandonar a los artistas sus raíces para lograr el *crossover*.
7. En *Crossover Dreams* un salsero de barrio sueña con algo más, lo que refleja la vida de Blades aunque éste también tiene título de abogado.
8. Sus antecedentes incluyen familiares de Colombia y de Nueva Orléans, también un abuelo de la isla de Trinidad y una abuela que participó en la vanguardia feminista.
9. Rubén Blades formó el partido político *Papá Egoró* o Madre Tierra.
10. Las respuestas van a variar, pero deben incluir información del último párrafo de le lectura.

Escribamos ahora

A. A generar ideas: diálogo por escrito pág. 304
1. *Las respuestas van a variar.*
2. *Las respuestas van a variar.*
   a. Tal vez digan que sugiere que el padre es rudo, no respeta al alcalde, odia al alcalde, no tiene miedo, etc.
   b. Tal vez digan que sugiere que el hijo es obediente, conoce bien a su padre, no se preocupa por el alcalde, tiene ciertas actitudes del padre, etc.
   c. Tal vez digan que sugiere que el padre y el hijo se conocen bien, se respetan, acostumbran estar en el gabinete juntos, etc.
   d. Tal vez digan que el diálogo acaba por desarrollar a los tres personajes.

Manual de gramática

6.2 *El condicional: Verbos regulares e irregulares*

A. Entrevista. pág. G94
1. ¿Qué reformas educacionales propondría Ud.?
2. ¿Cuánto diversificaría Ud. la economía?
3. ¿Cómo protegería Ud. las selvas tropicales?
4. ¿Cuántos nuevos empleos crearía Ud.?
5. ¿Cómo les daría Ud. más estímulos a los artistas?
6. ¿Qué medidas tomaría Ud. para mejorar la salud pública?

B. Suposiciones. pág. 94
1. Caería enferma repentinamente.
2. Perdería el autobús en que viene a clases.
3. Cambiaría de idea.
4. No estaría preparada para hacer su presentación.
5. Olvidaría que la presentación era ayer.

C. Consejos. pág. G94
1. podrías
2. Deberían
3. querrían
4. gustaría
5. podrían
6. Preferiríamos

D. El club latino. pág. G94
1. Lucero bailará salsa.
2. Los primos Martínez sacarán fotos.
3. Tú traerás los refrescos.
4. David cantará.
5. Todos comerán.
6. Yo lo pasaré bien.

Unidad 6, Lección 3

Del pasado al presente

¡A ver si comprendiste! pág. 312
1. Américo Vespucio, un italiano, la llamó Venezuela cuando vio, alrededor del lago Maracaibo, casas en pilotes que se parecían a las de Venecia, Italia.
2. Caracas, cuyo nombre viene de los indígenas del mismo nombre, fue fundada por Diego de Losada en 1567.
3. El chocolate, el producto venezolano más importante durante la colonia, proviene de la semilla del cacao.
4. Simón Bolívar fue el libertador de Venezuela y de varios otros países latinoamericanos. Él fue presidente de la tercera república venezolana y de la República de la Gran Colombia. Venezuela decidió separarse de la república porque resentía que la capital de ésta estuviera en Bogotá.
5. Los caudillos eran jefes que tomaban el poder a la fuerza y gobernaban con un poder represivo.
6. La industria petrolera.
7. De la "Generación de 1928" salieron muchos de los líderes posteriores de Venezuela.
8. El último dictador venezolano fue derrocado en 1958. Desde entonces, ha habido una transición pacífica del poder presidencial.
9. Carlos Andrés Pérez nacionalizó la industria petrolera en 1976. Esto resultó en mayores ingresos para el país, lo cual impulsó el desarrollo industrial.
10. En 1999 había muchas inundaciones que causaron más de 10.000 muertos y forzaron la evacuación de 70.000 personas.

Escenario

¡A ver si comprendiste! pág. 315

1. La Línea 1 corre de oeste a este.
2. La Línea 2 se comenzó a planificar en 1977.
3. La línea adicional llega a las estaciones Ruiz Pineda y Las Adjuntas.
4. La Línea 2 comunica a trece estaciones diferentes.

Y ahora, ¡veámoslo!

A ver cuánto comprendiste...

A. Dime si entendiste. pág. 317

1. La Línea 2 va a El Silencio y al Zoológico.
2. Fue necesario construir subestaciones eléctricas porque los trenes del metro de Caracas usan energía eléctrica.
3. El patio es necesario para estacionar los trenes y darles servicio y mantenimiento a los mismos. También hay una vía para probar los nuevos trenes o los que han sido reparados.
4. Dentro de la torre están el tablero de control óptico y la mesa de control que registran el movimiento de trenes en el patio.

B. ¿Y qué dices tú? pág. 317

1. *Las respuestas van a variar.*
2. Fue necesario construir la torre en el patio para poder observar las actividades que se desarrollan en el patio.
3. Las máquinas automáticas expendedoras de boletos y de cambio son para que los usuarios puedan comprar boletos sin ninguna dificultad.
4. Hay aire acondicionado en los vagones para ofrecerles un clima fresco a los cientos de personas que viajan en cada tren.
5. *Las respuestas van a variar.*

Manual de gramática

6.3 Imperfecto de subjuntivo: Formas y cláusulas con *si*

A. Recomendaciones. pág. G96

Las respuestas pueden variar.
1. Les recomendaría que no fumaran.
2. Les recomendaría que hicieran más ejercicio.
3. Les recomendaría que vieran menos televisión.
4. Les recomendaría que fueran al cine más a menudo.
5. Les recomendaría que escribieran más cartas.
6. Les recomendaría que jugaran más tenis.
7. Les recomendaría que pasearan más.
8. Les recomendaría que no tiraran basura.

B. Deseos. pág. G97

1. Dicen que les gustaría más si controlaran mejor el crecimiento de la ciudad.
2. Dicen que les gustaría más si solucionaran los embotellamientos del tráfico.
3. Dicen que les gustaría más si estuvieran más cerca las playas.
4. Dicen que les gustaría más si mantuvieran mejor las autopistas.
5. Dicen que les gustaría más si no permitieran tantos vehículos en las autopistas.
6. Dicen que les gustaría más si crearan más áreas verdes en la ciudad.

C. Planes remotos. pág. G97

1. Si viajara a Venezuela, sobrevolaría el Salto Ángel, la catarata más alta del mundo.
2. Si visitara Maracaibo, vería las torres de perforación petroleras.
3. Si hiciera buen tiempo, tomaría el sol en las playas del Litoral.
4. Si tuviera tiempo, admiraría los llanos venezolanos.
5. Si estuviera en Mérida, me subiría en el teleférico más alto y más largo del mundo.
6. Si pudiera, me pasearía por la ciudad colonial de Coro.
7. Si estuviera en Caracas, entraría al Museo Bolivariano y a la Casa Natal del Libertador.
8. En Caracas, si quisiera comprar algo, iría a las tiendas de Sabana Grande.

D. Poniendo condiciones. pág. G98

Las respuestas van a variar.

Unidad 7, Lección 1

Del pasado al presente

¡A ver si comprendiste! pág. 327

1. Las tres zonas principales son el desierto en la costa, las tierras altas de los Andes y las selvas amazónicas.
2. La civilización de Chavín fue la primera gran civilización que floreció en el Perú entre los años 900 y 200 a.C.
3. Los mochicas construyeron las dos grandes pirámides de adobe, Huaca del Sol y Huaca de la Luna.
4. Cuzco era la capital del gran imperio inca que se estableció en menos de cien años.
5. Francisco Pizarro capturó a Atahualpa y mandó que lo mataran aunque éste le había ofrecido una enorme cantidad de oro por su libertad.

6. Lima se conoce como "la Ciudad de los Reyes" porque fue fundada el 6 de enero, día de los Reyes Magos.

7. Los criollos en Lima no se revelaron porque temían una rebelión de la mayoría indígena.

8. El guano, que se usa como fertilizante, trajo una expansión económica a mediados del siglo XIX.

9. En la Guerra del Pacífico, el Perú tuvo que cederle a Chile una provincia y dejar bajo administración chilena otras dos provincias.

10. Alberto Fujimori ganó las elecciones. En 1992 disolvió el congreso peruano y asumió poderes autoritarios.

Y ahora, ¡a leer!

Anticipando la lectura

A. Personajes buenos y malos. `pág. 329`

1. el mal   5. el mal
2. el bien   6. el bien
3. el bien   7. el bien
4. el mal   8. el mal

B. Personajes con otras características. `pág. 329`

1. g. inteligencia
2. e. elegancia
3. a. mala suerte
4. b. poderes mágicos
5. h. astucia
6. c. avaricia
7. f. gran felicidad
8. d. maldad

C. Vocabulario en contexto. `pág. 330`

1. b. denso de árboles
2. a. daré las gracias
3. a. se devuelve
4. c. jefe
5. a. hacerme viejo
6. b. protegí
7. c. energía
8. b. esta dimensión

Lectura

¿Comprendiste la lectura?

A. ¿Sí o no? `pág. 335`

1. No. La víbora había sido casi aplastada por una piedra.
2. No. La víbora le dijo al hombre que no lo iba a picar si le ayudaba.
3. No. El hombre decidió ayudar a la víbora.
4. Sí.
5. Sí.
6. No. El buey estuvo de acuerdo con la víbora.
7. Sí.

8. Sí.
9. No. Al final el hombre ganó y aplastó a la víbora con una gran piedra.

B. Hablemos de la lectura. `pág. 335`

1. Lo llamó tres veces.
2. Temía que lo picara.
3. La víbora le aseguró que no lo iba a picar.
4. Iba a recompensarle con un mal. Lo iba a picar.
5. El buey estuvo de acuerdo con la víbora porque estaba furioso con su dueño que por 9 años lo mandó a trabajar a todas partes y lo había botado a un cerro seco, sin agua y sin pasto.
6. El caballo dijo que había servido a su dueño hasta envejecer y a pesar de lo mucho que había hecho, lo había abandonado.
7. Antes de buscar el tercer juez, el hombre entró en una capilla a rezar.
8. El zorro mandó al hombre a aplastar la víbora con una piedra más grande que la original.
9. Las respuestas van a variar. Tal vez digan que es mejor dejar las cosas tal como están.

Manual de gramática

7.1 *Imperfecto de subjuntivo: Cláusulas nominales y adjetivales*

A. Los pedidos de la víbora. `pág. G100`

1. La víbora le pidió al hombre que no se fuera.
2. La víbora le pidió al hombre que la escuchara con atención.
3. La víbora le pidió al hombre que fuera bueno con ella.
4. La víbora le pidió al hombre que le hiciera un favor.
5. La víbora le pidió al hombre que la librara de morir.
6. La víbora le pidió al hombre que impidiera que la piedra la matara.
7. La víbora le pidió al hombre que quitara la piedra.

B. Las quejas del buey. `pág. G100`

1. El buey se lamentó (se quejó) de que su amo no le diera una recompensa.
2. El buey se lamentó (se quejó) de que su amo no lo alimentara.
3. El buey se lamentó (se quejó) de que su amo no le agradeciera su trabajo.
4. El buey se lamentó (se quejó) de que su amo no lo recompensara debidamente.
5. El buey se lamentó (se quejó) de que su amo no fuera justo.
6. El buey se lamentó (se quejó) de que su amo lo hiciera trabajar demasiado.
7. El buey se lamentó (se quejó) de que su amo no se preocupara por su salud.

C. Reacciones.

pág. G100

1. El hombre quería ayudar a la víbora.
2. La víbora le pidió al hombre que la dejara libre.
3. El buey no pensó (pensaba) que los problemas del hombre fueran importantes.
4. El hombre lamentó que el caballo no entendiera su queja.
5. La víbora se alegró de que dos jueces le dieran la razón.
6. El hombre temió (temía) encontrar a un tercer juez como los anteriores.
7. El zorro quería ayudar al hombre.

D. Deseos y realidad.

pág. G101

1. La gente pedía un gobernante que redujera la inflación.
   La gente eligió un gobernante que (no) redujo la inflación.
2. La gente pedía un gobernante que eliminara la violencia.
   La gente eligió un gobernante que (no) eliminó la violencia.
3. La gente pedía un gobernante que continuara el desarrollo de la agricultura.
   La gente eligió un gobernante que (no) continuó el desarrollo de la agricultura.
4. La gente pedía un gobernante que atendiera a la clase trabajadora.
   La gente eligió un gobernante que (no) atendió a la clase trabajadora.
5. La gente pedía un gobernante que obedeciera la constitución.
   La gente eligió un gobernante que (no) obedeció la constitución.
6. La gente pedía un gobernante que diera más recursos para la educación.
   La gente eligió un gobernante que (no) dio más recursos para la educación.
7. La gente pedía un gobernante que hiciera reformas económicas.
   La gente eligió un gobernante que (no) hizo reformas económicas.
8. La gente pedía un gobernante que construyera más carreteras.
   La gente eligió un gobernante que (no) construyó más carreteras.

Unidad 7, Lección 2

Del pasado al presente

¡A ver si comprendiste!   pág. 345

1. Se llama así porque la línea imaginaria que divide la Tierra atraviesa el país.
2. Las tres regiones son la costa, la sierra o zona montañosa, y el oriente o zona amazónica.

3. Los indígenas de las tierras altas del norte hablaban la lengua chibcha.
4. Atahualpa heredó el norte del imperio que tenía su centro en Quito, Huáscar recibió el dominio de Cuzco.
5. En 1563 el Rey Felipe II estableció la Real Audiencia de Quito. Ésta le dio bastante autonomía a Ecuador.
6. Bolívar envió a Sucre a Guayaquil para que ayudara a pelear contra los españoles. El resultado fue que Sucre ganó la independencia de Ecuador.
7. En el siglo XIX Quito era el centro conservador de grandes hacendados que se beneficiaban del trabajo de los indígenas y se oponían a cambios sociales; Guayaquil era un puerto cosmopolita, controlado por comerciantes interesados en la libre empresa e ideas liberales.
8. En la guerra de 1941 con el Perú, Ecuador perdió la mayor parte de su región amazónica.
9. La explotación de sus reservas petroleras causó un acelerado desarrollo económico en Ecuador a partir de 1972. Este desarrollo trajo al país una mayor estabilidad política.
10. Tres causas de la crisis económica de 1998 son los efectos de El Niño, la inflación y la disminución del precio del petroleo.

Y ahora, ¡a leer!

Anticipando la lectura

A. Charles Darwin.   pág. 347

1. Nació en Inglaterra (en Shrewsbury).
2. Viajó a las islas Galápagos. (También visitó Tenerife, Brasil, Montevideo, Tierra del Fuego, Buenos Aires, Valparaíso, Chile, Tahiti, Nueva Zelandia, Tasmania y las islas Keeting).
3. Viajó en el barco *H.M.S. Beagle.*
4. Fue un viaje científico, para medir y hacer un mapa de las aguas que rodean Sudamérica.
5. Descubrió una gran variedad en la fauna y la flora de los lugares que visitó.
6. Llegó a la famosa teoría de la "selección natural". Esta teoría dice que hay un proceso de selección natural por el cual sólo los más fuertes o inteligentes en todas las especies sobreviven.
7. Llegó a esas conclusiones observando detalladamente una tremenda cantidad de fauna y flora a lo largo de su viaje.
8. Publicó su investigación en Inglaterra en noviembre de 1859.
9. El libro más famoso de Darwin se llama *The Origin of Species by Means of Natural Selection.*
10. *Las respuestas van a variar.*

B. Vocabulario en contexto   pág. 347–348

1. b. nombradas
2. a. dibujar
3. b. llegar a ser adultos
4. c. el paso de los años
5. a. el flujo del mar
6. b. suman miles y miles
7. a. proclamó
8. c. instrucción

Lectura

¿Comprendiste la lectura?

A. ¿Sí o no?   pág. 352

1. Sí.
2. No. Fueron descubiertas en 1535 por el obispo español Fray Tomás de Berlanga.
3. Sí.
4. No. Se calcula que mataron más de 100.000 tortugas galápagos e hicieron desaparecer a cuatro de la quince variedades distintas que se hallaban en las islas.
5. Sí.
6. Sí.
7. No. En 1832 Ecuador tomó posesión de las islas como territorio.
8. Sí.
9. No. Darwin estuvo en las islas solo veinte días.
10. No. El Parque Nacional de las Islas Galápagos se fundó en 1959, para conmemorar el centenario de la publicación de *El origen de las especies*.

B. Hablemos de la lectura.   pág. 352

1. Se conocen también como las Islas Encantadas por la exótica belleza y extraordinaria riqueza de fauna y flora.
2. Las islas Galápagos fueron descubiertas por el obispo español Fray Tomás de Berlanga en 1535.
3. Los piratas ingleses usaban las islas como refugio y base para sus ataques contra los españoles.
4. Capturaban a las tortugas galápagos por su carne y su aceite.
5. Los vientos y las corrientes marinas llevaron a las islas una gran variedad de plantas y animales.
6. Muchas iguanas cambiaron de amarillo y verde a negro cuando la ley de supervivencia las obligó a camuflarse en las rocas de lava.
7. Charles Darwin fue el famoso naturalista que desarrolló la teoría de la selección natural y escribió el libro *El origen de las especies*.
8. Fundamentaba su teoría de la evolución en los cambios observados en las plantas y animales al adaptarse al ambiente de las islas.

9. Las respuestas van a variar. Deberían mencionar que observó plantas y animales en proceso de cambio o ya totalmente cambiados de su forma natural para sobrevivir en las islas.
10. La ley de 1971 insiste en que todas las personas que visitan las islas tengan que ser acompañadas por un(a) guía entrenado(a).

Escribamos ahora

A. A generar

Las respuestas van a variar.

Manual de gramática

▶ 7.2   Imperfecto de subjuntivo: Cláusulas adverbiales

A. Los planes de tu amigo(a).   pág. G102

1. Me dijo que pasaría el próximo semestre en Quito con tal de que encontrara una buena escuela donde estudiar.
2. Me dijo que pasaría el próximo semestre en Quito, siempre que aprobara todos los cursos que tiene este semestre.
3. Me dijo que pasaría el próximo semestre en Quito, a menos que tuviera problemas económicos.
4. Me dijo que pasaría el próximo semestre en Quito, a fin de que su español mejorara.
5. Me dijo que pasaría el próximo semestre en Quito, en caso de que pudiera vivir con una familia.

B. Primer día.   pág. G102

1. Tan pronto como (En cuanto) yo entrara en mi cuarto de hotel, me pondría ropa y zapatos cómodos.
2. Tan pronto como (En cuanto) yo estuviera listo(a), iría a la Plaza de la Independencia y entraría en la Catedral.
3. Tan pronto como (En cuanto) yo saliera de la Catedral, miraría las tiendas de los alrededores.
4. Tan pronto como (En cuanto) yo me cansara de mirar tiendas, caminaría hacia la Plaza San Francisco.
5. Tan pronto como (En cuanto) yo alcanzara la Plaza San Francisco, buscaría la iglesia del mismo nombre.
6. Tan pronto como (En cuanto) yo terminara de admirar el arte de la iglesia, volvería al hotel, seguramente cansadísimo(a).

C. El petróleo ecuatoriano.   pág. G103

1. descubriera
2. alcanzó
3. tenía
4. bajaran
5. sabían
6. bajaran
7. produjera

Del pasado al presente

¡A ver si comprendiste! pág. 364

1. 3.000 metros.
2. La mayoría de la población boliviana se concentra en el altiplano central.
3. Tiahuanaco fue el primer imperio andino. Sus ruinas están situadas a dieciséis kilómetros al sur de las orillas del lago Titicaca. Se cree que sus habitantes, los collas, fueron los primeros aymaras.
4. Los aymaras.
5. En el cerro de Potosí se descubrieron grandes depósitos de plata. Esto resultó en la fundación de la ciudad del mismo nombre.
6. Durante la colonia Bolivia tuvo los nombres de la Audiencia de Charcas y el Alto Perú.
7. Antonio José de Sucre fue el héroe de la independencia de Bolivia. Él fue el general que ganó la batalla de Ayacucho, que fue decisiva para vencer a los españoles.
8. Para evitar una guerra civil, se decidió establecer dos capitales, la sede del gobierno y el poder legislativo en La Paz y la capital oficial y el Tribunal Supremo en Sucre.
9. Bolivia perdió la provincia de Atacama (cedida a Chile), una región del Chaco (cedida a Argentina), la región de Acre (cedida a Brasil) y varios territorios cedidos a Paraguay.
10. Los efectos de la Revolución de 1952 fueron una reforma agraria a beneficio de los campesinos, la nacionalización de las principales empresas mineras y el avance social de los mestizos.
11. Se concentraba en los mercados libres, las luchas contra el narcotráfico y el analfabetismo.

Escenario

¡A ver si comprendiste! pág. 367

1. Se cree que los aymaras surgieron de la gran cultura de Tiahuanaco.
2. Tiahuanaco es importante porque fue una cultura que se desarrolló por casi dos mil años y porque se cree que muchos de los avances de los incas se basan en la cultura de Tiahuanaco.
3. Actualmente, los aymaras constituyen aproximadamente el 25 por ciento de la población de Bolivia.
4. Los aymaras han podido mantener su lengua y su cultura debido a su sentido de comunidad. Practican una agricultura colectiva y mantienen vivas sus creencias, costumbres e idiosincracias.

Y ahora, ¡veámoslo!

A ver cuánto comprendiste...

A. Dime si entendiste. pág. 369

1. Usan el junco que crece a orillas del lago Titicaca.
2. La pesca, la agricultura y la cría de rebaños son las actividades económicas más importantes.
3. La llama. Con su lana los aymaras hacen mantas, ponchos y sombreros.
4. Los muñecos representan al novio y a la novia y sus bienes.
5. Encarnan la creencia que de la pareja nace la familia y que de la familia nace la comunidad.

B. ¿Y qué dices tú? pág. 369

1. *Las respuestas van a variar.*
2. Las respuestas van a variar. Quizás digan porque el lago Titicaca podía facilitar la agricultura.
3. El papel de la música es muy importante en los rituales y festivales. En el video aparecen tambores y quenas.
4. Las respuestas van a variar. Participan porque reconocen la importancia de la familia en la comunidad.
5. *Las respuestas van a variar.*

Escribamos ahora

C. Segunda revisión. pág. 370–371

1. hablaba, sacara, ayudara, picaría, pudiera, iba, esperara, pudieran
2. habían encotrado, Habían descubierto, han indicado, han alcanzado, han vivido, ha descubierto, han sido, han desaparecido

Manual de gramática

7.3 Presente perfecto: Indicativo y subjuntivo

A. Cambios recientes. pág. G104

1. Se han nacionalizado algunas empresas.
2. Se les han repartido tierras a los campesinos.
3. Se ha promovido el desarrollo de la zona oriental.
4. Se ha tratado de estabilizar la economía.
5. Se ha creado una nueva moneda, el boliviano.
6. Se ha escogido como presidente al candidato del Movimiento Nacionalista Revolucionario.

B. La Puerta de Sol. pág. G105

1. Es posible que la Puerta del Sol haya sido la puerta de entrada de un palacio.
2. Es posible que la Puerta del Sol haya constituido el centro religioso de un imperio.

3. Es posible que la Puerta del Sol haya sido construida hace más de veinticinco siglos.

4. Es posible que la Puerta del Sol haya tenido un significado político y religioso.

5. Es posible que la Puerta del Sol haya señalado las tumbas de los reyes.

C. Quejas.   pág. G105

1. Mi amigo(a) siente que ellos no hayan visitado el Museo de Instrumentos Nativos.

2. Mi amigo(a) siente que ellos no hayan podido ver el Festival del Gran Poder.

3. Mi amigo(a) siente que ellos no hayan comido empanadas en el Mercado Camacho.

4. Mi amigo(a) siente que ellos no hayan asistido a un festival de música andina.

5. Mi amigo(a) siente que ellos no hayan subido al Parque Mirador Laykacota.

6. Mi amigo(a) siente que ellos no hayan visto la colección de objetos de oro en el Museo de Metales Preciosos.

D. ¿Cuánto sabes?   pág. G105

1. ¿Has escuchado música andina? No, nunca he escuchado música andina. o Sí, la he escuchado una vez.

2. ¿Has leído acerca de las culturas preincaicas? No, no he leído acerca de la culturas preincaicas. o Sí, he leído acerca de ellas.

3. ¿Has visitado Sucre, la capital legal de Bolivia? No, nunca he visitado Sucre. o Sí, he visitado Sucre varias veces.

4. ¿Has estudiado quechua? No, nunca he estudiado quechua. o Sí, lo he estudiado.

5. ¿Has dado un paseo en barco por el Lago Titicaca? No, nunca he dado un paseo por el Lago Titicaca. o Sí, he dado un paseo en barco por el Lago Titicaca.

6. ¿Has tocado la quena o el charango? No, nunca he tocado la quena ni el charango. o Sí, he tocado la quena y el charango.

7. ¿Has sufrido de soroche? No, nunca he sufrido de soroche. o Sí, he sufrido de soroche varias veces.

8. ¿Has oído la canción "El cóndor pasa"? No, nunca he oído la canción "El cóndor pasa". o Sí, la he oído en una ocasión.

Unidad 8, Lección 1

Del pasado al presente

¡A ver si comprendiste!   pág. 379

1. Los "porteños" son los habitantes de Buenos Aires, el puerto principal del país.

2. Fueron exterminadas por los colonizadores españoles.

3. El nombre de "Río de la Plata" se originó con la leyenda de la "ciudad de los Césares" y la sierra hecha de plata.

4. El Virreinato del Río de la Plata se estableció en 1776, con Buenos Aires como su capital.

5. Argentina adquirió el territorio de Misiones en 1865, como resultado de la guerra contra Paraguay.

6. Argentina llegó a ser conocida como el "granero del mundo" cuando empezó a exportar granos y carne congelada a todas partes del mundo.

7. Juan Domingo Perón fue presidente de Argentina de 1946 a 1955 y de 1973 hasta que murió al año siguiente.

8. En 1974, María Estela Martínez, conocida como Isabel Perón, asumió al presidencia de Argentina.

9. Entre 1976 y 1983, Argentina tuvo gobiernos militares que casi arruinaron el país.

10. La inflación y la economía mejoraron muchísimo durante el gobierno de Carlos Saúl Menem. Menem permaneció 10 años.

Del pasado al presente

¡A ver si comprendiste!   pág. 383

1. Casi la mitad de la población y la gran mayoría de actividades gubernamentales, económicas y culturales tienen lugar en Montevideo, la capital.

2. Bruno Mauricio de Zabala, gobernador de Buenos Aires, fundó el fuerte de San Felipe de Montevideo en 1726.

3. El territorio se conocía como la Banda Oriental.

4. José Gervasio Artigas dirigió una rebelión contra los españoles en 1811, que terminó con el dominio español.

5. Brasil y Argentina firmaron un tratado en 1828 en el que reconocieron la independencia uruguaya.

6. El Partido Colorado se originó con los seguidores de Fructuoso Rivera y defendía los intereses de las clases medias urbanas; el Partido Nacional se originó con los seguidores de Juan Antonio Lavalleja y representaba los intereses de los grandes propietarios.

7. Se le llamaba la "Suiza de América" porque estaba en un período de gran prosperidad económica y estabilidad institucional.

8. Éste fue un período de gobiernos militares que devastó la economía y reprimió toda forma de oposición.

9. *Las respuestas van a variar.*

Ventana al Mundo 21   pág. 384

1. El fútbol también se llama balompié o *soccer*. La versión que se juega hoy día se originó en Inglaterra.

2. La primera Copa Mundial se jugó en 1930. Tres países sudamericanos han ganado la Copa Mundial ocho veces: Uruguay ganó en 1930 y en 1950. Brasil ganó en 1958, 1962, 1970 y 1994. Argentina ganó en 1978 y 1986.

3. El efecto de llegar a ser finalista, ganar o perder la Copa Mundial se extiende tanto a la psicología de los individuos como al bienestar político y económico de las naciones sudamericanas.

Y ahora, ¡a leer!

Anticipando la lectura

C. Vocabulario en contexto. pág. 385–386
1. c. en dirección opuesta
2. a. fácilmente
3. b. no aceptaba
4. c. otra persona
5. b. asignado
6. b. hacerse oscuro
7. a. la circulación
8. c. cuarto

Lectura

¿Comprendiste la lectura?

A. ¿Sí o no? pág. 390
1. Sí.
2. No. El lector está leyendo en un sillón cómodo en el estudio de su casa.
3. Sí.
4. Sí.
5. No. El último encuentro tuvo lugar en la cabaña del monte.
6. No. Llevaba un puñal escondido en el pecho.
7. Sí.
8. Sí.

B. Hablemos de la lectura. pág. 390
1. Hacía unos días que empezó a leer la novela.
2. La abandonó porque tenía negocios urgentes en la ciudad.
3. Se sentó en su sillón favorito en el estudio de su casa a leer.
4. Era una novela de misterio. Se sabe que alguien va a morir pero no se sabe quién hasta el final de la novela.
5. Eran amantes.
6. El hombre se dirigió a la casa del protagonista.
7. El mayordomo no estaba a esa hora porque ya se había retirado.
8. El amante encontró a un hombre sentado en un sillón de terciopelo verde leyendo una novela.

9. Las respuestas van a variar. Tal vez digan que fue cuando el amante entró en la casa del protagonista.
10. *Las respuestas van a variar.*

Manual de gramática

8.1 *Otros tiempos perfectos*

A. Investigación. pág. G107
1. Me preguntaron si había estado en casa todo el día.
2. Me preguntaron si había visto a alguien en la casa.
3. Me preguntaron si había oído ladrar los perros.
4. Me preguntaron si había escuchado ruidos extraños.
5. Me preguntaron si había llamado a la policía de inmediato.
6. Me preguntaron si había hablado recientemente con la esposa del hombre muerto.

B. Quejas. pág. G108
1. La gente lamentaba que en los años anteriores la productividad del país hubiera disminuido.
2. La gente lamentaba que en los años anteriores los precios de la ropa y de los comestibles hubieran subido mucho.
3. La gente lamentaba que en los años anteriores la inflación no se hubiera controlado.
4. La gente lamentaba que en los años anteriores el estándar de vida hubiera declinado.
5. La gente lamentaba que en los años anteriores la guerra de las Malvinas se hubiera perdido.
6. La gente lamentaba que en los años anteriores miles de personas hubieran desaparecido.

C. Predicciones. pág. G108
1. Antes de que termine el siglo XX, el desempleo ya habrá bajado.
2. Antes de que termine el siglo XX, la economía ya se habrá estabilizado.
3. Antes de que termine el siglo XX, la deuda externa ya se habrá pagado.
4. Antes de que termine el siglo XX, el país ya se habrá convertido en una potencia agrícola.
5. Antes de que termine el siglo XX, la energía hidroeléctrica ya se habrá desarrollado.
6. Antes de que termine el siglo XX, la red caminera ya habrá aumentado.
7. Antes de que termine el siglo XX, el país ya habrá llegado a ser una nación industrializada.

D. Vacaciones muy cortas. pág. G108
1. Me habría paseado por las Ramblas.
2. Habría mirado más tiendas de la avenida 18 de Julio.

3. Habría admirado los cincuenta y cinco colores del mármol del Palacio Legislativo.
4. Habría visto el Monumento a la Carreta.
5. Habría asistido a un partido de fútbol en el Estadio Centenario.
6. Habría vuelto muchas veces más a la Plaza de la Independencia.
7. Habría tomado té en una confitería.
8. Habría escuchado tangos en una tanguería.

Unidad 8, Lección 2

Gente del Mundo 21

Personalidades del Mundo 21 pág. 395

Las respuestas van a variar.
1. ser el único candidato garantiza la victoria.
2. soy un futbolista sobresaliente.
3. es en Paraguay donde he vivido, trabajado y escrito la mayoría de mi obra intelectual.
4. tuve que elegir entre el piano y la guitarra al hacer el profesorado superior.
5. fui derrocado por un golpe de estado.

Del pasado al presente

¡A ver si comprendiste! pág. 400

1. La mayoría de la población paraguaya habla tanto guaraní como español.
2. El río Paraguay y el río Paraná son los dos ríos principales de Paraguay.
3. El portugués Aleixo García fue el primer europeo que exploró Paraguay. García y otros europeos murieron durante la expedición.
4. Los jesuitas fundaron las reducciones.
5. José Gaspar Rodríguez de Francia fue declarado dictador supremo y luego dictador perpetuo. Lo llamaban el Supremo porque tenía poder absoluto.
6. En la Guerra de la Triple Alianza, Brasil, Argentina y Uruguay unieron fuerzas contra Paraguay. Fue un desastre para Paraguay: el presidente murió, el ejército fue destruido y casi la mitad de la población murió, territorios fueron perdidos y el país fue ocupado por tropas brasileñas.
7. En la Guerra del Chaco, Paraguay luchó contra Bolivia. El resultado fue que Paraguay perdió un cuarto del Chaco y más de 100.000 paraguayos perdieron su vida.
8. Alfredo Stroessner es un militar que fue nombrado presidente en 1954 y conservó el cargo por treinta y cinco años.
9. En Itaipú se ha construido una enorme presa con una planta hidroeléctrica. Ésta ayuda el desarrollo económico de Paraguay ya que le permite exportar grande cantidades de electricidad.

Y ahora, ¡a leer!

Anticipando la lectura

B. Vocabulario en contexto. pág. 402–403
1. a. mi apreciación
2. c. lugar de nacimiento
3. b. la concesión
4. c. a al vez
5. a. subyugada
6. c. no normales
7. b. honrar
8. a. seguridad

Lectura

¿Comprendiste la lectura?

A. ¿Sí o no? pág. 406
1. Sí.
2. No. Recibió noticias de que se le había otorgado el Premio Cervantes mientras estaba en Tolosa pero lo recibió en la Universidad e Alcalá de Henares en España.
3. Sí.
4. Sí.
5. No. Dijo que significa el fin del exilio para un millón de ciudadanos.
6. No. Él cree que la literatura es capaz de ganar batallas sin armas, sólo con la imaginación y el lenguaje.
7. Sí.

B. Hablemos de la lectura. pág. 406
1. Augusto Roa Bastos es el escritor paraguayo que fue galardonado con el Premio Cervantes en 1989. Es el escritor paraguayo que ha alcanzado más fama internacional.
2. En Tolosa fue profesor universitario de literatura latinoamericana y de lengua guaraní.
3. Las respuestas van a variar. Tal vez digan que lleva el nombre de Cervantes por ser éste el más grande escritor de la lengua española.
4. Las respuestas van a variar. Tal vez digan que asistieron los reyes de España porque es el premio literario más prestigioso de España.
5. Viste una toga porque es un símbolo del doctorado que acaba de recibir.
6. Francia y España son países muy queridos de Roa Bastos porque ambos lo aceptaron con manos abiertas cuando tuvo que salir de su país exiliado. Ama a Paraguay por ser éste su país natal.
7. Según él, las tres razones son: 1) el recibir el premio directamente del rey de España, 2) la coincidencia del otorgamiento con el derrocamiento del dictador del Paraguay y 3) el que su obra haya seguido el modelo de las obras de Cervantes.

8. Admira muchísimo la obra de Cervantes. Lo indica al expresar la tercera razón de importancia de este premio y al citar las lecciones de la obra maestra de Cervantes.

Escribamos ahora

A. A generar ideas: la realidad y la imaginación
Las respuestas van a variar

Manual de gramática

8.2 Secuencia de tiempos: Indicativo

A. Lecturas. pág. G110

1. Leí que Juan Salazar de Espinosa fundó Asunción en 1537.
2. Leí que los jesuitas organizaron misiones en el siglo XVII.
3. Leí que José Gaspar Rodríguez de Francia gobernó el país desde 1814 hasta 1840.
4. Leí que Augusto Roa Bastos publicó su novela *Yo, el supremo* en 1974.
5. Leí que Josefina Plá escribió un ensayo sobre el barroco hispano-guaraní en 1975.
6. Leí que el general Stroessner fue derrocado en 1989.
7. Leí que el general Andrés Rodríguez fue elegido presidente en 1989.
8. Leí que Juan Carlos Wasmosy ganó las elecciones presidenciales en 1993.

B. Recuerdos. pág. G110

1. Cuando comenzó la guerra, yo vivía en Misiones con mi familia.
2. Cuando comenzó la guerra, yo no estaba casado.
3. Cuando comenzó la guerra, yo no trabajaba.
4. Cuando comenzó la guerra, yo estaba todavía en la escuela.
5. Cuando comenzó la guerra, yo no estaba inscrito en el servicio militar.
6. Cuando comenzó la guerra, yo creía que no sería un conflicto muy serio.

C. Futuro inmediato. pág. G110

1. Opino que (no) se enseñará el guaraní en las escuelas privadas.
2. Opino que (no) se desarrollarán proyectos económicos con países vecinos.
3. Opino que (no) se publicarán libros y periódicos en guaraní.
4. Opino que (no) se cultivarán algodón y maní.
5. Opino que (no) se construirán vías férreas.

D. ¿Qué pasará? pág. G110

1. Me imagino que antes del fin del siglo XX la población (no) habrá alcanzado diez millones.

2. Me imagino que antes del fin del siglo XX el país (no) habrá participado en una guerra con sus vecinos.
3. Me imagino que antes del fin del siglo XX los paraguayos (no) habrán poblado el norte del país.
4. Me imagino que antes del fin del siglo XX la gente (no) habrá destruido la jungla.
5. Me imagino que antes del fin del siglo XX la lengua guaraní (no) habrá desaparecido.
6. Me imagino que antes del fin del siglo XX el aislamiento del país (no) habrá sido superado.

E. ¡Ahora sé más! pág. G111

1. Pensaba que Paraguay estaba al norte de Bolivia, pero ahora sé que no está al norte.
2. Pensaba que Paraguay tenía salida al mar, pero ahora sé que no tiene salida.
3. Pensaba que Paraguay exportaba café principalmente, pero ahora sé que no exporta café principalmente.
4. Pensaba que Paraguay no tenía grupos indígenas, pero ahora sé que sí tiene indígenas.
5. Pensaba que Paraguay no producía energía hidroeléctrica, pero ahora sé que sí produce energía hidroeléctrica.

Unidad 8, Lección 3

Del pasado al presente

¡A ver si comprendiste! pág. 418

1. Proviene de la palabra *chilli*, que significa "confines de la Tierra".
2. Los españoles nombraron a los mapuches "araucanos".
3. Pedro de Valdivia, que fundó Santiago en 1541, fue capturado y murió a manos del cacique araucano Lautaro en 1553.
4. Bernardo O'Higgins es el chileno que, junto con José de San Martín, derrotó a los españoles en 1817. O'Higgins tomó Santiago y pasó a gobernar el país con el título de director supremo.
5. La Guerra del Pacífico fue iniciada por Chile contra el Perú y Bolivia. Como resultado, Chile anexó grandes territorios peruanos y bolivianos.
6. La consigna de Eduardo Frei Montalva era "revolución en libertad". Se refería a la reforma agraria.
7. Salvador Allende proponía una transición pacífica al socialismo.
8. El 11 de septiembre de 1973, las fuerzas armadas tomaron el poder y Allende murió durante el asalto. Esto empezó un gobierno militar opresivo que duró quince años.
9. Las respuestas van a variar. Tal vez digan que el pueblo chileno quería volver a la democracia.

Escenario

¡A ver si comprendiste! pág. 421

1. Augusto Pinochet es el general que impuso una dictadura en Chile en 1972.
2. El pueblo chileno rechazó la dictadura de Pinochet en 1988. Votaron contra una enmienda a la constitución que le permitiría continuar.
3. Patricio Aylwin fue elegido presidente en 1989. Tomó posesión del cargo de presidente en una ceremonia en el Estadio Nacional de Santiago.
4. Eduardo Frei Ruiz-Tagle, elegido presidente en 1993 es hijo del ex presidente Eduardo Frei Montalva.

Y ahora, ¡veámoslo¡

A ver cuánto comprendiste...

A. Dime si entendiste. pág. 423

1. El presidente Patricio Aylwin dice "Sí, juro".
2. Forman una bandera chilena con una estrella blanca y tres colores: rojo, blanco y azul.
3. Las respuestas van a variar. Una persona puede ser respetuosa y valiente a la vez.
4. Se corta el pelo para demostrar de una manera muy gráfica que los jóvenes no son tontos y saben lo que hacen.
5. *Las respuestas van a variar.*

B. ¿Y qué dices tú? pág. 423

1. Aylwin fue el primer presidente elegido democráticamente en diecisiete años.
2. Las respuestas van a variar. Pueden decir que son símbolos de la democracia y reflejan cómo los chilenos salieron del encierro de la dictadura de Pinochet cuando el presidente Aylwin tomó el cargo de presidente.
3. Las respuestas van a variar. Había muchas divisiones políticas en Chile y tanto los civiles como los militares son parte de Chile.
4. Las respuestas van a variar. Puede significar que la violencia clandestina no se va a permitir y que para que haya paz, las cosas tienen que ocurrir en una manera pública y transparente.
5. Son imágenes que tienen que ver con la cultura que incluye la música, el teatro y la poesía.
6. *Las respuestas van a variar.*

Manual de gramática

8.3 *Secuencia de tiempos: Indicativo y subjuntivo*

A. Cosas sorprendentes. pág. G112

1. Me ha sorprendido que Chile posea una parte de la Antártida.
2. Me ha sorprendido que Chile tenga posesiones en el océano Pacífico, como la Isla de Pascua.
3. Me ha sorprendido que Chile concentre la población en la parte central de su territorio.
4. Me ha sorprendido que Chile goce, en la zona central, de un clima y paisaje semejantes a los de California.
5. Me ha sorprendido que Chile disponga de canchas de esquí de renombre mundial.
6. Me ha sorprendido que Chile produzca vinos famosos en el mundo entero.

B. Posible visita. pág. G112

1. Visitaré Chile tan pronto como reúna dinero.
2. Visitaré Chile con tal (de) que pueda quedarme allí tres meses por lo menos.
3. Visitaré Chile después (de) que me gradúe.
4. Visitaré Chile cuando esté en mi tercer año de la universidad.
5. Visitaré Chile en cuanto apruebe mi curso superior de español.

C. Cosas buenas. pág. G113

1. Sería bueno que el país tuviera otros centros económicos importantes, además de Santiago.
2. Sería bueno que el gobierno protegiera la industria nacional.
3. Sería bueno que la carretera panamericana estuviera mejor mantenida.
4. Sería bueno que el gobierno se preocupara más por la preservación de las riquezas naturales.
5. Sería bueno que (nosotros) explotáramos más los recursos minerales del desierto de Atacama.
6. Sería bueno que el presidente (no) pudiera ser reelegido.

D. Recuerdos de años difíciles. pág. G113

1. A la gente le gustaba que la exportación de fruta hubiera aumentado.
2. A la gente le gustaba que el orden público se hubiera reestablecido.
3. A la gente le gustaba que la economía hubiera mejorado un poco.
4. A la gente no le gustaba que los latifundios no se hubieran eliminado.
5. A la gente no le gustaba que el costo de la educación hubiera subido mucho.
6. A la gente no le gustaba que muchos profesionales hubieran abandonado el país.

A. Planes. pág. G114

1. Si tengo tiempo, subiré al cerro San Cristóbal.
2. Si tengo tiempo, entraré en la Chascona, una de las casas de Pablo Neruda en Santiago.
3. Si tengo tiempo, esquiaré en Farellones.
4. Si tengo tiempo, saldré para el pueblo de Pomaire para ver trabajar a los artesanos.
5. Si tengo tiempo, veré el glaciar del Parque Nacional El Morado.

B. En el sur. pág. G114

1. Si pudiera ir al sur de Chile, navegaría en el río Bío-Bío.
2. Si pudiera ir al sur de Chile, recorrería algunos pueblos mapuches cerca de Temuco.
3. Si pudiera ir al sur de Chile, vería los fuertes españoles del siglo XVII cerca de Valdivia.
4. Si pudiera ir al sur de Chile, me pasearía por los densos bosques del Parque Nacional Puyehue cerca de Osorno.
5. Si pudiera ir al sur de Chile, alquilaría un bote en el lago Llanquihue.

C. ¡Qué lástima! pág. G115

1. Si hubiera tenido tiempo, habría pasado unos días en Arica, cerca de la frontera con Perú.
2. Si hubiera tenido tiempo, habría visto los edificios coloniales de La Serena.
3. Si hubiera tenido tiempo, habría entrado en iglesias del siglo XVIII en la isla de Chiloé.
4. Si hubiera tenido tiempo, habría volado a Punta Arenas, la ciudad más austral del mundo.
5. Si hubiera tenido tiempo, habría hecho una visita a la Isla de Pascua.

8.4 *Imperfecto de subjuntivo en las cláusulas principales*

A. Recomendaciones. pág. G115

1. Pudieras (Podrías) viajar durante los meses calurosos de verano.
2. Pudieras (Podrías) llevar dólares en vez de pesos chilenos.
3. Pudieras (Podrías) leer una guía turística.
4. Pudieras (Podrías) comprar tu billete de avión con anticipación.
5. Pudieras (Podrías) pasar más de cinco días en Santiago.
6. Pudieras (Podrías) ver la región de los lagos.

B. Soñando. pág. G116

1. Ojalá estuviera tomando el sol en una playa en estos momentos.
2. Ojalá anduviera de viaje por el cono Sur.
3. Ojalá ganara un viaje a Chile.
4. Ojalá aprobara todos mis cursos sin asistir a clase.
5. Ojalá tuviera un empleo interesante.
6. Ojalá pudiera jugar al tenis más a menudo.

GUÍA DEL MAESTRO
Respuestas: Repaso rápido

pág. 59

1. moto,
2. día,
3. opinión

pág. 61

1. Un escritor mexicano,
2. Su obra forma un mural de la historia y cultura de México.
3. La idea principal es que los hispanos provienen de varias raíces y muchas culturas diferentes para formar lo que es el mundo hispano.

pág. 63

1. nace
2. decido
3. compran

pág. 64

1. San Diego
2. Sr. Estefan
3. el español
4. martes, 15 de octubre
5. Madrid, España
6. el sur de Florida

pág. 68

1. es
2. están
3. está
4. es

pág. 70

1. falso
2. cierto
3. falso

pág. 72

1. Javier es mexicano.
2. Mónica es hondureña.
3. Jorge es uruguayo.
4. Carlos es argentino.
5. Pilar es guatemalteca.

pág. 74

1. César Chávez (sujeto), armó (verbo) el sindicato "United Farm Workers" (objeto directo) en 1965.
2. Carlos Santana (sujeto), recibió (verbo) unos premios "Grammy" (objeto directo) por la canción "Smooth" (objeto indirecto).

pág. 76

1. falso
2. cierto
3. falso

pág. 78

1. aguacate,
2. El burrito se sirve en forma de flauta y el taco no.
3. Las respuestas van a variar.

pág. 80

1. piensan
2. recuerdas
3. piden
4. quiero
5. se divierte

pág. 82

1. conozco
2. traduzco
3. doy
4. conduzco
5. sé

pág. 84

1. Es un beisbolista puertorriqueño.
2. Juega al béisbol.
3. Practica de noche en su pueblo.
4. Las respuestas van a variar.

pág. 86

1. Estatua de la Libertad
2. cortadora de pelo
3. bote

pág. 90

1. Óscar Hijuelos
2. Andy García
3. Soledad O'Brien
4. Ileana Ros-Lehtinen

pág. 93

1. el más grande
2. más bonita
3. más pequeño

pág. 95

1. mayúscula
2. miércoles
3. opinión
4. éxito
5. exámenes

pág. 96

Las respuestas van a variar.

CLAVE DE RESPUESTAS

204 Repaso rápido

NUESTRO MUNDO

TRANSCRIPCIÓN DE AUDIO CD

CONTENIDO

TRANSCRIPCIÓN DE AUDIO CD

¡A escuchar!
El Mundo 21

A **Sammy Sosa.** Escucha lo que les dice un profesor de educación física a sus alumnos sobre uno de los beisbolistas más famosos de los últimos tiempos. Escucha con atención y luego marca si cada oración que sigue es **cierta** (**C**), **falsa** (**F**) o si no tiene relación con lo que escribiste (**N/R**). Si la oración es falsa, corrígela.

Todas las personas que disfrutan del béisbol saben que en las ligas de Estados Unidos participan muchos jugadores latinos. La mayoría de estos jugadores provienen del Caribe y de Venezuela. Muchos de ellos han logrado ocupar posiciones importantes en sus equipos, y también han obtenido el cariño y respeto del público hispano y estadounidense. Un ejemplo muy claro de esto es el dominicano Sammy Sosa, que alcanzó su fama jugando para los Cachorros de Chicago como jardinero. Sammy Sosa se ha destacado por marcar el récord de jonrones durante la temporada de 1998 gracias a su destreza y habilidad en el campo de juego. A partir de entonces su fama crece día a día y se ha convertido en uno de los jugadores más prestigiosos de la actualidad. Además del béisbol, a Sammy Sosa le interesa ayudar a las personas necesitadas. Por eso ha creado la fundación que lleva su nombre, para ayudar a las familias carenciadas de la República Dominicana y de Estados Unidos, los dos países que le han dado la oportunidad de convertirse en una estrella latina del deporte.

B **La lengua española en EE.UU.** Escucha el siguiente texto acerca del español en EE.UU. y luego selecciona la opción correcta para completar las siguientes oraciones.

El español es una lengua que tiene profundas raíces en la historia del territorio que hoy forma parte de EE.UU. Por ejemplo, siete estados con nombre en español (Florida, Texas, Nuevo México, California, Colorado, Arizona y Nevada) formaron parte del extenso imperio español. Muchas localidades y puntos geográficos, como montañas y ríos de estas regiones, conservan el nombre que les dieron los primeros exploradores y colonizadores hispanos a partir del siglo XVI. En el suroeste de EE.UU., muchas ciudades tienen nombres españoles como Los Ángeles, San Francisco, San José, San Diego, Albuquerque, Santa Fe, San Antonio y El Paso. En todas estas ciudades existen monumentos históricos que hacen referencia al pasado español. Igualmente se puede comprobar que la tradición mexicana sigue viva en las grandes comunidades de hispanohablantes que se concentran en estas ciudades. El español también se habla en Nueva York, Chicago, Miami y la mayoría de las grandes ciudades norteamericanas donde se concentran las diferentes comunidades formadas por puertorriqueños, cubanos, dominicanos y otros inmigrantes centroamericanos y sudamericanos. Después del inglés, el español es la lengua más común y la que más se estudia en EE.UU. Hay alrededor de 22 millones de hispanohablantes en este país. Así, EE.UU. es el quinto país en el mundo en número de hispanohablantes.

Escucha una vez más para verificar tus respuestas.

(Repeat passage.)

El abecedario

Los nombres de las letras del alfabeto en español son los siguientes. Repítelos al escuchar a la narradora leerlos.

a	a	**j**	jota	**s**	ese
b	be (*be*	**k**	ka	**t**	te
	grande, *be*	**l**	ele	**u**	u
	larga, *be* de	**m**	eme	**v**	ve, uve
	burro)	**n**	ene		(*ve* chica,
c	ce	**ñ**	eñe		*ve* corta,
d	de	**o**	o		*ve* de vaca)
e	e	**p**	pe	**w**	doble ve,
f	efe	**q**	cu		doble uve
g	ge	**r**	ere	**x**	equis
h	hache	**rr**	erre	**y**	i griega, ye
i	i			**z**	zeta

Observa que en español hay dos letras más que en inglés: la **ñ** y la **rr**. Hasta hace poco la **ch** y la **ll** también se consideraban letras del alfabeto español, pero fueron eliminadas en 1994 por la Real Academia Española.

C **¡A deletrear!** Deletrea en voz alta las palabras que va a pronunciar el narrador.

1. diversidad
2. empobrecer
3. traicionar
4. español
5. azteca
6. multirracial
7. incluir
8. lucha
9. judío
10. castillo

Sonidos y deletreo problemático

Muchos sonidos tienen una sola representación al escribirlos. Otros, como los que siguen, tienen varias representaciones y, por lo tanto, palabras con estos sonidos presentan problemas al deletrearlas.

El sonido /b/. La letra **b** y la **v** representan el mismo sonido. Por eso, es necesario memorizar el deletreo de palabras con estas letras. Repite los siguientes sonidos y palabras que va a leer la narradora.

/b/		**/b/**	
ba	**Ba**ca	va	**va**ca
bo	**bo**tar	vo	**vo**tar
bu	**bu**rro	vu	**vu**lgar
be	**be**so	ve	**ve**rano
bi	**bi**llar	vi	**ví**bora

Los sonidos /k/ y /s/. La **c** delante de las letras **e** o **i** tiene sonido /s/, que es idéntico al de la letra **s** y al de la **z**, excepto en España donde se pronuncia como *th* en inglés. Delante de las letras **a, o, u** tiene el sonido /k/. Para conseguir el sonido /k/ delante de las letras **e** o **i**, es necesario deletrearlo **que, qui.** Repite los siguientes sonidos y palabras que va a leer el narrador.

/k/			
ca	**ca**sa	que	**que**so
co	**co**bre	qui	**qui**nto
cu	**cu**chara		

/s/		**/s/**		**/s/**	
ce	**ce**ntro	se	**se**ñal	ze	**ze**ta
ci	**ci**dra	s	**s**ilencio	zi	**zi**gzag

Los sonidos /g/ y /x/. La **g** delante de las letras **e** o **i** tiene el sonido /x/ que es idéntico al sonido de la **j**. Delante de otras letras usualmente tiene un sonido fuerte. Para conseguir el sonido /g/ delante de las letras **e** o **i**, es necesario deletrearlo **gue, gui.** Para conseguir el sonido de la **u** en esa combinación, hay que deletrearlo con diéresis, o sea, con dos puntos sobre la **u** en **güe, güi.** Repite los siguientes sonidos y palabras que va a leer la narradora.

/g/			
ga	**ga**lán	gui	**gui**a
go	**go**ta	güe	**güe**ra
gu	**gu**sto	güi	**güi**pil
gue	**gue**rra		

/x/		**/x/**	
ge	**ge**nte	je	**je**rga
gi	**gi**mnasio	ji	**ji**nete

El sonido /y/. En partes de Latinoamérica, la **ll** y la **y** tienen el sonido /y/. Por eso, es necesario memorizar el deletreo de palabras con estas letras. Repite los siguientes sonidos y palabras que va a leer la narradora.

/y/		**/y/**	
lla	**lla**ma	ya	**ya**nqui
llo	**llo**ra	yo	**yo**ga
llu	**llu**via	yu	**yu**ca
lle	**lle**gar	ye	**ye**rba
		yi	**yi**ddish

D **Sonido y deletreo.** Indica cómo se escribe cada sonido que van a leer los narradores. Si un sonido tiene varias representaciones escritas, escríbelas todas. Cada sonido se va a repetir dos veces.

1. ya
2. cu
3. si
4. ge
5. bu
6. güi
7. gui
8. qui
9. ce
10. lle

Separación en sílabas

Sílabas. Todas las palabras se dividen en sílabas. Una sílaba es la letra o letras que forman un sonido independiente dentro de una palabra. Para pronunciar y deletrear correctamente, es importante saber separar en sílabas. Hay varias reglas que determinan cómo se forman las sílabas en español. Estas reglas hacen referencia tanto a las **vocales (a, e, i, o, u)** como a las **consonantes** (cualquier letra del alfabeto que no sea vocal).

Regla N° 1: Todas las sílabas tienen por lo menos una vocal.

Estudia la división en sílabas de las siguientes palabras mientras la narradora las lee.

Tina: Ti-na   gitano: gi-ta-no

cinco: cin-co   alfabeto: al-fa-be-to

Regla N° 2: La mayoría de las sílabas en español comienza con una consonante.

moro: mo-ro romano: ro-ma-no
lucha: lu-cha mexicano: me-xi-ca-no

Una excepción a esta regla son las palabras que comienzan con una vocal. Obviamente la primera sílaba de estas palabras tiene que comenzar con una vocal y no con una consonante.

Ahora estudia la división en sílabas de las siguientes palabras mientras el narrador las lee.

Ana: A-na elegir: e-le-gir
elefante: e-le-fan-te ayuda: a-yu-da

Regla N° 3: Cuando la **l** o la **r** sigue una **b, c, d, f, g, p** o **t** forman agrupaciones que nunca se separan.

Estudia cómo estas agrupaciones no se dividen en las siguiente palabras mientras la narradora las lee.

poblado: po-**bla**-do drogas: **dro**-gas
bracero: **bra**-ce-ro anglo: an-**glo**
escritor: es-**cri**-tor actriz: ac-**triz**
flojo: **flo**-jo explorar: ex-**plo**-rar

Regla N° 4: Cualquier otra agrupación de consonantes siempre se separa en dos sílabas.

Estudia cómo estas agrupaciones se dividen en las siguientes palabras mientras la narradora las lee.

azteca: a**z**-**t**e-ca excepto: e**x**-**cep**-**t**o
mestizo: me**s**-**t**i-zo alcalde: a**l**-**cal**-**d**e
diversidad: di-ve**r**-**s**i-dad urbano: u**r**-**b**a-no

Regla N° 5: Las agrupaciones de tres consonantes siempre se dividen en dos sílabas, manteniendo las agrupaciones indicadas en la regla N° 3 y evitando la agrupación de la letra **s** antes de otra consonante.

Estudia la división en sílabas de las siguientes palabras mientras la narradora las lee.

instante: i**ns**-**t**an-te construcción:
                     co**ns**-**truc**-ción
empleo: e**m**-**ple**-o extraño: e**x**-**tra**-ño
estrenar: e**s**-**tre**-nar hombre: ho**m**-**bre**

A **Separación.** Divide en sílabas las palabras que escucharás a continuación.

1. co/mu/ni/dad 9. mu/sul/ma/na
2. ex/tran/je/ro 10. cri/sis
3. em/po/bre/cer 11. des/truc/ti/vo
4. cel/ta 12. im/po/ner

5. nom/brar 13. ca/li/dad
6. ab/di/car 14. com/ple/ji/dad
7. pro/tes/tan/te 15. in/fla/ción
8. o/ro 16. jar/di/nes

Dictado. Escucha el siguiente dictado e intenta escribir lo más que puedas. El dictado se repetirá una vez más para que revises tu párrafo.

Lengua multinacional

El español o castellano es hoy una de las lenguas más habladas en el mundo. Nació en una pequeña región de España llamada Castilla. El español se ha convertido en la lengua común de un importante sector de la humanidad. Alrededor de 360 millones de personas hablan este idioma, que tiene su origen en el latín que se habló en la Península Ibérica desde la conquista romana. Pero también incluye palabras de origen ibérico, celta, germánico y árabe. Así, la lengua española refleja la historia de las distintas culturas que habitaron la Península Ibérica.

Ahora, escucha una vez más para verificar lo que escribiste.

(Repeat passage.)

Unidad 1
Lección 1

¡A escuchar!
El Mundo 21

A **Carlos Santana.** Ahora vas a tener la oportunidad de aprender algo más sobre la vida del guitarrista Carlos Santana. Escucha con atención y luego marca si cada oración que sigue es **cierta** (**C**), **falsa** (**F**) o si no tiene relación con lo que escribiste (**N/R**). Si la oración es falsa, corrígela.

Carlos Santana pertenece a una familia de músicos mexicanos. Su padre es violinista y Jorge, su hermano, también es guitarrista. Desde niño, Carlos sintió inclinación por la música, y cuando su familia se mudó a Estados Unidos, empezó a combinar los ritmos caribeños con el rock y con el jazz. A fines de la década de 1960 presentó su banda en California, y desde entonces hasta hoy ha producido una gran cantidad de álbumes.

Muchos de los integrantes de su banda son latinos y muchas de sus canciones incluyen letras en español. Sus conciertos son un verdadero festival de sonido, con numerosos instrumentos de percusión y un ritmo asombroso. Santana siempre se ha preocupado por ayudar a la gente desamparada y por eso ha participado en conciertos para recaudar dinero y donarlo. Sus canciones tienen una melodía única y un ritmo difícil de igualar.

B **Los hispanos de Chicago.** Escucha el siguiente texto acerca de la población hispana de Chicago y luego selecciona la opción correcta para completar las siguientes oraciones.

Muchas personas saben que existe una gran concentración de población de origen hispano en las ciudades de Nueva York y Los Ángeles. Pero no saben que en Chicago, la tercera ciudad estadounidense más poblada, el veinte por ciento de los habitantes es de origen hispano. Según el censo de 1990 un poco más de trescientos cincuenta mil hispanos son de origen mexicano, seguidos por unos ciento veinte mil de origen puertorriqueño. Los méxicoamericanos, el grupo hispano mayoritario, se concentran en las comunidades de Pilsen y La Villita, las cuales han crecido de modo acelerado desde la década de los cincuenta. Como ejemplos de la vitalidad de la comunidad mexicana de Pilsen, se pueden mencionar la "Fiesta del Sol", celebración que tiene lugar durante la primera semana de agosto y el museo de bellas artes mexicano, fundado en 1982 en donde se exhibe el arte de la comunidad mexicana de Chicago.

Escucha una vez más para verificar tus respuestas.

(Repeat passage.)

C **Niños.** Vas a escuchar descripciones de varios niños. Basándote en la descripción que escuchas, haz una marca (**X**) antes de la oración correspondiente.

Nora es una estudiante muy buena; en casa siempre obedece a sus padres. Pepe escucha con mucha atención una historia de monstruos que le lee su mamá. Sarita siempre resuelve con mucha facilidad todo tipo de problemas; es de una inteligencia muy viva. Carlitos acaba de tomar un baño; se ha vestido y se ve impecable. Tere mira por la ventana, no hace nada y no sabe qué hacer.

Escucha una vez más para verificar tus respuestas.

(Repeat passage.)

Acentuación y ortografía

El "golpe". En español, todas las palabras de más de una sílaba tienen una sílaba que se pronuncia con más fuerza o énfasis que las demás. Esta fuerza de pronunciación se llama acento prosódico o "golpe". Hay dos reglas o principios generales que indican dónde llevan el "golpe" la mayoría de las palabras de dos o más sílabas.

Regla Nº 1: Las palabras que terminan en **vocal, n** o **s**, llevan el "golpe" en la penúltima sílaba. Escucha al narrador pronunciar las siguientes palabras con el "golpe" en la penúltima sílaba.

ma-no   pro-fe-**so**-res   ca-**mi**-nan

Regla Nº 2: Las palabras que terminan en **consonante,** excepto **n** o **s**, llevan el "golpe" en la última sílaba. Escucha al narrador pronunciar las siguientes palabras con el "golpe" en la última sílaba.

na-**riz**   u-ni-ver-si-**dad**   ob-ser-**var**

D **Para reconocer el "golpe".** Ahora escucha al narrador pronunciar las palabras que siguen y subraya la sílaba que lleva el golpe. Ten presente las dos reglas que acabas de aprender.

estudian<u>til</u>   origi<u>na</u>rio
Val<u>dez</u>   gabi<u>ne</u>te
inicia<u>dor</u>   <u>pre</u>mios
<u>ca</u>si   cama<u>ra</u>da
reali<u>dad</u>   glorifi<u>car</u>
al<u>cal</u>de   sindi<u>cal</u>
re<u>loj</u>   <u>o</u>rigen
recrea<u>cio</u>nes   ferroca<u>rril</u>

Acento escrito. Todas las palabras que no siguen las dos reglas anteriores llevan acento **ortográfico** o **escrito.** El acento escrito se coloca sobre la vocal de la sílaba que se pronuncia con más fuerza o énfasis. Escucha al narrador pronunciar las siguientes palabras que llevan acento escrito. La sílaba subrayada indica donde iría el "golpe" según las dos reglas anteriores.

<u>ma</u>-**má**   in-for-<u>ma</u>-**ción**   Ro-**drí**-<u>guez</u>

E **Práctica con acentos escritos.** Ahora escucha al narrador pronunciar las siguientes palabras que requieren acento escrito.

Subraya la sílaba que llevaría el golpe según las dos reglas anteriores y luego pon el acento escrito en la sílaba que realmente lo lleva. Fíjate que la sílaba con el acento escrito nunca es la sílaba subrayada.

contestó   doméstico
príncipe   celebración
líder   políticos
anglosajón   étnico
rápida   indígenas
tradición   dramáticas
económica   agrícola
décadas   propósito

Dictado. Escucha el siguiente dictado e intenta escribir lo más que puedas. El dictado se repetirá una vez más para que revises tu párrafo.

Los chicanos

Desde la década de 1970 existe un verdadero desarrollo de la cultura chicana. Se establecen centros culturales en muchas comunidades chicanas y centros de estudios chicanos en las más importantes universidades del suroeste de EE.UU. En las paredes de viviendas, escuelas y edificios públicos se pintan murales que proclaman un renovado orgullo étnico. Igualmente en la actualidad existe un florecimiento de la literatura chicana.

Ahora escucha una vez más para verificar lo que escribiste.

(Repeat passage.)

Unidad 1
Lección 2

¡A escuchar!
El Mundo 21

A **Esperando a Rosie Pérez**. Ahora vas a tener la oportunidad de escuchar a dos comentaristas de la radio en español que asisten a la ceremonia de la entrega de los premios "Óscar". Escucha con atención lo que dicen y luego marca si cada oración que sigue es **cierta** (**C**), **falsa** (**F**) o si no tiene relación con lo que escuchaste (**N/R**). Si la oración es falsa, corrígela.

HOMBRE: Estimados radioescuchas, en estos instantes estamos fuera del Centro Musical localizado en el centro de Los Ángeles, California, donde va a tener lugar esta noche la ceremonia de entrega de los premios "Óscar".

MUJER: Estamos esperando la llegada de Rosie Pérez, la actriz puertorriqueña que ha sido nominada para un premio "Óscar" por su actuación en la película titulada *Fearless*.

HOMBRE: Rosie Pérez es una joven que nació en un barrio puertorriqueño de Brooklyn, en Nueva York. Proviene de una numerosa familia de once hermanos de limitados recursos. Se mudó a Los Ángeles para estudiar biología marina en la Universidad Estatal de California de Los Ángeles.

MUJER: ¡Quién iba a creer que esta actriz que se inició en el cine haciendo el papel de novia del director afroamericano Spike Lee en la película titulada *Do the Right Thing,* unos pocos años después iba a ser nominada a un premio "Óscar"!

HOMBRE: En estos momentos Rosie Pérez se baja de una lujosa limosina negra. Lo que más me sorprende es la gran sonrisa que ilumina la cara de la actriz. Sin duda esta sonrisa refleja lo contenta que debe estar Rosie Pérez.

B **Una profesional.** Escucha la siguiente descripción y luego haz una marca (**X**) sobre las palabras que completan correctamente la información.

Soy psicóloga. Tengo 27 años y vivo en Nueva York. Soy puertorriqueña, pero Nueva York es mi lugar de nacimiento. Todas las mañanas salgo para mi trabajo en una clínica donde ejerzo mi profesión. Me especializo en el tratamiento de adolescentes y les doy consejos para que lleven una vida sana y provechosa. Me gusta mucho mi trabajo. Los fines de semana me distraigo: veo películas en el cine de mi barrio, corro por el parque o juego al tenis.

Escucha una vez más para verificar tus respuestas.

(Repeat passage.)

TRANSCRIPCIÓN DE AUDIO CD

Acentuación y ortografía

Diptongos. Un diptongo es la combinación de una vocal débil (**i, u**) con cualquier vocal fuerte (**a, e, o**) o de dos vocales débiles en una sílaba. Un diptongo forma una sílaba y emite un solo sonido. Escucha pronunciar al narrador los siguientes ejemplos de diptongos.

ia: d**ia**rio   ei: af**ei**tarse   eu: **eu**calipto
ui: r**ui**do   ua: g**ua**nte   ue: b**ue**no

C | **Identificar diptongos.** Ahora, cuando el narrador pronuncie las siguientes palabras, pon un círculo alrededor de cada diptongo.

b**ai**larina   in**au**gurar   v**ei**nte
Jul**ia**   c**iu**dadano   f**ue**rzas
barr**io**   profes**io**nal   boric**ua**s
movim**ie**nto   p**ue**rtorriqueño   c**ie**ntos
regim**ie**nto   prem**io**   eloc**ue**nte

Dos sílabas. Un acento escrito sobre la vocal débil de un diptongo rompe el diptongo en dos sílabas y causa que la sílaba con el acento escrito se pronuncie con más énfasis.

ma-íz   me-lo-dí-a   ba-úl

D | **Separación de diptongos.** Ahora, cuando el narrador pronuncie las siguientes palabras, pon un acento escrito en aquéllas donde se rompe el diptongo en dos sílabas.

desaf**ío**   escenario   jud**íos**
cuatro   ciudadan**ía**   premio
categor**ía**   pa**ís**   miembros
fr**ío**   ca**u**sa   Ra**úl**
diferencia   act**úa**   sand**ía**

Una sílaba acentuada. Un acento escrito sobre la vocal fuerte de un diptongo hace que *toda* la sílaba del diptongo se pronuncie con más énfasis.

ad-mi-nis-tra-ción   tam-bién   a-cuér-da-te

E | **Práctica de acentuación.** Ahora, cuando el narrador pronuncie las siguientes palabras, pon un acento escrito a aquellas palabras que lo necesitan.

organizac**ión**   desp**ués**   composiciones
recuerdos   b**éi**sbol   peri**ó**dicos
televis**ión**   diecis**éis**   conversac**ión**
territorio   actuac**ión**   iniciador
secretario   tranquilo   tamb**ién**

Dos vocales fuertes. Las vocales fuertes (**a, e, o**) nunca forman diptongo al estar juntas en una palabra. Dos vocales fuertes siempre se separan y forman dos sílabas. La sílaba subrayada lleva el "golpe" según las reglas de acentuación.

<u>ca</u>-os   le-al-<u>tad</u>   po-<u>e</u>-ta

F | **Vocales fuertes.** Mientras el narrador pronuncia las siguientes palabras, sepáralas en sílabas. Pon un acento escrito a las palabras que lo necesitan.

1. te/a/tro
2. ba/te/a/dor
3. con/tem/po/**rá**/ne/o
4. eu/ro/pe/o
5. ca/**ó**/ti/co
6. re/al/men/te
7. ca/ma/le/**ón**

G | **Silabificación y acentuación.** Mientras la narradora pronuncia las siguientes palabras, divídelas en sílabas y subraya la sílaba que debiera llevar el "golpe" según las dos reglas de acentuación. Luego, coloca el acento escrito donde sea necesario.

1. ac/ti/<u>tud</u>
2. cuén/<u>ta</u>/lo
3. dé/<u>ca</u>/das
4. a/le/<u>grí</u>/a
5. <u>huel</u>/ga
6. ac/<u>tual</u>
7. Juá/<u>rez</u>
8. lí/<u>de</u>/res
9. na/<u>cio</u>/nes
10. jó/<u>ve</u>/nes
11. au/tén/<u>ti</u>/co
12. to/da/<u>ví</u>/a

Dictado. Escucha el siguiente dictado e intenta escribir lo más que puedas. El dictado se repetirá una vez más para que revises tu párrafo.

Los puertorriqueños en EE.UU.

A diferencia de otros grupos hispanos, los puertorriqueños son ciudadanos estadounidenses y pueden entrar y salir de EE.UU. sin pasaporte o visa. En 1898, como resultado de la guerra entre EE.UU. y España, la isla de Puerto Rico pasó a ser territorio estadounidense. En 1917 los puertorriqueños recibieron la ciudadanía estadounidense. Desde entonces gozan de todos los derechos que tienen los ciudadanos de EE.UU., excepto que no pagan impuestos federales.

Ahora escucha una vez más para verificar lo que escribiste.

(Repeat passage.)

¡A escuchar!
El Mundo 21

A **Actor cubanoamericano.** Ahora vas a tener la oportunidad de escuchar la conversación que tienen dos amigas cubanoamericanas después de ver una película de Andy García en un teatro de Miami. Escucha con atención lo que dicen y luego marca si cada oración que sigue es **cierta** (**C**), **falsa** (**F**) o si no tiene relación con lo que escuchaste (**N/R**). Si la oración es falsa, corrígela.

MUJER 1: Oye chica, acabo de ver la película *El Padrino, Parte III.* ¿Tú ya la viste, verdad? ¿Qué te pareció la actuación de Andy García?

MUJER 2: La actuación fue excelente, pero a mí me parece que Andy García es demasiado guapo para hacer el papel de un mafioso.

MUJER 1: Estoy de acuerdo. La mirada penetrante que tiene este actor deshace a cualquier chica, ¿no te parece?

MUJER 2: Es interesante que a él no le gusta que lo cataloguen simplemente como otro actor hispano ni que le den sólo papeles de hispanos.

MUJER 1: Claro chica, si Andy ha hecho el papel de personajes de muchos grupos étnicos no sólo el de *"Latin Lover".* En cierta forma ha roto los estereotipos que muchas personas tienen en Hollywood de los actores latinos.

MUJER 2: Aunque te voy a decir que yo sí estoy convencida de que dice la verdad cuando afirma que él es más cubano que cualquiera y que su cultura es la base de su éxito.

B **Islas caribeñas.** Vas a escuchar información en la que se compara Cuba con Puerto Rico. Para cada una de las comparaciones que aparecen a continuación, haz un círculo alrededor de **Sí,** si los datos que escuchas coinciden con la comparación escrita; haz un círculo alrededor de **No,** si no escuchas nada acerca de ese tema.

La isla de Cuba es diez veces más grande que la isla de Puerto Rico. Tiene también más habitantes que Puerto Rico. Mientras que Puerto Rico tiene tres millones y medio de habitantes, Cuba tiene casi once millones. Puerto Rico, sin embargo, tiene proporcionalmente muchas más carreteras pavimentadas que Cuba. También, los ingresos generados por el turismo son mucho mayores en Puerto Rico que en Cuba. En ambas islas, el porcentaje de personas que viven en zonas urbanas es prácticamente idéntico: alrededor de un setenta por ciento.

Escucha una vez más para verificar tus respuestas.

(Repeat passage.)

Acentuación y ortografía

Triptongos. Un triptongo es la combinación de tres vocales: una vocal fuerte (**a, e, o**) en medio de vocales débiles (**i, u**). Los triptongos pueden ocurrir en varias combinaciones: **iau, uai, uau, uei, iai, iei,** etc. Los triptongos se pronuncian como una sola sílaba en las palabras donde ocurren. Escucha al narrador pronunciar las siguientes palabras con triptongos.

financi**iáis**   g**uau**   desafi**iáis**   m**iau**

La **y** tiene valor de vocal y cuando aparece después de una vocal fuerte precedida por una débil forma un triptongo. Escucha a la narradora pronunciar las siguientes palabras con una y final.

b**uey**   Urug**uay**   Parag**uay**

C **Triptongos y acentos escritos.** Ahora escucha a los narradores leer algunos verbos, en la segunda persona del plural (**vosotros**), junto con algunos sustantivos. En ambos casos, las palabras presentan triptongo. Luego, escribe las letras que faltan en cada palabra.

1. desafi**iéis**   **5.** anunci**iéis**
2. carag**uay**   **6.** b**uey**
3. denunci**iáis**   **7.** inici**iáis**
4. renunci**iéis**   **8.** averig**üéis**

D Separación en sílabas.
Separación en sílabas. El triptongo siempre se pronuncia en una sola sílaba. Ahora al escuchar a los narradores pronunciar las siguientes palabras con triptongo, escribe el número de sílabas de cada palabra.

1. denunciáis
2. miau
3. buey
4. financiéis
5. Uruguay
6. averigüéis
7. renunciáis
8. iniciáis

E Repaso.
Repaso. Escucha al narrador pronunciar las siguientes palabras y ponles un acento escrito si lo necesitan.

1. filósofo
2. diccionario
3. diptongo
4. número
5. examen
6. cárcel
7. fáciles
8. huésped
9. ortográfico
10. periódico

Dictado. Escucha el siguiente dictado e intenta escribir lo más que puedas. El dictado se repetirá una vez más para que revises tu párrafo.

Miami: Una ciudad hispanohablante

De todos los hispanos que viven en EE.UU., los cubanoamericanos son los que han logrado mayor prosperidad económica. El centro de la comunidad cubana en EE.UU. es Miami, Florida. En treinta años los cubanoamericanos transformaron completamente esta ciudad. La Calle Ocho ahora forma la arteria principal de la Pequeña Habana donde se puede beber el típico café cubano en los restaurantes familiares que abundan en esa calle. El español se habla en toda la ciudad. En gran parte, se puede decir que Miami es la ciudad más rica y moderna del mundo hispanohablante.

Ahora escucha una vez más para verificar lo que escribiste.

(Repeat passage.)

Unidad 2
Lección 1

¡A escuchar!
El Mundo 21

A Los Reyes Católicos.
Los Reyes Católicos. En uno de los salones de la Alhambra, el palacio musulmán en Granada, España, una guía explica a un grupo de estudiantes el importante papel que tuvieron los Reyes Católicos en la historia de España. Escucha con atención lo que dice y luego marca si cada oración que sigue es **cierta** (**C**), **falsa** (**F**) o si no tiene relación con lo que escuchaste (**N/R**). Si la oración es falsa, corrígela.

Por medio de su matrimonio, que tuvo lugar en 1469, Isabel de Castilla y Fernando de Aragón conocidos después como los Reyes Católicos, pudieron unir los reinos de Castilla y Aragón en una sola monarquía. 1492 fue un año muy importante en la historia de España porque ocurrieron varios eventos históricos que determinaron notablemente el futuro de ese país. En 1492 los Reyes Católicos terminaron la Reconquista de España al tomar Granada, el último reino musulmán en la Península Ibérica, completando así la unión política y territorial. Aquí, en este bello Palacio de la Alhambra de Granada, los Reyes Católicos recibieron a Cristóbal Colón, quien les explicó su plan de viajar hacia el Occidente. La reina Isabel apoyó la expedición de Colón, que el 12 de octubre de 1492 llegó a América iniciando la exploración y la colonización española del continente americano. Además, en 1492 los Reyes Católicos expulsaron a los judíos que no querían convertirse al cristianismo. Este hecho tuvo malas consecuencias para España pues con esto se excluyó a personas con grandes capacidades para el desarrollo de la nación española.

B Narración confusa.
Narración confusa. Un policía escucha a Teresa, testigo de un accidente. Teresa está tan nerviosa que al hablar del accidente que tuvo su amigo Julián, también habla de sí misma. Indica con un círculo en la palabra apropiada, si las oraciones que escuchas se refieren a Julián o a Teresa.

1. Mi amigo cruzó la calle.
2. No prestó atención.
3. Siempre presto atención a los vehículos.

4. No miró atentamente hacia ambos lados.
5. Miro primero hacia la izquierda y luego hacia la derecha.
6. Un vehículo casi lo atropelló.
7. Quedó muy asustado.
8. Quedo asustada en situaciones de peligro.

Escucha una vez más para verificar tus respuestas.

(Repeat passage.)

C **El Cid.** Indica si los datos que aparecen a continuación se mencionan (**Sí**) o no (**No**) en el siguiente texto acerca del Cid, héroe nacional español.

El Cid vivió en el siglo XI. El rey Alfonso VI lo desterró de Castilla a causa de la envidia de algunos nobles. Sin embargo, él permaneció siempre fiel a su rey. En el año 1094 conquistó la ciudad de Valencia, hasta entonces en poder de los musulmanes. Gobernó la ciudad hasta el día de su muerte, el 10 de julio de 1099.

Escucha una vez más para verificar tus respuestas.

(Repeat passage.)

D **Ayer.** Escucha mientras Marisa le pregunta a su mamá sobre lo que ves en los dibujos. Coloca una **X** debajo del dibujo que coincida con la respuesta que escuchas.

1. TERESA: ¿Quién los compró?
   MAMÁ: Yo los compré.
2. TERESA: ¿Quién la cuidó?
   MAMÁ: Ellos la cuidaron.
3. TERESA: ¿Quién la hizo?
   MAMÁ: Yo la hice.
4. TERESA: ¿Quién las olvidó?
   MAMÁ: Yo las olvidé.
5. TERESA: ¿Quién las recibió?
   MAMÁ: Tú las recibiste.
6. TERESA: ¿Quién lo ayudó?
   MAMÁ: Tu padre lo ayudó.
7. TERESA: ¿Quién los escuchó?
   MAMÁ: Nosotros los escuchamos.

Escucha una vez más para verificar tus respuestas.

(Repeat passage.)

Acentuación y ortografía

D **Repaso de acentuación.** Al escuchar a la narradora pronunciar las siguientes palabras: 1) divídelas en sílabas, 2) subraya la sílaba que debiera llevar el golpe según las dos reglas de acentuación y 3) coloca el acento ortográfico donde se necesite.

MODELO: política

1. hé/<u>ro</u>/e
2. in/<u>va</u>/sión
3. Re/con/<u>quis</u>/ta
4. á/<u>ra</u>/be
5. ju/dí/os
6. pro/tes/tan/<u>tis</u>/mo
7. e/fi/<u>caz</u>
8. in/<u>fla</u>/ción
9. ab/di/<u>car</u>
10. <u>cri</u>/sis
11. se/far/<u>di</u>/tas
12. é/<u>pi</u>/co
13. u/ni/<u>dad</u>
14. pe/nín/<u>su</u>/la
15. prós/<u>pe</u>/ro
16. im/<u>pe</u>/rio
17. is/lá/<u>mi</u>/co
18. he/<u>ren</u>/cia
19. ex/<u>pul</u>/sión
20. to/le/<u>ran</u>/cia

F **Acento escrito.** Ahora escucha a los narradores leer las siguiente oraciones y coloca el acento ortográfico sobre las palabras que lo requieran.

1. El sábado tendremos que ir al médico en la Clínica Luján.
2. Mis exámenes fueron fáciles, pero el examen de química de Mónica fue muy difícil.
3. El joven de ojos azules es francés, pero los otros jóvenes son puertorriqueños.
4. Los López, los García y los Valdez están contentísimos porque se sacaron la lotería.
5. Su tía se sentó en el jardín a descansar mientras él comía.

Dictado. Escucha el siguiente dictado e intenta escribir lo más que puedas. El dictado se repetirá una vez más para que revises tu párrafo.

La España musulmana

En el año 711, los musulmanes procedentes del norte de África invadieron Hispania y cinco años más tarde, con la ayuda de un gran número de árabes, lograron conquistar la mayor parte de la península. Establecieron su capital en Córdoba, la cual se convirtió en uno de los grandes centros intelectuales de la cultura islámica. Fue en Córdoba, durante esta época, que se hicieron grandes avances en las ciencias, las letras, la artesanía, la agricultura, la arquitectura y el urbanismo.

Ahora escucha una vez más para verificar lo que escribiste.

(Repeat passage.)

Unidad 2
Lección 2

¡A escuchar!
El Mundo 21

A **Antonio Banderas.** Ahora vas a tener la oportunidad de escuchar a unos comentaristas de la radio que anuncian los éxitos obtenidos por un actor malagueño. Escucha con atención lo que dicen y luego marca si cada oración que sigue es **cierta** (**C**), **falsa** (**F**) o si no tiene relación con lo que escuchaste (**N/R**). Si la oración es falsa, corrígela.

Y ahora una notita actual de *Radio Málaga* para aquéllos que siguen de cerca la carrera de uno de los malagueños más famosos del mundo.

Antonio Banderas, uno de los actores jóvenes más importantes del cine español, comienza a tener un lugar privilegiado en el cine norteamericano. Hasta ahora ha participado en dos películas habladas en inglés con mucho éxito: *Los reyes del mambo,* filmada en Hollywood en 1991 y *Filadelfia,* filmada en 1993.

Banderas nació aquí, en Málaga, España, en 1960 y su camino al estrellato comenzó cuando decidió tomar un tren e irse a Madrid. Cuando trabajaba en el Centro Dramático Nacional fue descubierto por Pedro Almodóvar, el famoso director de cine español, quien lo ha hecho participar en la mayoría de sus películas, como por ejemplo *Matador, La ley del deseo* y *Átame.*

Muchos críticos de cine han señalado que Banderas proyecta en la pantalla una naturalidad que sólo logran las grandes estrellas. Le deseamos mucho éxito a este guapo actor malagueño que ha hecho suspirar a más de una admiradora en ambos lados del Atlántico.

B **García Lorca.** Escucha los siguientes datos acerca de la vida del poeta Federico García Lorca. Cada oración que figura a continuación puede ser completada con dos de las opciones dadas; indica con una **X** la letra de la opción incorrecta.

Federico García Lorca nació en 1898 en Fuente Vaqueros, un pueblo de Granada en el sur de España. Estudió derecho y filosofía y letras, aunque estas carreras no le interesaron. Fue amigo de importantes artistas de su época, como el pintor Salvador Dalí, el cineasta Luis Buñuel, el poeta Rafael Alberti y el músico Manuel de Falla. En 1928 publicó *Primer romancero gitano,* una de sus obras más populares, que es una colección de romances acerca de la cultura de los gitanos andaluces. Al año siguiente, en 1929, residió en Nueva York; expresó sus impresiones y sentimientos sobre esta experiencia en su obra *Poeta en Nueva York.* Además de poemas, escribió también obras de teatro de gran éxito, como *Bodas de sangre,* llevada al cine por el cineasta contemporáneo Carlos Saura. Murió en 1936, a comienzos de la guerra civil española, asesinado por los partidarios de Francisco Franco.

Acentuación y ortografía

Palabras que cambian de significado. Hay palabras parecidas que tienen distintos significados según: 1) donde vaya el golpe y 2) si requieren acento ortográfico. Ahora presta atención a la ortografía y al cambio de golpe en estas palabras mientras la narradora las pronuncia.

ánimo	animo	animó
célebre	celebre	celebré
depósito	deposito	depositó
estímulo	estimulo	estimuló
hábito	habito	habitó
práctico	practico	practicó
título	titulo	tituló

A Palabras parecidas.
Ahora escucha mientras el narrador lee estas palabras parecidas y escribe el acento donde sea necesario.

1. crítico   critico   criticó
2. dialogo   dialogó   diálogo
3. domesticó   doméstico   domestico
4. equivoco   equívoco   equivocó
5. filósofo   filosofó   filosofo
6. líquido   liquido   liquidó
7. numero   número   numeró
8. pacifico   pacificó   pacífico
9. publico   público   publicó
10. transitó   tránsito   transito

D Acento escrito.
Ahora escucha a la narradora leer estas oraciones y coloca el acento ortográfico sobre las palabras que lo requieran.

1. Hoy publico mi libro para que lo pueda leer el público.
2. No es necesario que yo participe esta vez; participé el sábado pasado.
3. Cuando lo magnifico con el microscopio, pueden ver lo magnífico que es.
4. No entiendo cómo el cálculo debe ayudarme cuando calculo.
5. Pues ahora yo critico todo lo que el crítico criticó.

Dictado. Escucha el siguiente dictado e intenta escribir lo más que puedas. El dictado se repetirá una vez más para que revises tu párrafo.

Juan Carlos de Borbón
A la muerte de Francisco Franco, ocurrida en 1975, lo sucedió en el poder el joven príncipe Juan Carlos de Borbón. Una vez coronado Rey de España como Juan Carlos I, trabajó desde el primer momento por la democracia hasta conseguir instaurarla. En 1978 se redactó y aprobó una nueva constitución, la cual refleja la diversidad de España al designarla como un Estado de Autonomías. El milagro de una transición sin violencia a la democracia se había producido.

Ahora escucha una vez más para que revises lo que escribiste.

(Repeat passage.)

Unidad 2
Lección 3

¡A escuchar!
El Mundo 21

A Antes de entrar al cine.
Escucha con atención lo que discute una pareja de jóvenes novios antes de entrar a un cine de Sevilla para ver *Tacones lejanos,* una película de Pedro Almodóvar. Luego marca si cada oración que sigue es **cierta** (**C**), **falsa** (**F**) o si no tiene relación con lo que escuchaste (**N/R**). Si la oración es falsa, corrígela.

NOVIO: ¿Por qué quieres venir a ver esta película de Pedro Almodóvar justamente hoy, cuando sabes que hay muchísima gente esperando en la fila para ver su estreno?

NOVIO: Las películas de Almodóvar me gustan muchísimo y quiero ser una de las primeras personas en ver *Tacones lejanos;* así se la puedo contar a mis amigas.

NOVIO: Pedro Almodóvar es el director de cine español más conocido en el mundo. ¿Cuál de sus películas te gustó más?

NOVIO: Todas sus películas me parecieron fabulosas, aunque mi favorita es *Mujeres al borde de un ataque de nervios,* que fue nominada en 1988 para un premio "Óscar" como la mejor película en lengua extranjera. Yo creo que ese año realmente merecía el premio.

NOVIO: A mí también me gustan las películas de Almodóvar, pero prefiero verlas en casa cuando salen en las tiendas de videos y no en el cine. Espero que *Tacones lejanos* no te desilusione y valga la pena la espera de dos horas que llevamos frente a este cine.

B Don Brígido.
Escucha con atención lo que dice Conchita acerca de cómo pasaba las tardes don Brígido, un personaje pintoresco de su infancia, en un pequeño pueblo de España. Luego marca si cada oración que sigue es **cierta** (**C**), **falsa** (**F**) o si no tiene relación con lo que escuchaste (**N/R**). Si la oración es falsa, corrígela.

TRANSCRIPCIÓN DE AUDIO CD

Don Brígido

Don Brígido era un personaje muy especial y cono-cido en un pueblecito de Andalucía llamado Porcuna. Todos los días, don Brígido tenía la cos-tumbre de comer un gran almuerzo que incluía paella entre otras cosas. Después de hacer esto, don Brígido subía lentamente al segundo piso de su casa donde abría los ventanales de par en par. Se sentaba en su silla favorita, una silla de madera y paja hecha por su sobrino. Ahí se queda-ba por horas enteras y saludaba de vez en cuando a todas las vecinas que pasaban por su portal. Pero lo que más me impresionaba de don Brígido era que eructaba con tanta fuerza que todo el pueblito lo escuchaba entre carcajadas y maldiciones.

Escucha una vez más para verificar tus respuestas.

(Repeat passage.)

Acentuación y ortografía

Palabras parecidas. Hay palabras que se pro-nuncian igual y, con la excepción del acento ortográfico, se escriben igual pero tienen diferente significado y función en la oración. Estudia esta lista de palabras parecidas mientras la narradora las pronuncia.

aun, *even*	aún, *still, yet*
de, *of*	dé, *give*
el, *the*	él, *he*
mas, *but*	más, *more*
mi, *my*	mí, *me*
se, *himself, herself, etc.*	sé, *I know, be*
si, *if*	sí, *yes*
solo, *alone*	sólo, *only*
te, *you*	té, *tea*
tu, *your*	tú, *you*

C Dos maneras distintas. Ahora mientras el narrador pronuncia cada palabra, escríbela de dos maneras distintas, al lado de la fun-ción gramatical apropiada.

MODELO: escuchas *tú*
escribes *tú* pronombre sujeto y *tu* adjetivo posesivo.

1. el
2. mi
3. de
4. se
5. mas
6. te
7. si
8. aun
9. solo

D ¿Cuál corresponde? Escucha a la narradora leer las siguientes oraciones y complétalas con las palabras apropiadas.

1. Éste es el material que traje para él.
2. ¿Tú compraste un regalo para tu prima?
3. Mi amigo trajo este libro para mí.
4. Quiere que le dé café de México.
5. No sé si él se puede quedar a comer.
6. Si llama, dile que sí lo acompañamos.

Dictado. Escucha el siguiente dictado e intenta escribir lo más que puedas. El dictado se repetirá una vez más para que revises tu párrafo.

Tacones lejanos

Tacones lejanos es un melodrama que trata de la tormentosa relación entre una famosa cantante llamada Becky y su hija Rebeca. Becky regresa a España después de pasar muchos años en América. Rebeca está ahora casada con Manuel Sancho, quien había tenido una relación amorosa con Becky. Manuel y Becky restablecen a escondi-das su vieja relación amorosa. Esto lleva a Rebeca a una crisis emocional y a asesinar a su esposo Manuel. Después de un enfrentamiento, Rebeca y Becky llegan a la reconciliación. Becky se declara culpable del crimen antes de morir de una enfer-medad del corazón.

Ahora, escucha una vez más para verificar lo que escribiste.

(Repeat passage.)

Unidad 3
Lección 1

¡A escuchar!
El Mundo 21

A Elena Poniatowska. Una pareja de jóvenes estudiantes mexicanos de la Universidad Nacional Autónoma de México (U.N.A.M.) asiste a un acto en conmemoración de la masacre de Tlatelolco. Escucha con atención lo que dicen y luego marca si cada oración que sigue es **cierta (C)**, **falsa (F)** o si no tiene relación con lo que escuchaste (**N/R**). Si la oración es falsa, corrígela.

MANUEL: Lo que más me impresionó del acto fue el momento en que Elena Poniatowska le leyó al público fragmentos de su libro *La noche de Tlatelolco*.

ANGÉLICA: Estoy de acuerdo contigo, Manuel. Cuando Elena Poniatowska leía los testimonios de las diferentes personas que incluyó en su libro, parecía que estuviera viviendo otra vez ese momento.

MANUEL: Angélica, te voy a confesar. Al principio, cuando la presentaron, yo pensé que era una escritora extranjera, por su apellido.

ANGÉLICA: Elena Poniatowska nació en Francia en 1933. Su padre era francés de origen polaco y su madre era mexicana. Durante la Segunda Guerra Mundial llegó a la Ciudad de México. Se inició en el periodismo en 1954 y desde entonces ha publicado muchos libros de testimonios, novelas y colecciones de cuentos.

MANUEL: ¿Cuándo sucedió lo que narra en *La noche de Tlatelolco*?

ANGÉLICA: El 2 de octubre de 1968, unos días antes de iniciarse los Juegos Olímpicos en México.

MANUEL: ¿Cuántas personas murieron?

ANGÉLICA: No se sabe realmente cuántas personas murieron en la Plaza de las Tres Culturas de Tlatelolco. Muchos testigos calculan que fueron más de trescientas, la mayoría estudiantes.

B **Hernán Cortés.** Escucha la siguiente narración acerca de Hernán Cortés y luego contesta las preguntas que figuran a continuación.

Hernán Cortés desembarcó cerca de la actual ciudad de Veracruz, en el Golfo de México, el 21 de abril de 1519. Tenía entonces treinta y cuatro años de edad. Llevaba consigo unos quinientos hombres, algunos caballos y cañones. Cortés y sus hombres llegaron a Tenochtitlán en noviembre de ese año y permanecieron allí hasta junio del año siguiente. Tiempo después regresaron y el 30 de agosto de 1521 se apoderaron de la capital del Imperio Azteca.

Escucha una vez más para verificar tus respuestas.

(Repeat passage.)

C **Frida Kahlo.** En el Museo de Frida Kahlo, en Coyoacán, un área de la Ciudad de México, una guía le explica a un grupo de turistas la vida de la pintora Frida Kahlo. Escucha con atención lo que dice y luego marca si cada oración que sigue es **cierta** (**C**) o **falsa** (**F**). Si la oración es falsa, corrígela.

Frida Kahlo nació en Coyoacán, zona residencial del Distrito Federal, en 1910. Cuando tenía dieciocho años, sufrió un accidente que casi le costó la vida. A partir de entonces su vida cambió, pues sentía dolores constantemente. El sufrimiento que padecía aparece reflejado en muchos de los cuadros que pintó. En 1929 se casó con el famoso muralista Diego Rivera, con quien tuvo una relación con muchos altibajos emocionales. Murió en 1954 y más tarde la casa donde vivieron en Coyoacán fue transformada en un museo.

Escucha una vez más para verificar tus respuestas.

(Repeat passage.)

Acentuación y ortografía

Adjetivos y pronombres demostrativos. Los adjetivos demostrativos nunca llevan acento escrito. En cambio los pronombres demostrativos siempre lo llevan, excepto **eso** y **esto** por ser neutros (no requieren sustantivo). Escucha y estudia estos ejemplos mientras el narrador los lee.

Estos libros son míos.

Esa falda es hermosa.

Ese puesto es el mejor.

Aquellos muchachos hablan inglés.

Éstos son los tuyos.

¿**Ésa**? ¡No me gusta!

Sí, pero **éste** paga más.

Sí, pues **aquéllos** de allá, no.

Esto es muy importante.

¡**Eso** es imposible!

D **Demostrativos.** Ahora, escucha al narrador leer las siguientes oraciones y escribe los **adjetivos** o **pronombres demostrativos** que escuchas. Recuerda que sólo los pronombres llevan acento escrito.

1. Este disco de Luis Miguel es mío y aquél es tuyo.

2. Aquella pintura de Frida refleja más dolor y sufrimiento que ésa.

3. Ese periódico se edita en México; éste se edita en Nueva York.

4. Compramos estos libros en el Museo del Templo Mayor y ésos en el Museo Nacional de Antropología.

5. No conozco esos murales de Diego Rivera; yo sé que éste está en el Palacio Nacional.

Palabras interrogativas, exclamativas y relativas. Todas las palabras interrogativas y exclamativas llevan acento escrito para distinguirlas de palabras parecidas que se pronuncian igual pero que no tienen significado ni interrogativo ni exclamativo. Escucha y estudia cómo se escriben las palabras interrogativas, exclamativas y relativas mientras los narradores leen las siguientes oraciones. Observa que las oraciones interrogativas empiezan con signos de interrogación inversos y las oraciones exclamativas con signos de exclamación inversos.

1. **¿Qué** libro?
   El libro **que** te presté.
   ¡Ah! **¡Qué** libro!

2. ¿Contra **quién** lucha Marcos hoy?
   Contra el luchador a **quien** te presenté.
   ¡Increíble contra **quién** lucha!

3. **¿Cuánto** dinero ahorraste?
   Ahorré **cuanto** pude.
   ¡Cuánto has de sufrir, hombre!

4. **¿Cómo** lo hiciste?
   Lo hice **como** quise.
   ¡Cómo me voy a acordar de eso!

5. **¿Cuándo** vino?
   Vino **cuando** terminó de trabajar.
   Sí, ¡y mira **cuándo** llegó!

E **Interrogativas, exclamativas y relativas.** Ahora escucha a los narradores leer las oraciones que siguen y decide si son **interrogativas, exclamativas** o si simplemente usan una palabra **relativa**. Pon los acentos escritos y la puntuación apropiada (signos de interrogación, signos de exclamación y puntos) donde sea necesario.

1. ¿Quién llamó?
   ¿Quién? El muchacho a quien conocí en la fiesta.

2. ¿Adónde vas?
   Voy adonde fui ayer.

3. ¡Cuánto peso! Ya no voy a comer nada. ¡Qué exagerada eres hija! Come cuanto quieras.

4. ¿Quién sabe dónde viven?
   Viven donde vive Raúl.

5. ¡Qué partido más interesante!
   ¿Cuándo vienes conmigo otra vez?

6. Lo pinté como me dijiste
   ¡Cómo es posible!

7. ¿Trajiste el libro que te pedí?
   ¿Qué libro? ¿El que estaba en la mesa?

8. Cuando era niño, nunca hacía eso.
   Lo que yo quiero saber es, ¿cuándo aprendió?

Dictado. Escucha el siguiente dictado e intenta escribir lo más que puedas. El dictado se repetirá una vez más para que revises tu párrafo.

México: Tierra de contrastes

Para cualquier visitante, México es una tierra de contrastes: puede apreciar montañas altas y valles fértiles, así como extensos desiertos y selvas tropicales. En México, lo más moderno convive con lo más antiguo. Existen más de cincuenta grupos indígenas, cada uno con su propia lengua y sus propias tradiciones culturales. Pero en la actualidad la mayoría de los mexicanos son mestizos, o sea, el resultado de la mezcla de indígenas y españoles. De la misma manera que su gente, la historia y la cultura de México son muy variadas.

Ahora, escucha una vez más para verificar lo que escribiste.

(Repeat passage.)

Unidad 3
Lección 2

¡A escuchar!
El Mundo 21

A **Miguel Ángel Asturias.** Un estudiante habla con una profesora de literatura latinoamericana para que le recomiende a un escritor guatemalteco del siglo XX. Escucha con atención lo que dicen y luego marca si cada oración que sigue es **cierta (C)**, **falsa (F)** o si no tiene relación con lo que escuchaste (**N/R**). Si la oración es falsa, corrígela.

ESTUDIANTE: A mí me interesa mucho la literatura latinoamericana. ¿Qué escritor guatemalteco del siglo XX me podría recomendar?

PROFESORA: Hay muchos escritores que te pueden interesar. Te recomiendo que leas una novela titulada *El señor Presidente*, de Miguel Ángel Asturias.

ESTUDIANTE: ¿De qué se trata esta novela?

PROFESORA: Es una novela que tiene un tema social y se desarrolla alrededor de la figura de un gobernante autoritario, como ha habido muchos en Guatemala.

ESTUDIANTE: Me parece que este escritor ganó el Premio Nóbel de Literatura en los años 60, ¿no es así?

PROFESORA: Sí, Miguel Ángel Asturias ganó el Premio Nóbel de literatura en 1967. Este escritor guatemalteco se inspiró en los ritos y creencias de los indígenas de su país. Tiene otra novela que se llama *Hombre de maíz*, que trata precisamente sobre la realidad que enfrentan los indígenas guatemaltecos. Se llama así, *Hombres de maíz*, porque hay un mito mesoamericano que dice que los hombres son hechos de maíz y por la importancia que tiene esa planta en la cultura guatemalteca.

ESTUDIANTE: En alguna parte leí que había vivido en Francia.

PROFESORA: Como muchos otros escritores latinoamericanos de su generación, Miguel Ángel Asturias vivió muchos años en París. Además, entre 1966 y 1970 fue embajador de su país en Francia.

B **Los mayas.** Escucha el siguiente texto acerca de la civilización maya y luego indica si la información que figura a continuación aparece en el texto (**Sí**) o no (**No**).

Hasta hace poco tiempo se pensaba que los mayas constituían un pueblo pacífico, dedicado enteramente a las ciencias y al arte. Investigaciones recientes han modificado esta opinión. Las ciudades mayas vivían en constantes guerras, tratando de capturar prisioneros que luego eran ofrecidos en sacrificios a sus dioses. Esta nueva visión de la civilización maya es el resultado de nuevos descubrimientos de ciudades y de los avances en la interpretación del sistema de escritura jeroglífica.

Escucha una vez más para verificar tus respuestas.

(Repeat passage.)

C **¿Sueño o realidad?** Escucha la siguiente narración y luego indica si las oraciones que aparecen a continuación son **ciertas** (**C**) o **falsas** (**F**). Si la oración es falsa, corrígela.

Estaba yo en un hotel aparentemente muy tranquilo. Una mañana mientras dormía profundamente, escuché unos ruidos en la puerta que me despertaron. Fui a abrir la puerta medio dormido, pero no vi a nadie. Volví a acostarme y ya me dormía de nuevo cuando escuché en el cuarto de al lado ruidos parecidos a disparos de revólver. No escuché nada más; salí al corredor y nuevamente no vi a nadie. Más tarde le pregunté a la recepcionista acerca de los ruidos. Me miró muy sorprendida y me dijo que no sabía de qué estaba hablando. Todavía no sé qué pasó esa mañana; si fue que yo tuve un mal sueño o si realmente ocurrió algo que los empleados del hotel les ocultaron a todos los huéspedes.

Escucha una vez más para verificar tus respuestas.

(Repeat passage.)

Pronunciación y ortografía

Los sonidos /k/ y /s/. El deletreo de estos sonidos con frecuencia resulta problemático al escribir. Esto se debe a que varias consonantes pueden representar cada sonido según la vocal que las sigue. El primer paso para aprender a evitar problemas de ortografía es reconocer los sonidos.

D **Práctica con los sonidos /k/ y /s/.** En las siguientes palabras, indica si el sonido que escuchas en cada una es **/k/** o **/s/**. Cada palabra se repetirá dos veces.

1. cama
2. adquirir
3. sopa
4. ciudadano
5. organizador
6. banquero
7. enriquecer
8. secretario
9. cómico
10. empobrecer

Deletreo del sonido /k/. Al escuchar las siguientes palabras con el sonido **/k/**, observa cómo se escribe este sonido.

ca	**ca**ña	fra**ca**sar
que	**que**so	enri**que**cer
qui	**Qui**to	monar**quí**a
co	**co**lonización	sovié**ti**co
cu	**cu**ltivo	o**cu**pación

E **Práctica con la escritura del sonido /k/.**
Ahora, escucha a los narradores leer las siguientes palabras y escribe las letras que faltan en cada una.

1. **cam**pesino
2. **qui**nce
3. **Que**tzalcóatl
4. **cam**peón
5. **con**quistar
6. **com**unidad
7. místi**cos**
8. **cul**tivar
9. **co**rrido
10. a**cue**ducto

Deletreo del sonido /s/. Al escuchar las siguientes palabras con el sonido **/s/**, observa cómo se escribe este sonido.

sa o **za**	**sa**grado	**za**mbullir	pobre**za**
se o **ce**	**se**gundo	**ce**ro	enrique**cer**
si o **ci**	**si**tuado	**ci**vilización	pala**cio**
so o **zo**	**so**viético	**zo**rra	colap**so**
su o **zu**	**su**icidio	**zu**rdo	in**su**rrección

F **Práctica con la escritura del sonido /s/.**
Ahora, escucha a los narradores leer las siguientes palabras y escribe las letras que faltan en cada una.

1. ro**cí**o
2. opre**sión**
3. bron**ce**arse
4. fuer**za**
5. re**so**lver
6. organi**za**ción
7. **su**rgir
8. re**si**sten**cia**
9. urbani**za**do
10. **zu**mbar

Dictado. Escucha el siguiente dictado e intenta escribir lo más que puedas. El dictado se repetirá una vez más para que revises tu párrafo.

La civilización maya

Hace más de dos mil años los mayas construyeron pirámides y palacios majestuosos, desarrollaron el sistema de escritura más completo del continente y sobresalieron por sus avances en las matemáticas y la astronomía. Así, por ejemplo, emplearon el concepto de cero en su sistema de numeración, y crearon un calendario más exacto que el que se usaba en la Europa de aquel tiempo. La civilización maya prosperó primero en las montañas de Guatemala y después se extendió hacia la península de Yucatán, en el sureste de México y Belice.

Ahora, escucha una vez más para verificar lo que escribiste.

(Repeat passage.)

Unidad 3
Lección 3

¡A escuchar!
El Mundo 21

A **Visita a la exhibición teotihuacana.**
Escucha con atención lo que discuten dos amigos después de visitar la exhibición titulada *Teotihuacán: La Ciudad de los Dioses*, en el Museo M.H. de Young de San Francisco, California. Luego marca si cada oración es **cierta** (**C**), **falsa** (**F**) o si no tiene relación con lo que escuchaste (**N/R**). Si la oración es falsa, corrígela.

NELLY: Leo, qué es lo que más te impresionó de la exhibición?

LEO: Lo que más me impresionó fue el enorme tamaño de la ciudad. Es increíble saber que hace más de mil quinientos años ya existía en México una ciudad con más de ciento cincuenta mil habitantes. Y a ti Nelly, ¿qué es lo que más te impresionó?

NELLY: La Pirámide del Sol. Es casi como una montaña artificial. ¡Qué impresionante habrá sido la vista de la ciudad desde la cima de esa pirámide!

LEO: Pero, ¿qué le pasó a la ciudad?

NELLY: Nadie sabe con exactitud lo que le pasó, pero alrededor del 750 la ciudad fue destruida. Los palacios fueron quemados y nunca los reconstruyeron. Desde entonces pasó a ser una ciudad misteriosa.

LEO: Pues cuando recorrí la exhibición tuve una extraña sensación de estar frente a algo familiar. Quizás mis antepasados hayan vivido en esa gran ciudad.

B **La Piedra del Sol.** Escucha la siguiente narración acerca de la Piedra del Sol y luego contesta las preguntas que aparecen a continuación.

Para todos los que visitan el Museo de Antropología en el Parque de Chapultepec de la Ciudad de México, la Piedra del Sol es uno de los mayores atractivos. Esta piedra quedó bajo tierra en 1521, fecha de la conquista de Tenochtitlán por Hernán Cortés, y fue descubierta 269 años más tarde, en 1970, en el Zócalo, en el centro de la Ciudad de México. Este monolito circular de basalto, trabajado por artistas aztecas, tiene un diámetro de doce pies y un peso de veinticuatro toneladas. Se cree que los artistas que labraron la piedra necesitaron cerca de veinte años para terminarla. Las figuras que contiene representan un resumen de los conocimientos astronómicos del pueblo azteca.

Escucha una vez más para verificar tus respuestas.

(Repeat passage.)

Pronunciación y ortografía

Los sonidos /g/ y /x/. El deletreo de estos dos sonidos con frecuencia resulta problemático al escribir. Practica ahora cómo reconocer los sonidos.

C **Práctica con los sonidos /g/ y /x/.** Al escuchar las siguientes palabras, indica si el sonido inicial de cada una es /g/ como en **gordo**, **ganga** o /x/ como en **japonés**, **jurado**. Cada palabra se va a repetir dos veces.

1. jitomate
2. gato
3. jamás
4. gusto
5. golpe
6. Jalisco
7. jardín
8. gobernante
9. jerga
10. guerra

Deletreo del sonido /x/. Al escuchar las siguientes palabras con el sonido /g/, observa cómo se escribe este sonido.

ga	galán	navegación
gue	guerrillero	juguetón
gui	guía	conseguir
go	gobierno	visigodo
gu	gusto	orgullo

Deletreo del sonido /x/. Al escuchar las siguientes palabras con el sonido /x/, observa cómo se escribe este sonido.

ja	jardín	festejar	embajador
je o ge	jefe	gente	extranjero
ji o gi	jitomate	gigante	complejidad
jo	joya	espejo	anglosajón
ju	judío	jugador	conjunto

D **Práctica con la escritura de los sonidos /g/ y /x/.** Ahora, escucha a los narradores leer las siguientes palabras y escribe las letras que faltan en cada una.

1. gobernante
2. embajada
3. golpe
4. surgir
5. juego
6. tragedia
7. guerra
8. prestigioso
9. frijol
10. agencia

Dictado. Escucha el siguiente dictado e intenta escribir lo más que puedas. El dictado se repetirá una vez más para que revises tu párrafo.

La destrucción de Teotihuacán

Durante el último siglo de existencia de la ciudad como centro principal del poder, comenzaron a surgir problemas que tal vez reflejaban la pérdida del control político y económico de la élite teotihuacana. Alrededor del año 750 después de Cristo hubo un violento cataclismo social que llevó a Teotihuacán a su fin como ciudad y cultura dominante. El colapso no parece haber sido el resultado de la conquista o destrucción por una cultura rival sino que se habría iniciado desde el interior, como resultado de una lucha de facciones dentro de la ciudad.

Ahora, escucha una vez más para verificar lo que escribiste.

(Repeat passage.)

¡A escuchar!
El Mundo 21

A **Reconocido bailarín cubano.** Escucha con atención lo que dicen dos estudiantes luego de presenciar un espectáculo donde bailó Carlos Acosta. Luego marca si cada oración que sigue es **cierta** (**C**), **falsa** (**F**) o si no tiene relación con lo que escribiste (**N/R**). Si la oración es falsa, corrígela.

ANTONIO: ¡Ay, Lucía! ¡Cómo me gusta ver bailar a Carlos Acosta! ¿Sabías que nació en Cuba y que empezó a estudiar danza en La Habana a los diez años de edad?

LUCÍA: Sí, Antonio. A mí también me encanta ver a Carlos Acosta. Ha ganado muchos premios como bailarín. Él es muy famoso en Francia e Inglaterra por sus actuaciones, pero además se ha presentado en otros países de Europa, Sudamérica y Asia. Y lo mejor es que nosotros lo podemos ver aquí, ¡en el Ballet de Houston!

ANTONIO: Me parece increíble que el público de todo el mundo pueda disfrutar de este gran artista en actuaciones de clásicos como *Don Quijote*, *Drácula* o *La Cenicienta*.

LUCÍA: ¿Sabías que cuando era niño quería ser jugador de fútbol? El fútbol era su pasión hasta que vio al Ballet Nacional de Cuba y quedó impresionado. Ahí fue que decidió ser bailarín.

ANTONIO: Y lo mejor de todo es que siempre está tratando de mejorarse. Una vez leí un reportaje donde decía que le gustaba trabajar para varias compañías de ballet y así poder seguir aprendiendo. También dijo que la vida le resultaba muy corta para realizar todo lo que tenía en mente.

LUCÍA: Sin duda, Carlos Acosta es un latino exitoso que nos está representando en el mundo entero.

B **La constitución de Cuba.** Escucha el siguiente texto acerca de la constitución cubana y luego selecciona la opción que complete correctamente cada frase.

La constitución actual de Cuba comenzó a aplicarse en el año 1976. Ese año, un proyecto constitucional fue sometido al voto popular y fue aceptado por el 97,7% de los votantes. Con la constitución se crearon las asambleas provinciales y municipales, así como la Asamblea Nacional, cuyos candidatos son nombrados por las asambleas municipales. Antes del año 1993 había en la Asamblea 510 delegados; ese año el número fue aumentado a 590. La Asamblea Nacional eligió a Fidel Castro como Presidente del Consejo de Estado, cargo que ocupa desde 1976. Pero en una verdadera democracia los votantes tienen opciones, y en Cuba no hay libertad para los partidos políticos de oposición.

Escucha una vez más para verificar tus respuestas.

(Repeat passage.)

Pronunciación y ortografía

Pronunciación de letras problemáticas: *b* y *v*. La **b** y la **v** se pronuncian de la misma manera. Sin embargo, el sonido de ambas varía en relación al lugar de la palabra en donde ocurra. Por ejemplo, la **b** o la **v** inicial de una palabra tiene un sonido fuerte, como el sonido de la **b** en inglés, si la palabra ocurre después de una pausa. También tienen un sonido fuerte cuando ocurren después de la **m** o la **n**.

Escucha a la narradora leer estas palabras prestando atención a la pronunciación de la **b** o **v** fuerte. Observa que para producir este sonido los labios se cierran para crear una pequeña presión de aire al soltar el sonido.

brillante	**v**irreinato	em**b**ajador	co**n**vocar
bloquear	**v**ictoria	am**b**icioso	si**n**vergüenza

En los demás casos, la **b** y la **v** tienen un sonido suave. Escucha a la narradora leer estas palabras prestando atención a la pronunciación de la **b** o **v** suave. Observa que al producir este sonido, los labios se juntan, pero no se cierran completamente, por lo tanto no existe la presión de aire y lo que resulta es una **b** o **v** suave.

re**b**elión	resol**v**er	afrocu**b**ano	culti**v**o
po**b**reza	pro**v**incia	exu**b**erante	contro**v**ertido

Deletreo con la *b* y la *v*. Las siguientes reglas te ayudarán a saber cuándo una palabra se escribe con **b** (**larga**) o con **v** (**corta**). Memorízalas.

Regla N° 1: Siempre se escribe la **b** antes de la **l** y la **r**. Las siguientes raíces también contienen la **b**: **bene-, bien-, biblio-, bio-**. Estudia estos ejemplos mientras la narradora los pronuncia.

bloquear	ham**br**e	**bene**ficio	**biblio**grafía
o**bl**igación	**br**avo	**bien**estar	**bio**logía

C   **Práctica con la letra *b*.** Ahora escucha a los narradores leer las siguientes palabras y escribe las letras que faltan en cada una.

1. **br**isa
2. alam**br**e
3. **bl**anco
3. **bl**oque
5. **bl**usa
6. ca**bl**e
7. co**br**e
8. **br**uja

Regla N° 2: Después de la **m** siempre se escribe la **b**. Después de la **n** siempre se escribe la **v**. Estudia estos ejemplos mientras la narradora los pronuncia.

em**b**arcarse	em**b**ajador	con**v**ención	en**v**uelto
tam**b**ién	cam**b**iar	en**v**ejecer	con**v**ertir

D   **La letra *b* o *v* después de *m* y *n*.** Ahora escucha a los narradores leer las siguientes palabras y escribe las letras que faltan en cada una.

1. so**mb**ra
2. e**nv**iar
3. ta**mb**or
3. i**nv**encible
5. i**nv**entar
6. e**mb**lema
7. e**nv**enenar
8. ru**mb**o

Regla N° 3: Los siguientes prefijos siempre contienen la **b**: **ab-, abs-, bi-, bis-, biz-, ob-, obs-** y **sub-** y después del prefijo **ad-**, siempre se escribe la **v**. Estudia estos ejemplos mientras la narradora los pronuncia.

abstracto	**ad**versidad
abstener	**ob**ligado
biblioteca	**obs**táculo
bisonte	**sub**raya
adversario	**sub**stituir

E   **Prefijos.** Ahora escucha a los narradores leer las siguientes palabras y escribe las letras que faltan en cada una.

1. **ob**tener
2. **sub**marino
3. **ab**soluto
4. **bi**snieto
5. **abs**tracto
6. **ad**vertir
7. **obs**ervatorio
8. **ad**verbio

Dictado. Escucha el siguiente dictado e intenta escribir lo más que puedas. El dictado se repetirá una vez más para que revises tu párrafo.

El proceso de independencia de Cuba

Mientras que la mayoría de los territorios españoles de América lograron su independencia en la segunda década del siglo XIX, Cuba, junto con Puerto Rico, siguió siendo colonia española. El 10 de octubre de 1868 comenzó la primera guerra de la independencia cubana, que duraría diez años y en la cual 250.000 cubanos iban a perder la vida. En 1878 España consolidó nuevamente su control sobre la isla y prometió hacer reformas. Sin embargo, miles de cubanos que lucharon por la independencia salieron en exilio.

Ahora, escucha una vez más para verificar lo que escribiste.

(Repeat passage.)

Unidad 4
Lección 2

¡A escuchar!
El Mundo 21

A   **Político dominicano.** Escucha con atención lo que dice un profesor de la Universidad de Santo Domingo a un grupo de estudiantes extranjeros que están estudiando en la República Dominicana y luego marca si cada oración que sigue es **cierta** (**C**), **falsa** (**F**) o si no tiene relación con lo que escuchaste (**N/R**). Si la oración es falsa, corrígela.

TRANSCRIPCIÓN DE AUDIO CD

PROFESOR: Como la mayoría de los países latinoamericanos, la República Dominicana es una república donde se celebran regularmente elecciones, aunque en el pasado hemos sufrido dictaduras como la de Rafael Leónidas Trujillo que duró más de treinta años, de 1930 a 1961. A la cabeza del gobierno hay un presidente que es elegido cada cuatro años.

MUJER: ¿Y se puede reelegir al presidente?

PROFESOR: Sí, en la República Dominicana existe la reelección. Por ejemplo, Joaquín Balaguer ha sido elegido a la presidencia en varias ocasiones.

HOMBRE: ¿Cuándo fue la primera vez que Joaquín Balaguer llegó a la presidencia?

PROFESOR: Joaquín Balaguer fue nombrado presidente en 1960 y tras el asesinato de Trujillo en 1961, intentó reformas que provocaron un golpe militar en 1962. Pero luego, en 1966, fue elegido presidente de nuevo y fue reelegido en 1970 y en 1974.

MUJER: ¿Ha sido presidente desde entonces?

PROFESOR: No, en 1978 dejó la presidencia al perder las elecciones. Pero en 1986 volvió a ocupar este cargo tras su victoria en las elecciones presidenciales y en 1990 fue reelegido nuevamente.

HOMBRE: Pero las elecciones de 1994 no fueron muy claras y hemos observado muchas protestas de la oposición.

PROFESOR: Sí, las elecciones de 1994 causaron mucha controversia y la oposición no está de acuerdo con los resultados.

B **Xibá.** Escucha lo que dice esta joven dominicana del té de krechí y luego marca si cada oración que sigue es **cierta** (**C**), **falsa** (**F**) o si no tiene relación con lo que escuchaste (**N/R**). Si la oración es falsa, corrígela.

Me llamo Xibá. Soy dominicana, descendiente de africanos que fueron traídos a este país como esclavos. Desde antes de nacer, mi mamá, abuela y bisabuela me hablaban de la primera Xibá, mi tatarabuela. De ella, que una vez fue esclava de españoles, me llegó la historia del té de krechí.

—Soy Xibá. Xibá soy. —Las historias de Xibá siempre comenzaban de esa manera. —Yo, Xibá, todavía siento esa espuma del mar en mi cara. Todavía siento ese largo atravesar, siento la sal en mis ojos testigos de la muerte y tortura de los míos. Todavía siento el suelo duro de esta tierra que no es la mía. Me veo niña en tu corazón.

Xibá y su mamá están sentadas al lado de la fogata, cuidando la olla donde se calienta el té de krechí. Al ratito, se asoma Xibá a la olla. El vapor acaricia su cara mientras las hojitas largas, de tierno amarillo flotan enredadas en el agua.

—Las hojitas de krechí son mágicas, —le dice su mamá mientras añade otro palo a la fogata. —Te doy el té para que duermas bien porque esas hojitas de krechí, cuelan los malos espíritus, y así, las pesadillas nunca se acercan a tu cama. El krechí te protege en tus sueños.

De repente su mamá sonríe y a la vez, cierra sus ojos. —Bueno, —me dice, —la magia también viene de la luna. ¿Me entiendes? Es la luna la que suelta sus rayos plateados en el amarillo fosforescente, amarillo inocente en el que los malos espíritus se enredan y quedan atrapados. No pueden salir de las hojas, no pueden llegar a tu cama. Sí, mi niña, —me asegura, mientras me besa dulcemente en la frente, —el té de krechí es para que duermas bien.

Escucha una vez más para verificar tus respuestas.

(Repeat passage.)

C **Discurso político.** Usando la lista que aparece a continuación, indica si el candidato que vas a escuchar menciona (**Sí**) o no (**No**) el programa indicado.

¡Conciudadanos! Es importante que construyamos un país con mejores oportunidades para todos. Es necesario que terminemos con la pobreza. Es fundamental que eduquemos mejor a nuestros niños porque son el futuro de la nación. Es necesario que acabemos con el alto desempleo que tenemos. Es esencial que creemos más fuentes de trabajo y que todos tengan acceso a un trabajo digno. Por eso, es importante que en las próximas elecciones voten por mí.

Escucha una vez más para verificar tus respuestas.

(Repeat passage.)

Pronunciación y ortografía

Pronunciación y ortografía de las letras *q*, *k* y *c*.

La **q** y la **k** y la **c** antes de las vocales **a**, **o** y **u**, se pronuncian de la misma manera. Con la excepción de algunas palabras incorporadas al español como préstamos de otros idiomas *(quáter, quásar, quórum)* este sonido sólo ocurre con la **q** en las combinaciones **que** o **qui**. Con la **k**, el sonido sólo ocurre en palabras prestadas o derivadas de otros idiomas, como *kabuki, karate, kibutz, koala, kilo*. Con la **c**, este sonido sólo ocurre en las combinaciones **ca**, **co** y **cu**. Estudia la ortografía de estas palabras mientras la narradora las lee.

complejo	**que**mar	**ka**mi**ka**ze
ex**ca**vaciones	oligar**quí**a	**ka**yak
cultivar	ata**que**	**ki**lómetro

D **Deletreo con las letras *q*, *k* y *c*.** Ahora escucha a los narradores leer las siguientes palabras y escribe las letras que faltan en cada una.

1. **c**onexión
2. ar**que**ológico
3. **c**omerciante
4. magnífi**co**
5. **qui**ché
6. blo**que**ar
7. derro**ca**do
8. **Que**tzalcóatl

Dictado. Escucha el siguiente dictado e intenta escribir lo más que puedas. El dictado se repetirá una vez más para que revises tu párrafo.

La cuna de América

El 6 de diciembre de 1492, Cristóbal Colón descubrió una isla que sus habitantes originales, los taínos, llamaban Quisqueya. Con su nuevo nombre de La Española, dado por Colón, la isla se convirtió en la primera colonia española y cuna del imperio español en América. Se calcula que antes de la llegada de los españoles, había aproximadamente un millón de taínos en la isla; cincuenta años más tarde esta población había sido reducida a menos de quinientos.

Ahora, escucha una vez más para verificar lo que escribiste.

(Repeat passage.)

L **Los merengues de Juan Luis Guerra.** Ahora escucha al narrador, que te contará su opinión sobre el músico dominicano Juan Luis Guerra. Presta mucha atención porque hay quince verbos en el presente subjuntivo. A medida que los escuches, escríbelos para completar los espacios en blanco. La narración se va a repetir una vez más.

Juan Luis Guerra

¿Quieres saber qué tipo de música me gusta? Pues, dudo que haya una música más divertida que el merengue. Quiero que sepas que el merengue es característico de la República Dominicana. Allí hay miles de grupos que tocan esa música, pero difícilmente puedan combinar la calidad de la música y de las letras como lo hace Juan Luis Guerra. Este músico dominicano quiere que sus canciones sirvan para bailar pero también quiere que dejen un mensaje en la gente. Por eso, muchas de sus letras hablan de problemas sociales, como la pobreza en Latinoamérica. El secreto de Juan Luis Guerra es que con su música alegre le dice a la gente que piense en problemas serios y que busque soluciones.

Él duda que las personas sean capaces de progresar si no estudian, por eso, para perfeccionarse, fue a Boston para que le enseñen armonía y composición.

Durante un tiempo dejó de presentarse en público y se dedicó a una búsqueda espiritual. Él desea que su cuerpo y su mente estén en buenas condiciones para que lo ayuden en su carrera de compositor.

Quizás tú puedas comprar alguno de sus discos compactos para que lo pongas en tu equipo de música, lo escuches con tus amigos y juntos puedan apreciar las virtudes de este gran músico.

Escucha una vez más para verificar tus respuestas.

(Repeat passage.)

Unidad 4
Lección 3

¡A escuchar!
El Mundo 21

A **Sila Calderón.** En una plaza de Puerto Rico, dos amigos hablan acerca de Sila Calderón, una mujer muy importante para la política de ese país. Escucha con atención y luego marca si cada oración que sigue es **cierta** (**C**), **falsa** (**F**) o si no tiene relación con lo que escribiste (**N/R**). Si la oración es falsa, corrígela.

MARCELA: ¡Hola, Alberto! Te estaba buscando para invitarte a una conferencia que va a dar Sila Calderón el martes a la noche.

ALBERTO: ¡Sila Calderón! ¿Es del Partido Popular Democrático, no? Escuché que es una mujer con muchos proyectos importantes para el bienestar de Puerto Rico.

MARCELA: Sí, Alberto. Hace muchos años, exactamente desde 1973, que desempeña puestos políticos. Y además de representar a las mujeres puertorriqueñas, sus ideas y programas nos favorecen a todos.

ALBERTO: Es cierto. Hace poco leí un artículo donde se enfocaba en el cuidado del medio ambiente, en la contaminación y en los recursos para mantener el aire limpio.

MARCELA: ¡Y eso no es todo! Sila Calderón es una de las personas que siguen muy de cerca el problema de los bombardeos en la isla de Vieques. Y está tratando de terminar con las actividades militares que causan tanto ruido y contaminación, y que además pone en peligro la vida de los seres vivientes de esta zona.

ALBERTO: También escuché que sus planes tienen como objetivo a la gente de menos recursos. ¿Es cierto?

MARCELA: Afortunadamente, Sila Calderón tiene planes para combatir las enfermedades graves que atacan a las personas que no tienen dinero suficiente para pagar los medicamentos. También desea mejorar el servicio de transporte y desarrollar un plan de viviendas.

ALBERTO: Marcela, creo que la conferencia va a estar muy interesante y vamos a aprender muchas cosas.

MARCELA: ¿Y sabes una cosa? Luego podremos hacer preguntas y seguramente podremos participar en trabajos voluntarios.

ALBERTO: Entonces, hasta el martes a la noche, Marcela.

MARCELA: Allí nos vemos.

B **El futuro de Puerto Rico.** Escucha lo que dice una señora puertorriqueña y luego indica si las afirmaciones que siguen reflejan (**Sí**) o no (**No**) la opinión de esta persona.

Yo quiero que Puerto Rico siga siendo un Estado Libre Asociado. Es bueno que recibamos ayuda federal de EE.UU. y es importante que vengan compañías norteamericanas a Puerto Rico para que mejoren la economía de la isla. Es fundamental que no tengamos que pagar impuestos federales. No es importante que no podamos votar en las elecciones presidenciales de EE.UU. y es esencial que no perdamos el idioma español ni nuestra cultura hispana. En resumen, quiero que continuemos como un Estado Libre Asociado por las ventajas que representa para nuestra isla.

Escucha una vez más para verificar tus respuestas.

(Repeat passage.)

C **¿Estado número 51?** Escucha la opinión de la persona que habla y luego indica si mencionó (**Sí**) o no (**No**) las afirmaciones que siguen.

Yo no creo que Puerto Rico deba seguir siendo un Estado Libre Asociado. Pienso que debe ser un estado de la unión americana, pues sería bueno que todos los puertorriqueños tengamos los mismos derechos que el resto de los norteamericanos. Es urgente que, como estado, elijamos dos senadores y siete representantes que hagan oír nuestra voz en Washington y es ventajoso que nos convirtamos en el grupo hispano más poderoso del país. Es posible que muchas empresas norteamericanas se vayan del país y que aumente el desempleo; pero yo dudo que eso suceda. Tampoco creo que perdamos totalmente nuestro idioma español. En resumen, pienso que es mejor que Puerto Rico sea un estado verdadero y que deje de ser un Estado Libre Asociado.

Escucha una vez más para verificar tus respuestas.

(Repeat passage.)

Pronunciación y ortografía

Guía para el uso de la letra *c*. En la unidad anterior aprendiste que la **c** en combinación con la **e** y la **i** tiene el sonido **/s/** y que frente a las vocales **a**, **o**, y **u** tiene el sonido **/k/**. Observa esta relación entre los sonidos de la letra **c** y el deletreo al escuchar a la narradora leer estas palabras.

catastró**ca**	**ce**der
constitución	**ci**vilización
cuentos	**ci**vil
electróni**co**	enrique**ce**rse
vo**ca**lista	exporta**ci**ón
gigantes**co**	recono**ci**do

D **Los sonidos /k/ y /s/.** Ahora, escucha a los narradores leer las siguientes palabras. Marca con un círculo el sonido que oyes en cada una.

1. proceso
2. permanecer
3. estratégico
4. fortificado
5. convertir
6. sociedad
7. vocal
8. ocupado
9. oposición
10. bucanero

E **Deletreo con la letra c.** Ahora, escucha a los narradores leer las siguientes palabras y escribe las letras que faltan en cada una.

1. es**c**enario
2. aso**c**iado
3. **c**olono
4. denomina**c**ión
5. gigantes**co**
6. **c**aña
7. presen**c**ia
8. a**c**elerado
9. petroquími**co**
10. farma**c**éutico

Dictado. Escucha el siguiente dictado e intenta escribir lo más que puedas. El dictado se repetirá una vez más para que revises tu párrafo.

Estado Libre Asociado de EE.UU.

En 1952 la mayoría de los puertorriqueños aprobó una nueva constitución que garantizaba un gobierno autónomo, el cual se llamó Estado Libre Asociado (ELA) de Puerto Rico. El principal promotor de esta nueva relación fue el primer gobernador elegido por los puertorriqueños, Luis Muñoz Marín.

Bajo el ELA, los residentes de la isla votan por su gobernador y sus legisladores estatales y a su vez mandan un comisionado a Washington D.C. para que los represente. Pero a diferencia de un estado de EE.UU., los residentes de Puerto Rico no tienen congresistas en el congreso federal ni pueden votar por el presidente, pero tampoco tienen que pagar impuestos federales.

Ahora, escucha una vez más para verificar lo que escribiste.

(Repeat passage.)

Cultura en vivo

La Nueva Trova

Unicornio **de Silvio Rodríguez**

Mi unicornio azul
ayer se me perdió,
pastando lo dejé
y desapareció.
Cualquier información
bien la voy a pagar.
Las flores que dejó
No me han querido hablar.

Mi unicornio azul
ayer se me perdió,
no sé si se me fue,
no sé si se extravió,
y yo no tengo más
mi unicornio azul.
Si alguien sabe de él
le ruego información,
cien mil o un millón
yo pagaré.
Mi unicornio azul
se me ha perdido ayer,
se fue.

Mi unicornio y yo
hicimos amistad,
un poco con amor,
un poco con verdad.
Con su acento de añil
pescaba una canción,
saberla compartir
era su vocación.

Mi unicornio azul
ayer se me perdió
y puede parecer
acaso una obsesión,
pero no tengo más
que un unicornio azul
y aunque tuviera dos
yo sólo quiero aquél.

Cualquier información
la pagaré.
Mi unicornio azul
se me ha perdido ayer,
se fue.

Unidad 5
Lección 1

¡A escuchar!
El Mundo 21

A **Arzobispo asesinado.** Escucha con atención lo que dice la madre de un estudiante "desaparecido", en un acto en homenaje al arzobispo asesinado de San Salvador. Luego marca si cada oración que sigue es **cierta** (**C**), **falsa** (**F**) o si no tiene relación con lo que escuchaste (**N/R**). Si la oración es falsa, corrígela.

Hoy estamos aquí reunidos para conmemorar otro aniversario de la muerte de monseñor Óscar Arnulfo Romero, quien fue arzobispo de San Salvador. Durante los tres años que fue arzobispo, Monseñor Romero pasó de ser un religioso apolítico a convertirse en un portavoz de las aspiraciones de su pueblo. Su vida como líder de la iglesia católica fue relativamente breve como también lo fue la vida pública de Jesucristo, que predicó por sólo tres años. Durante ese tiempo, Monseñor Romero se volvió defensor de los pobres y denunció la violencia contra el pueblo ejercida por el gobierno y las fuerzas paramilitares. Estuvo influido por la teología de la liberación que se desarrolló en Latinoamérica. El asesinato de un amigo católico, también sacerdote, lo conmovió y lo transformó en un eficaz orador que defendía los derechos humanos en su país. Fue asesinado dando misa en una iglesia de San Salvador, el 24 de marzo de

1980, siendo una más de las 22.000 víctimas de la violencia política aquel año. Yo soy una madre que desde entonces no ha visto a su hijo que desapareció después de salir una tarde de la universidad. Para nosotros, Monseñor Romero no ha muerto porque lo recordamos cada vez más. Les pido que nos pongamos de pie y guardemos un minuto de silencio en memoria de este gran hombre salvadoreño.

B **Salvadoreños en Internet.** Escucha el siguiente texto acerca de las ventajas que el uso de Internet les ofrece a los salvadoreños. Luego selecciona la opción correcta para completar las oraciones que aparecen a continuación.

Todas las personas que tienen que abandonar su país de origen deben enfrentarse a la tristeza de estar lejos de sus seres queridos. Uno de los grupos que más sufrió este cambio es el de los salvadoreños. Los problemas políticos y de violencia que se vivieron en El Salvador, obligaron a que la gente emigrara a otros países para sentirse más segura. Durante muchos años tuvieron que comunicarse por correo, y las cartas tardaban muchos días en llegar. Con la llegada de Internet, la vida de estas personas cambió para siempre. Ahora se pueden comunicar con sus familiares en cuestión de segundos, leer el periódico todos los días y hasta enviar fotos al instante.

Escucha una vez más para verificar tus respuestas.

(Repeat passage.)

C **Salvadoreños en EE.UU.** Escucha lo que esta reportera de una estación de radio hispana en EE.UU. dice sobre la comunidad salvadoreña de Los Ángeles y luego determina si cada afirmación que sigue es **cierta** (**C**) o **falsa** (**F**). Si la oración es falsa, corrígela.

Durante los últimos quince años, la ciudad de Los Ángeles en California se ha convertido en el destino de miles de salvadoreños. La mayoría de éstos dejaron su patria como resultado de la violencia generalizada que afectó a ese país en la década de 1980. Muchos de ellos son refugiados políticos que se vieron perseguidos por las fuerzas gubernamentales. Otros han salido de su país por razones económicas, pues la guerra civil ha aumentado el desempleo y la pobreza a lo largo del país.

En la actualidad, los salvadoreños forman el segundo grupo latino más grande de Los Ángeles después de los mexicanos. Por toda la ciudad hay restaurantes salvadoreños que venden las deliciosas pupusas, un platillo de la cocina salvadoreña. El dinero que los salvadoreños residentes en EE.UU. mandan a sus familias en El Salvador es la principal fuente de dólares de ese país.

Escucha una vez más para verificar tus respuestas.

(Repeat passage.)

Pronunciación y ortografía

Guía para el uso de la letra z. La **z** tiene sólo un sonido /**s**/, que es idéntico al sonido de la **s** y al de la **c** en las combinaciones **ce** y **ci**. Observa el deletreo de este sonido al escuchar a la narradora leer las siguientes palabras.

zapote	**c**entro	**s**altar
zacate	**c**erámica	ase**s**inado
zona	**ci**clo	so**c**iedad
ar**z**obispo	pro**c**eso	**s**ubde**s**arrollo
i**z**quierdista	violen**c**ia	tra**s**ladar**s**e
die**z**	apre**c**iado	di**s**uelto

D **La letra z.** Ahora, escucha a los narradores leer las siguientes palabras y escribe las letras que faltan en cada una.

1. **z**orro
2. vengan**z**a
3. fortale**z**a
4. a**z**úcar
5. fuer**z**a
6. garanti**z**ar
7. lan**z**ador
8. for**z**ado
9. me**z**clar
10. nacionali**z**ar

Deletreo con la letra z. La **z** siempre se escribe en cierto sufijos, patronímicos y terminaciones.

- Con el sufijo **-azo** (indicando una acción realizada con un objeto determinado):

latig**azo**   puñet**azo**   botell**azo**   manot**azo**

- Con los patronímicos (apellidos derivados de nombres propios españoles) **-az, -ez, -iz, -oz, -uz:**

Alcar**az**   Domíngu**ez**   Ru**iz**   Muñ**oz**

- Con las terminaciones **-ez, -eza** de sustantivos abstractos:

timid**ez**   honrad**ez**   nobl**eza**   trist**eza**

E **Práctica con la letra z.** Ahora, escucha a los narradores leer las siguientes palabras y escribe las letras que faltan en cada una.

1. golp**azo**
2. escase**z**
3. Álvare**z**
4. Gonzále**z**
5. gol**azo**
6. per**eza**
7. garrot**azo**
8. Lóp**ez**
9. espad**azo**
10. rigid**ez**

Dictado. Escucha el siguiente dictado e intenta escribir lo más que puedas. El dictado se repetirá una segunda vez para que revises tu párrafo.

El proceso de la paz

En 1984 el presidente de El Salvador, José Napoleón Duarte, inició negociaciones por la paz con el FMLN. En 1986, San Salvador sufrió un fuerte terremoto que ocasionó más de mil víctimas. Pero más muertos causó, sin embargo, la continuación de la guerra civil. Alfredo Cristiani, elegido presidente en 1989, firmó en 1992 un acuerdo de paz con el FMLN después de negociaciones supervisadas por las Naciones Unidas. Así, después de una guerra que causó más de 80.000 muertos y paralizó el desarrollo económico, el país se propone garantizar la paz que tanto le ha costado.

Ahora, escucha una vez más para verificar lo que escribiste.

(Repeat passage.)

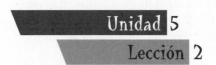

Unidad 5
Lección 2

¡A escuchar!
El Mundo 21

A **Lempira.** Escucha con atención lo que dicen dos estudiantes y luego marca si cada oración que sigue es **cierta (C), falsa (F)** o si no tiene relación con lo que escuchaste **(N/R)**. Si la oración es falsa, corrígela.

ROBERTA: Miguel, ¿por qué se llama "lempira" la moneda nacional de Honduras?

MIGUEL: Se llama así en homenaje a un jefe indígena que luchó contra los españoles.

ROBERTA: ¿Pero qué significa la palabra "lempira"?

MIGUEL: Ése era su nombre y significa "señor de la sierra".

ROBERTA: ¿En qué época sucedió esto?

MIGUEL: Fue en la década de 1530, cuando Lempira organizó la lucha contra los españoles y resistió con mucho éxito a las fuerzas comandadas por Alfonso de Cáceres. Según cuenta la leyenda, los españoles convencieron a Lempira que recibiera a dos comisionados de Alfonso de Cáceres para negociar la paz. En el encuentro, uno de los soldados le disparó, matando al cacique y acabando así con uno de los líderes indígenas más importantes. Actualmente, en Honduras, lo consideran un héroe nacional.

B **La Ceiba.** Escucha lo que te dice un amigo hondureño acerca de una ciudad caribeña de Honduras que vas a visitar en estas vacaciones. Luego indica si la información que sigue es mencionada (**Sí**) o no (**No**) por tu amigo.

Como te gusta tenderte en la playa, tomar sol y nadar, debes visitar la costa caribeña de Honduras. Antes de que llegues a las islas de la Bahía, en pleno mar Caribe, pasa unos momentos en La Ceiba, capital del departamento de Atlántida. En caso de que te detengas en la plaza principal, vas a poder ver dos lagunitas con tortugas y cocodrilos que toman sol. Con tal de que estés allí en la segunda mitad del mes de mayo, vas a poder ver el Festival de San Isidro, que es el santo patrón de la ciudad. Tienes que aprender a bailar para que te diviertas con toda la gente durante ese festival.

Escucha una vez más para verificar tus respuestas.

(Repeat passage.)

C **León.** Escucha el siguiente texto acerca de la ciudad de León y luego selecciona la opción correcta para completar las oraciones que aparecen a continuación.

Quiero visitar León porque me interesan las ciudades con un rico pasado. A menos de que uno prefiera las ciudades capitales, a veces las visitas a ciudades más pequeñas son más agradables. Dicen que no hay ninguna ciudad en Nicaragua que tenga el encanto colonial que se puede apreciar en León: calles estrechas, casas con techos de tejas rojas, bellos edificios antiguos. En caso de que seas

amante de la poesía, te va a importar saber que el gran poeta Rubén Darío murió en esa ciudad en el año 1916. En la calle que lleva su nombre, se puede visitar el Museo-Archivo Rubén Darío, donde se exponen artículos personales del poeta así como libros que pertenecieron a su biblioteca personal.

Escucha una vez más para verificar tus respuestas.

(Repeat passage.)

Pronunciación y ortografía

Guía para el uso de la letra s. En lecciones previas aprendiste que la **s** tiene sólo un sonido /s/, que es idéntico al sonido de la **z** y al de la letra **c** en las combinaciones **ce** y **ci.** Observa el deletreo de este sonido cuando la narradora lea las siguientes palabras.

de**s**afío	**z**ambo	**ce**nso
sentimiento	**z**acate	de**sc**endiente
sindicato	**z**ona	**ci**lantro
colap**s**o	mesti**z**o	**ci**neasta
superar	ra**z**a	ve**ci**no
mu**s**ulmán	actri**z**	con**ci**en**ci**a

D **La letra s.** Ahora escribe las letras que faltan mientras escuchas a los narradores leer las siguientes palabras.

1. a**s**umir
2. acu**s**ar
3. victorio**s**o
4. **s**iglo
5. **s**andinista
6. abu**s**o
7. **s**erie
8. a**s**alto
9. depre**s**ión
10. **s**ociedad

Deletreo con la letra s. Las siguientes terminaciones se escriben siempre con la **s.**

- Las terminaciones **-sivo** y **-siva:**

deci**sivo** pa**sivo** expre**siva** defen**siva**

- La terminación **-sión** añadida a sustantivos que se derivan de adjetivos que terminan en **-so, -sor, -sible, -sivo:**

confe**sión** transmi**sión** compren**sión** vi**sión**

- Las terminaciones **-és** y **-ense** para indicar nacionalidad o localidad:

holand**és** leon**és** costarric**ense** chihuahu**ense**

- Las terminaciones **-oso** y **-osa:**

contagi**oso** estudi**oso** graci**osa** bondad**osa**

- La terminación **-ismo:**

capital**ismo** comun**ismo** islam**ismo** barbar**ismo**

- La terminación **-ista:**

guitarr**ista** art**ista** dent**ista** futbol**ista**

E **Práctica con la letra *s*.** Ahora, escucha a los narradores leer las siguientes palabras y escribe las letras que faltan en cada una.

1. pian**ista**
2. cordob**és**
3. explo**sión**
4. perez**oso**
5. parisi**ense**
6. gase**osa**
7. lenin**ismo**
8. confu**sión**
9. pose**sivo**
10. period**ista**

Dictado. Escucha el siguiente dictado e intenta escribir lo más que puedas. El dictado se repetirá una vez más para que revises tu párrafo.

La independencia de Honduras

Como provincia perteneciente a la Capitanía General de Guatemala, Honduras se independizó de España en 1821. Como el resto de los países centroamericanos, se incorporó al efímero imperio mexicano de Agustín de Iturbide y formó parte de la Federación de las Provincias Unidas de Centroamérica. En la vida política de la Federación sobresalió el hondureño Francisco Morazán, que fue elegido presidente en 1830 y 1834. El 5 de noviembre de 1838 Honduras se separó de la Federación y proclamó su independencia.

Ahora, escucha una vez más para verificar lo que escribiste.

(Repeat passage.)

Unidad 5
Lección 3

¡A escuchar!
El Mundo 21

A **Político costarricense.** Escucha con atención lo que les pregunta un maestro de historia a sus estudiantes de una escuela secundaria de San José de Costa Rica. Luego marca si cada oración que sigue es **cierta** **(C)**, **falsa** **(F)** o si no tiene relación con lo que

escuchaste **(N/R)**. Si la oración es falsa, corrígela.

MAESTRO: Bueno, para repasar lo que leyeron como tarea les voy a hacer preguntas. ¿Cómo se llama el político costarricense que fue galardonado con el Premio Nóbel de la Paz?

ALUMNA: Óscar Arias Sánchez.

MAESTRO: ¿En qué año le otorgaron este premio?

ALUMNO: ¿En 1990?

MAESTRO: No, fue en 1987. ¿Por qué creen que se mereció este premio?

ALUMNA: Por su activa participación en las negociaciones por la paz en Centroamérica. Si no me equivoco, las negociaciones llevaron a un acuerdo de paz entre los diferentes países de la región. Este acuerdo se firmó en la Ciudad de Guatemala el 7 de agosto de 1987.

MAESTRO: Muy bien. Óscar Arias Sánchez es un político muy respetado en Costa Rica. Fue presidente de nuestro país de 1986 a 1990.

B **Costa Rica.** Escucha el siguiente texto acerca de Costa Rica y luego selecciona la opción correcta para completar las oraciones que aparecen a continuación.

Costa Rica, a pesar de lo que dice su nombre, no es una nación rica, aunque es el país con el mayor ingreso nacional *per cápita* de la región centroamericana. El país tenía ejército hasta que, en 1949, decidieron suprimirlo y dedicar esa parte del presupuesto a la educación, pero a pesar de ello, mantiene una guardia civil muy eficaz. Mientras que el resto de los países vecinos han sufrido una larga historia de dictaduras, Costa Rica aparece como uno de los países con la democracia más duradera. Cuando llegó el año 1989, los costarricenses celebraron cien años de gobiernos democráticos.

Escucha una vez más para verificar tus respuestas.

(Repeat passage.)

TRANSCRIPCIÓN DE AUDIO CD

C **Tareas domésticas.** A continuación, escucharás a Alfredo decir cuándo va a hacer las tareas domésticas que le han pedido que haga. Completa cada oración al escuchar lo que dice.

1. Voy a hacer la cama **en cuanto desayune.**
2. Voy a arreglar mi cuarto **tan pronto como termine de ducharme.**
3. Voy a pasar la aspiradora a las diez **cuando apague la televisión.**
4. Voy a cortar el césped **cuando no haga tanto calor.**
5. Voy a poner los platos en la lavadora **después de que terminemos de cenar.**

Escucha una vez más para verificar tus respuestas.

(Repeat passage.)

Pronunciación y ortografía

Guía para el uso de la letra *x*. La **x** representa varios sonidos según en qué lugar de la palabra ocurra. Normalmente representa el sonido **/ks/** como en **exigir.** Frente a ciertas consonantes se pierde la **/k/** y se pronuncia simplemente **/s/** (aspirada) como en **explorar.** En otras palabras se pronuncia como la **j:** es el sonido fricativo **/x/** como en **México** o **Oaxaca.** Observa el deletreo de este sonido al escuchar a la narradora leer las siguientes palabras.

exilio	explosión	Texas
existencia	experiencia	mexicana
éxodo	exterminar	oaxaqueño
máximo	exclusivo	Mexicali
anexión	pretexto	texano
saxofón	excavación	Xavier

D **La letra *x*.** Ahora indica si las palabras que dicen los narradores tienen el sonido **/ks/** o **/s/**.

1. expansión
2. textual
3. existencia
4. extranjero
5. exuberante
6. expedición
7. hexágono
8. exterminio
9. conexión
10. textura

Deletreo con la letra *x*. La **x** siempre se escribe en ciertos prefijos y terminaciones.

- Con el prefijo **ex-:**

exponer   **ex**presiva   **ex**ceso   **ex**presión

- Con el prefijo **extra-:**

extraordinario   **extra**terrestre   **extra**legal
extrasensible

- Con la terminación **-xión** en palabras derivadas de sustantivos o adjetivos terminados en **-je, -jo** o **-xo:**

refle**xión** (de reflejo)   cone**xión** (de conexo)
comple**xión** (de complejo)   ane**xión** (de anexo)

E **Práctica con la letra *x*.** Ahora, escucha a los narradores leer las siguientes palabras y escribe las letras que faltan en cada una.

1. e**x**pulsar
2. e**x**agerar
3. e**x**plosión
4. crucifi**x**ión
5. e**x**traño
6. refle**x**ión
7. e**x**aminar
8. e**x**tranjero
9. e**x**terior
10. e**x**iliado

Dictado. Escucha el siguiente dictado e intenta escribir lo más que puedas. El dictado se repetirá una vez más para que revises tu párrafo.

Costa Rica: País ecologista

Debido a la acelerada deforestación de las selvas que cubrían la mayor parte del territorio de Costa Rica, se ha establecido un sistema de zonas protegidas y parques nacionales. En proporción a su área, es ahora uno de los países que tiene más zonas protegidas (el 26% del territorio tiene algún tipo de protección, el 8% está dedicado a parques nacionales). Estado Unidos, por ejemplo, ha dedicado a parques nacionales solamente 3,2% de su superficie.

Ahora, escucha una vez más para verificar lo que escribiste.

(Repeat passage.)

¡A escuchar!
El Mundo 21

A **Premio Nóbel de Literatura.** Escucha lo que un profesor de literatura latinoamericana les pregunta a sus alumnos sobre uno de los escritores latinoamericanos más importantes del siglo XX. Luego marca si cada oración que sigue es **cierta** (**C**), **falsa** (**F**) o si no tiene relación con lo que escuchaste (**N/R**). Si la oración es falsa, corrígela.

PROFESOR: Voy a hacerles algunas preguntas sobre la lectura que tuvieron como tarea para hoy. ¿En qué año Gabriel García Márquez fue galardonado con el Premio Nóbel de Literatura?

ALUMNA: En 1982.

PROFESOR: ¿Cuándo y dónde nació este escritor?

ALUMNO: Nació en 1928 en Aracataca, un pueblo de Colombia cerca de la costa del mar Caribe.

PROFESOR: ¿Qué estudió en las universidades de Bogotá y Cartagena de Indias?

ALUMNA: Estudió derecho y periodismo.

PROFESOR: ¿Dónde aparece por primera vez Macondo, el pueblo imaginario inventado por García Márquez?

ALUMNA: Aparece en su primera novela, *La hojarasca*, que publicó en 1955.

PROFESOR: ¿Cuál es el título del libro que lo consagró como novelista?

ALUMNO: *El laberinto de la soledad.*

PROFESOR: No, ése es un libro de ensayos escrito por Octavio Paz. ¿Alguien se acuerda?

ALUMNA: *Cien años de soledad.* Es una novela que se publicó en 1967 y es la historia del pueblo de Macondo y de sus fundadores, la familia Buendía.

B **La Catedral de Sal.** Escucha el siguiente texto acerca de la Catedral de Sal de Zipaquirá y luego selecciona la opción que complete correctamente las oraciones que siguen.

El próximo domingo iré a Zipaquirá. ¡Por fin veré la Catedral de Sal, de la cual todo el mundo me habla! Tomaré el tren turístico en Bogotá por la mañana y regresaré por la tarde. Dicen que en Zipaquirá hay tanta sal que habría que explotar esas minas durante cien años de modo continuo para que se agotaran. La Catedral de Sal fue inaugurada en 1954 y está dedicada a Nuestra Señora del Rosario, que es la santa patrona de los mineros. Se llega allí después de caminar aproximadamente cinco minutos desde la entrada a las minas. El techo está a una altura de veintitrés metros por sobre el piso y el altar es un inmenso bloque de sal que pesa dieciocho toneladas. Tiene capacidad para diez mil personas. Su construcción tardó diez años. Además, me dijeron que ofrece una vista impresionante.

Escucha una vez más para verificar tus respuestas.

(Repeat passage.)

Puntuación y ortografía

Guía para el uso de la letra _g_. El sonido de la **g** varía según dónde ocurra en la palabra, la frase o la oración. Al principio de una frase u oración y después de la **n** tiene el sonido /**g**/ (excepto en las combinaciones **ge** y **gi**) como en **grabadora** o **tengo.** Este sonido es muy parecido al sonido de la *g* en inglés. En cualquier otro caso, tiene un sonido más suave, /g̶/, como en **la grabadora, segunda** o **llegada** (excepto en las combinaciones **ge** y **gi**).

Observa la diferencia entre los dos sonidos cuando la narradora lea las siguientes palabras.

po**ng**o	al**g**unos
te**ng**o	lo**g**rar
gótico	pro**g**rama
grande	la **g**rande
ganadero	el **g**anadero

Pronunciación de _ge_ y _gi_. El sonido de la **g** antes de las vocales **e** o **i** es idéntico al sonido /**x**/ de la **j** como en **José** o **justo.** Escucha la pronunciación de **ge** y **gi** en las siguientes palabras.

gente	fu**g**itivo
inteli**g**ente	**g**igante
sumer**g**irse	

C **Práctica con la letra _g_.** Ahora, escucha a los narradores leer las siguientes palabras con los tres sonidos de la letra **g** y escribe las letras que faltan en cada una.

1. obli**g**ar
2. **g**obierno
3. **gu**erra
4. prote**g**er
5. sa**gr**ado

6. ne**g**ociar
7. **gig**antesco
8. presti**gi**oso
9. **gr**avemente
10. exa**g**erar

Deletreo con la letra _g_. La **g** siempre se escribe en ciertas raíces y terminaciones y antes de la **u** con diéresis (**ü**).

• En las raíces **geo-, legi-** y **ges-:**

geográfico   **legi**slatura   **ges**tación

apo**geo**   **legi**ble   con**ges**tión

• En la raíz **gen-:**

generación   **gen**erar   **gen**te

• En los verbos terminados en **-ger, -gir, -gerar** y **-gerir:**

reco**ger**   diri**gir**   exa**gerar**   su**gerir**

prote**ger**   corre**gir**   ali**gerar**   in**gerir**

• En palabras que se escriben con **güe** o **güi:**

bilin**güe**   ver**güe**nza   ar**güi**r

averi**güe**   **güe**ro   pin**güi**no

D **Práctica con _ge_ y _gi_.** Ahora, escucha a los narradores leer las siguientes palabras y escribe las letras que faltan en cada una.

1. **geo**logía
2. enco**g**er
3. sur**gir**
4. **gen**ética
5. ele**gir**

6. le**g**ítimo
7. **güe**ra
8. exi**gir**
9. **geo**grafía
10. **legi**slador

Dictado. Escucha el siguiente dictado e intenta escribir lo más que puedas. El dictado se repetirá una vez más para que revises tu párrafo.

Luchas entre conservadores y liberales

Entre 1899 y 1903 tuvo lugar la más sangrienta de las guerras civiles colombianas, la Guerra de los Mil Días, que dejó al país exhausto. En noviembre de ese último año, Panamá declaró su independencia de Colombia. El gobierno estadounidense apoyó esta acción pues facilitaba considerablemente su

plan de abrir un canal a través del istmo centroamericano. En 1914 Colombia reconoció la independencia de Panamá y recibió una compensación de 25 millones de dólares por parte de Estados Unidos.

Ahora, escucha una vez más para verificar lo que escribiste.

(Repeat passage.)

¡A escuchar!
El Mundo 21

A **Líder panameña.** Escucha lo que un profesor de historia latinoamericana les dice a sus alumnos acerca de una importante líder política de Panamá. Luego marca si cada oración es **cierta** (**C**), **falsa** (**F**) o si no tiene relación con lo que escuchaste (**N/R**). Si la oración es falsa, corrígela.

Una de las figuras políticas más importantes de Panamá de los últimos tiempos es Mireya Moscoso. Esta mujer de larga trayectoria política, formó parte de dos hechos importantes en la historia de este país centroamericano. Primero, se convirtió en la primera mujer presidenta de su país. Luego, en diciembre de 1999, su gobierno logró devolverle a Panamá la soberanía completa de su territorio, terminando con el conflicto del Canal de Panamá. En el pasado, Mireya Moscoso tuvo que exiliarse en Estados Unidos por problemas políticos. Ahora, según sus propias palabras, su misión es completar la agenda social que inició su esposo, Arnulfo Arias, durante los tres períodos que fue presidente de Panamá.

B **Los cunas.** Escucha el siguiente texto acerca de los cunas y luego selecciona la respuesta que complete correctamente las oraciones que siguen.

Al este de la ciudad de Colón, en el mar Caribe, se encuentran las islas San Blas, habitadas por los cunas. Hay una isla por cada día del año, pero sólo unas cincuenta están habitadas. En éstas se concentra la población cuna, el grupo indígena de

Panamá con mejor organización política. Los cunas administran el territorio de San Blas prácticamente por sí mismos y envían representantes a la Asamblea Nacional. Aunque muchos hombres trabajan temporalmente en el continente, la mayoría de las mujeres viven permanentemente en las islas. Usan anillos de oro en las orejas y en la nariz y llevan vestidos multicolores con interesantes diseños de formas geométricas, de animales y flores estilizados o de temas contemporáneos. A los turistas les encantan especialmente los diseños de las blusas o *molas,* como se las denomina en la lengua cuna.

Escucha una vez más para verificar tus respuestas.

(Repeat passage.)

C **Daniel y Salchicha.** Escucha lo que una vecina le cuenta a otra vecina acerca de lo que le ocurrió a Daniel, hijo de doña Emerita. Luego marca si cada oración que sigue es **cierta (C), falsa (F)** o si no tiene relación con lo que escuchaste **(N/R).** Si la oración es falsa, corrígela.

Mira, anteayer Daniel, el hijo de doña Emerita, jugaba baloncesto cuando se le fue la pelota al patio del vecino. Se preguntó si valdría la pena brincar la cerca y decidió hacerlo para no tener que molestar al vecino. Para la gran sorpresa de Daniel, el normalmente amistoso perro del vecino, el tal llamado Salchicha, le gruñó, mostrando enormes colmillos blancos y lanzándose hacia él. En unos instantes Daniel se encontraba con una pierna en los colmillos del perro y con la otra colgando en la seguridad de su propio patio. Su mamá, quien lo vio colgando y columpiándose en la cerca por la ventana de la cocina, echó un grito y salió corriendo, con los brazos alzados, para darle a Salchicha con la escoba. Mientras Daniel se balanceaba, doña Emerita le gritaba a Salchicha, dándole finalmente un escobazo para que éste soltara a Daniel. Doña Emerita llevó a Daniel al doctor inmediatamente. "Se parecen a los ojos de mi rata Mikus", exclamó Daniel. Efectivamente, Daniel ahora lucía dos agujeros rojos y redonditos en la pierna. Después de limpiarle la herida, el doctor le puso una inyección a Daniel, quien para entonces estaba cansadísimo y bien enfadado. Días después del susto y de la visita de doña Emerita al vecino dueño de Salchicha, doña Emerita y sus amigos se sientan en la cocina y se ríen a carcajadas al tan sólo pensar en Daniel columpiándose allí y doña Emerita gritándole a Salchicha y amenazándolo con la escoba.

Escucha una vez más para verificar tus respuestas.

(Repeat passage.)

Pronunciación y ortografía

Guía para el uso de la letra *j*. En lecciones previas aprendiste que la **j** tiene sólo un sonido /**x**/, que es idéntico al sonido de la **g** en las combinaciones **ge** y **gi.** Observa el deletreo de este sonido al escuchar a la narradora leer las siguientes palabras.

jardines	ojo
mestizaje	judíos
dijiste	

D **La letra *j*.** Ahora, escucha a los narradores leer las siguientes palabras y escribe las letras que faltan en cada una.

1. ju**nt**a	6. homena**je**
2. fran**j**a	7. porcenta**je**
3. extran**j**ero	8. **j**abón
4. lengua**je**	9. tra**je**
5. via**j**ero	10. **J**alisco

Deletreo con la letra *j*. La **j** siempre se escribe en ciertas terminaciones y formas del verbo.

* En las terminaciones **-aje, -jero** y **-jería:**

mestiz**aje**	extran**jero**	relo**jería**
aprendiz**aje**	ca**jero**	bru**jería**

* En el pretérito de los verbos irregulares terminados en **-cir** y de verbos regulares cuyo radical termina en **j:**

redu**j**e (de reducir)	tra**j**e (de traer)
produ**j**e (de producir)	fi**j**é (de fijar)
di**j**e (de decir)	traba**j**é (de trabajar)

E **Práctica con la letra *j*.** Ahora, escucha a los narradores leer las siguientes palabras y escribe las letras que faltan en cada una.

1. conse**j**ero	6. condu**j**imos
2. redu**j**eron	7. paisa**j**e
3. di**j**o	8. relo**j**ero
4. relo**j**ería	9. tra**j**iste
5. mensa**j**e	10. mane**j**aron

F **Deletreo del sonido /x/.** Este sonido presenta dificultad al escribirlo cuando precede a las vocales **e** o **i.** Al escuchar a los narradores leer las siguientes palabras, complétalas con **g** o **j**, según corresponda.

1. origen
2. jugador
3. tradujeron
4. recogimos
5. legítimo

6. trabajadora
7. ejército
8. exigen
9. congestión
10. encrucijada

Dictado. Escucha el siguiente dictado e intenta escribir lo más que puedas. El dictado se repetirá una vez más para que revises tu párrafo.

La independencia y la vinculación con Colombia

Panamá permaneció aislada de los movimientos independentistas ya que su único medio de comunicación por barco estaba controlado por las autoridades españolas. La independencia se produjo sin violencia cuando una junta de notables la declaró en la ciudad de Panamá el 28 de noviembre de 1821, que se conmemora como la fecha oficial de la independencia de Panamá. Pocos meses más tarde, Panamá se integró a la República de la Gran Colombia junto con Venezuela, Colombia y Ecuador.

Ahora, escucha una vez más para verificar lo que escribiste.

(Repeat passage.)

Lengua en uso

M **Datos sobre Rubén Blades.** Ahora escucha al narrador, que te va a contar algo sobre Rubén Blades. Presta mucha atención porque hay quince verbos en el condicional. A medida que los escuches, escríbelos para completar los espacios en blanco. La narración se va a repetir una vez más.

Rubén Blades

Rubén Blades es un famoso compositor y actor panameño, que desde joven supo que con el tiempo **cumpliría** muchos objetivos. Empezó a cantar con la Orquesta de Ray Barretto y luego, a mediados de los años setenta, **pasaría** a formar parte de la banda de Willie Colón. En sus comienzos grababa para el sello Fania, que trabajaba con grupos de salsa solamente, pero luego **firmaría** un contrato con el sello mayor Electra. Cuando se le preguntó acerca de sus arreglos musicales, dijo que siempre **pondría** especial atención en los vibráfonos, la

percusión y las voces. A principios de la década de los ochenta, grabó *Pedro Navaja*, un tema que se **convertiría** muy pronto en un clásico de la música salsa. Blades canta con un estilo directo y sincero que muchos cantantes **desearían** tener. Sus álbumes se **podrían** comprar por su música o por sus letras. Algunas personas **preferirían** las canciones de amor, como "Paula C." y otras **elegirían** las de contenido social, como "Plástico". Pero no hay duda de que todo aquel que le guste la buena música, **debería** tener un álbum de Rubén Blades.

A muchas personas les **gustaría** saber que Rubén Blades además es un activista que defiende los derechos de la gente. **Sería** bueno que todos supieran que también estudió leyes, ya que siempre pensó que eso le **serviría** para sus propósitos y así **obtendría** más logros. Rubén Blades es un ejemplo que todos los artistas **deberían** imitar.

Escucha una vez más para verificar tus respuestas.

(Repeat passage.)

Unidad 6
Lección 3

¡A escuchar!
El Mundo 21

A **El Puma Rodríguez.** Escucha lo que dice un profesor de música acerca del cantante venezolano José Luis Rodríguez. Escucha con atención y luego marca si cada oración que sigue es **cierta** (**C**), **falsa** (**F**) o si no tiene relación con lo que escribiste (**N/R**). Si la oración es falsa, corrígela.

José Luis Rodríguez es un cantante venezolano, a quien todo el mundo conoce con el seudónimo "El Puma". Además de cantante es un gran percusionista. Durante su exitosa carrera ha grabado numerosos álbumes con canciones románticas y con ritmos latinos ideales para bailar. José Luis Rodríguez también ha grabado con importantes artistas latinos, como Julio Iglesias, Emilio Estefan Jr. y Lola Flores. En sus conciertos y grabaciones interpreta varios géneros musicales, como boleros, mariachis, canciones norteñas y baladas. Entre sus álbumes más famosos se destacan *La llamada del amor* e *Inolvidable*. El Puma ha conquistado a todo el público latinoamericano, y sus admiradores pueden ir a sus conciertos en todos los países, desde Estados Unidos hasta Argentina.

B **Colonia Tovar.** Escucha el siguiente texto acerca de un pueblo cercano a Caracas y luego indica si la información que sigue es mencionada (**Sí**) o no (**No**) por la persona que habla.

Cuando vayas a Caracas deberías subir a la Colonia Tovar. Éste es un pueblito situado a casi dos mil metros sobre el nivel del mar y queda a unos cincuenta kilómetros de Caracas. Fue fundado en 1843 por inmigrantes de la Selva Negra, Alemania, a quienes el gobierno les prometió tierras y autonomía política. Las promesas del gobierno no se cumplieron pero el dueño de las tierras, don Felipe Tovar, se las cedió. A la muerte de don Felipe, los colonos le dieron su nombre al pueblo. Puedes aprender acerca de esta historia en el museo del pueblo. Cuando vayas, no dejes de probar las deliciosas especialidades germanas del pueblo: pan fresco, mermelada de moras y salchichas.

Escucha una vez más para verificar tus respuestas.

(Repeat passage.)

C **Boleto del metro.** Vas a escuchar instrucciones para comprar un boleto del metro caraqueño usando una máquina expendedora. Mientras escuchas las instrucciones ordena numéricamente los dibujos correspondientes.

1. Asegúrese de que tenga monedas.
2. Si no tiene monedas, obténgalas de las máquinas que proporcionan cambio.
3. Consulte las tarifas para determinar el valor de su pasaje.
4. El precio de su boleto aparece sobre el nombre de la estación adonde usted va.
5. Oprima el botón de la máquina que indique el precio de su pasaje.
6. Si comete un error, oprima el botón que dice anulación y comience de nuevo.
7. Introduzca por la ranura las monedas con el precio exacto del pasaje.
8. Cuando complete la cantidad, la máquina le dará su boleto por la ventanilla iluminada.

Escucha una vez más para verificar tus respuestas.

(Repeat passage.)

Pronunciación y ortografía

Guía para el uso de la letra _h_. La **h** es muda, no tiene sonido. Sólo tiene valor ortográfico. Observa el deletreo de las siguientes palabras con la **h** mientras la narradora las lee.

hospital
humano
ahora
habitar
exhausto

D **La letra _h_.** Ahora escucha a los narradores leer las siguientes palabras y escribe las letras que faltan en cada una.

1. **he**redar
2. pro**hi**bir
3. re**hu**sar
4. **hi**erro
5. **hu**elga

6. **ho**stilidad
7. ve**he**mente
8. **hé**roe
9. ex**ha**lar
10. **ho**rmiga

Deletreo con la letra _h_. La **h** siempre se escribe en una variedad de prefijos griegos.

- Con los prefijos **hema-** y **hemo-,** que significan **sangre:**

hematología   **hema**tólogo   **hemo**globina
hematosis   **hemo**filia   **hemo**rragia

- Con el prefijo **hecto-,** que significa **cien,** y **hexa-,** que significa **seis:**

hectómetro   **hect**área   **hexa**cordo
hectolitro   **hexá**gono   **hexa**sílabo

- Con el prefijo **hosp-,** que significa **huésped,** y **host-,** que significa **extranjero:**

hospital   **hosp**icio   **host**ilizar
hospedar   **host**il   **host**ilidad

- Con el prefijo **hiper-,** que significa **exceso,** e **hidro-,** que significa **agua:**

hipercrítico   **hiper**termia   **hidro**metría
hipersensible   **hidro**plano   **hidro**terapia

- Con el prefijo **helio-,** que significa **sol,** e **hipo-,** que significa **inferioridad:**

heliofísica   **helio**scopio   **hipó**crita
heliografía   **hipo**condrio   **hipo**pótamo

E **Práctica con la letra *h*.** Ahora, escucha a los narradores leer las siguientes palabras y escribe las letras que faltan en cada una.

1. **hecto**gramo
2. **helio**terapia
3. **hidro**soluble
4. **hosp**edar
5. **hidro**stática
6. **hipo**tensión
7. **hect**ógrafo
8. **hosp**italizar
9. **hexa**gonal
10. **hipo**teca

Dictado. Escucha el siguiente dictado e intenta escribir lo más que puedas. El dictado se repetirá una vez más para que revises tu párrafo.

El desarrollo industrial

En la década de 1960, Venezuela alcanzó un gran desarrollo económico que atrajo a muchos inmigrantes de Europa y de otros países sudamericanos. En 1973 los precios del petróleo se cuadruplicaron como resultado de la guerra árabe-israelí y de la política de la Organización de Países Exportadores de Petróleo (OPEP), de la cual Venezuela era socio desde su fundación en 1960. En 1976 el presidente Carlos Andrés Pérez nacionalizó la industria petrolera, lo que proveyó al país mayores ingresos que permitieron impulsar el desarrollo industrial.

Ahora escucha una vez más para verificar lo que escribiste.

(Repeat passage.)

Unidad 7
Lección 1

¡A escuchar!
El Mundo 21

A **Una cantante sin fronteras.** Escucha la conversación que tienen dos amigos acerca de la cantante peruana Tania Libertad. Luego marca si cada oración que sigue es **cierta (C)**, **falsa (F)** o si no tiene relación con lo que escribiste (**N/R**). Si la oración es falsa, corrígela.

ANTONIO: Hola, María, ¿cómo estás?

MARÍA: Muy bien, Antonio. Y veo que tú también, porque te vi salir de la tienda de música. ¿Qué compraste?

ANTONIO: Algo estupendo, un disco compacto de Tania Libertad, una cantante peruana. ¿La conoces?

MARÍA: Oí su nombre, pero no conozco muy bien su estilo. ¿Me puedes contar algo?

ANTONIO: ¡Claro! Tania Libertad es increíble. Hace muchos años que se presenta en escenarios de todo el mundo. Grabó más de treinta álbumes con unas canciones hermosas. Muchas de ellas son canciones folclóricas peruanas muy interesantes.

MARÍA: ¿Y se dedica exclusivamente a cantar canciones de Perú?

ANTONIO: No, y eso es lo bueno. Tania Libertad tiene un repertorio muy amplio. Ella canta canciones de autores latinoamericanos de varios países, como Silvio Rodríguez, de Cuba, y Violeta Parra, de Chile. Por eso a Tania Libertad le dicen "la voz sin fronteras".

MARÍA: Eso quiere decir que Tania Libertad muestra en sus canciones la cultura de muchos países, ¿no?

ANTONIO: Sí, y además interpreta varios estilos. Entre sus canciones hay boleros, rancheras, tangos, sambas y canciones escritas por músicos de rock.

MARÍA: ¿Y se presenta a veces en Estados Unidos?

ANTONIO: Sí, se ha presentado en Miami con mucho éxito. Y además canta las canciones que el público le pide durante sus conciertos. Tania Libertad es una persona que habla muy poco durante sus conciertos pero que ofrece un espectáculo muy profesional.

MARÍA: Bueno, Antonio, ahora me invitas a escuchar tu nuevo disco compacto, ¿sí? Y en cuanto nos enteremos de un concierto de Tania Libertad, allí estaremos.

ANTONIO: Por supuesto, María, ¡vamos!

B **Perú precolombino.** Escucha el siguiente texto acerca de la dificultad de conocer las culturas precolombinas del Perú. Luego indica si la información que aparece a continuación se menciona (**Sí**) o no (**No**) en el texto.

La historia precolombina del Perú es una de las más ricas del continente. A todo el mundo le fascina, por ejemplo, la historia del imperio de los incas. Sin embargo es difícil tener un mayor conocimiento de esa historia precolombina por tres razones principales. Primeramente, el territorio de esta nación es y ha sido inestable, sujeto a calamidades naturales como terremotos e inundaciones que han destruido seguramente pueblos y ciudades antiguos. En segundo lugar, sería importante que existieran documentos escritos para conocer de un modo más directo esas culturas antiguas. Gran parte de nuestro conocimiento proviene de lo que los incas les contaron a los historiadores españoles y no sabemos si esa información oral era verdadera o no. Y en tercer lugar, parte de ese pasado se ha perdido a causa de los huaqueros, o ladrones de tumbas, de excavaciones arqueológicas. Como es difícil vigilar estos tesoros, los huaqueros los saquean, vendiendo en el mercado negro antiguos y valiosos objetos.

Escucha una vez más para verificar tus respuestas.

(Repeat passage.)

C **Abuelos tolerantes.** Escucha lo que dice Claudio acerca de lo que sus abuelos les permitían hacer a él y a sus hermanos cuando, de niños, iban a visitarlos. Mientras escuchas, ordena numéricamente los dibujos. Ten en cuenta que algunos dibujos quedarán sin numerar.

1. Nos permitían que nos levantáramos tarde.
2. Nos permitían que comiéramos postres a toda hora.
3. Nos permitían que durmiéramos en la sala de estar algunas veces.
4. Nos permitían que no hiciéramos las camas.
5. Nos permitían que jugáramos al béisbol hasta muy tarde.

Escucha una vez más para verificar tus respuestas.

(Repeat passage.)

Pronunciación y ortografía

Guía para el uso de la letra *y*. La **y** tiene dos sonidos. Cuando ocurre sola o al final de una palabra tiene el sonido /i/, como en **fray** y **estoy**. Este sonido es idéntico al sonido de la vocal **i**. En todos los otros casos tiene el sonido /y/, como en **ayudante** y **yo**. (Este sonido puede variar, acercándose en algunas regiones al sonido *sh* del inglés.)

Observa el deletreo de estos sonidos al escuchar a la narradora leer las siguientes palabras.

y	ensayo
soy	apoyar
virrey	yerno
Uruguay	ayuda
muy	leyes

D **La letra *y*.** Ahora escucha a los narradores leer palabras con los dos sonidos de la letra **y** e indica si el sonido que escuchas en cada una es /i/ o /y/.

1. reyes
2. voy
3. mayoría
4. trayectoria
5. estoy
6. apoyo
7. ley
8. buey
9. yegua
10. inyecciones

Deletreo con la letra *y*. La **y** siempre se escribe en ciertas palabras y formas verbales y en ciertas combinaciones.

• En ciertas palabras que empiezan con **a:**

ayer	ayuda	ayuno
ayunar	ayuntar	ayudante

• En formas verbales cuando la letra **i** ocurriría entre dos vocales y no se acentuaría:

le**y**endo (de leer)	o**y**en (de oír)
ha**y**a (de haber)	ca**y**ó (de caer)

• Cuando el sonido /i/ ocurre al final de una palabra y no se acentúa. El plural de sustantivos en esta categoría también se escribe con **y**.

estoy	rey	ley	virrey
voy	reyes	leyes	virreyes

E **Práctica con la letra *y*.** Ahora, escucha a los narradores leer las siguientes palabras y escribe las letras que faltan en cada una.

1. **ay**unas
2. h**ay**
3. ca**y**endo
4. bue**y**es
5. hu**y**an
6. Paragu**ay**
7. re**y**es
8. **ay**acuchano
9. va**y**an
10. **ay**udante

Dictado. Escucha el siguiente dictado e intenta escribir lo más que puedas. El dictado se repetirá una vez más para que revises tu párrafo.

Las grandes civilizaciones antiguas

Miles de años antes de la conquista española, las tierras que hoy forman parte del Perú estaban habitadas por sociedades complejas y refinadas. La primera gran civilización de la región andina se conoce con el nombre de Chavín y floreció entre los años 900 y 200 a.C. en el altiplano y la zona costera del norte del Perú. Después siguió la cultura mochica, que se desarrolló en una zona más reducida de la costa norte del Perú. Los mochicas construyeron las dos grandes pirámides de adobe que se conocen como Huaca del Sol y Huaca de la Luna. Una extraordinaria habilidad artística caracteriza las finas cerámicas de los mochicas.

Ahora, escucha una vez más para verificar lo que escribiste.

(Repeat passage.)

Lengua en uso

A **Tania Libertad en vivo.** Las siguientes oraciones resumen la personalidad de Tania Libertad y su relación con el público y con otros artistas. Presta atención porque en cada oración escucharás un verbo en el imperfecto de subjuntivo. Escríbelo en la lista que aparece a continuación. Las oraciones se repetirán una vez más para verificar tus respuestas.

1. Cuando Tania Libertad cantó en Miami, el público le rogó que cantara "La flor de la canela".

2. Tania Libertad les escribió a varios músicos latinoamericanos y les pidió que le dieran algunas canciones para cantar.

3. En un programa de televisión durante su visita a Argentina, el conductor le suplicó a Tania Libertad que interpretara un tango.

4. Muchos músicos del mundo invitaron a Tania Libertad a que compartiera el escenario con ellos.

5. Al público joven le gustó que Tania Libertad eligiera temas compuestos por músicos de rock.

6. Los músicos de Perú están muy orgullosos de que Tania Libertad incluyera temas folclóricos durante toda su carrera como cantante.

7. Los críticos de música sugirieron que la gente nombrara a Tania Libertad "la voz sin fronteras".

8. Al público que fue a verla a Miami le sorprendió que hablara muy poco entre canción y canción.

9. A muy pocos artistas se les pidió que grabara tantos álbumes como a Tania Libertad.

10. Cuando terminó el concierto de Tania Libertad en Lima, el público aplaudió de pie gritando para que volviera a cantar.

Escucha una vez más para verificar tus respuestas.

(Repeat passage.)

¡A escuchar!
El Mundo 21

A **Escritor ecuatoriano.** Ahora vas a escuchar a un profesor de literatura que hablará sobre Jorge Icaza, uno de los escritores ecuatorianos más notables del siglo veinte. Escucha con atención y luego marca si cada oración que sigue es **cierta** (**C**), **falsa** (**F**) o si no tiene relación con lo que escribiste (**N/R**). Si la oración es falsa, corrígela.

Jorge Icaza nació en Quito, la capital de Ecuador, en el año 1906. Comenzó escribiendo obras de teatro, pero el guión para su obra *El dictador* fue censurado. Entonces decidió dedicarse a escribir novelas para manifestar su protesta. Su primera novela se llama *Huasipungo,* con la que alcanzó gran fama y generó mucha controversia. La palabra *huasipungo* es un término indígena que se refiere a un trozo pequeño de tierra que los indígenas reciben como parte de pago por su trabajo en el campo. La novela retrata cómo se engaña a los indígenas, privándolos de su huasipungo, y cómo se los castiga cuando reclaman sus tierras. Los críticos literarios consideran los trabajos de Jorge Icaza como obras maestras del realismo, ya que describen perfectamente la realidad ecuatoriana. A partir de 1973, Icaza fue embajador de Ecuador en Perú y en la Unión Soviética. Los temas que trata en sus obras han influenciado a toda una generación de escritores latinoamericanos.

B **Otavalo.** Escucha el texto sobre Otavalo y luego marca si cada oración que sigue es **cierta** (**C**) o **falsa** (**F**). Si la oración es falsa, corrígela.

Aunque yo había visitado Ecuador antes, nunca había ido al pueblito de Otavalo, situado al norte de Quito y famoso por los indígenas del mismo nombre. Es un pueblo de unos cuarenta mil habitantes, que está situado a dos mil quinientos metros sobre el nivel del mar. Cuando paseaba por la Plaza Bolívar vi la estatua del líder indígena Rumiñahui, famoso por haber resistido a los incas y del cual los otavalos se sienten muy orgullosos. Me impresionó la apariencia de los hombres otavalos: pantalones blancos que les llegan hasta más arriba de los zapatos, ponchos azules y cabello muy largo con trenzas. Como el día siguiente era sábado, aproveché para ir al mercado de tejidos y artesanías en la Plaza de Ponchos. Quería probarme un poncho de lana de vistosos colores y me compré uno. No soy muy bueno para regatear, así que pagué el precio que me pidieron. Pero quedé contento porque era un poncho muy bonito.

Escucha una vez más para verificar tus respuestas.

(Repeat passage.)

C **Excursión.** Tus amigos te dejaron mensajes telefónicos diciéndote cuándo saldrían de casa para una excursión que preparan. Mientras escuchas sus mensajes, ordena numéricamente los dibujos. Ten en cuenta que algunos dibujos quedarán sin numerar.

1. Alberto dijo que saldría cuando el reloj indicara las dos.
2. Mónica dijo que saldría en cuanto pusiera sus cosas en la mochila.
3. Amalia dijo que saldría tan pronto como terminara de almorzar.
4. Esteban dijo que no saldría mientras su hermana no regresara con el coche.
5. Leonor dijo que no saldría hasta que viera su programa de televisión favorito.

Escucha una vez más para verificar tus respuestas.

(Repeat passage.)

Pronunciación y ortografía

Guía para el uso de la letra *ll*. La *ll* tiene el mismo sonido que la **y** en palabras como **yo** y **ayuda**. Observa el uso de la **ll** al escuchar a la narradora leer las siguientes palabras.

llaneros	bata**ll**a
llaves	caudi**ll**o
llegada	

Deletreo con la letra *ll*. La **ll** siempre se escribe con ciertos sufijos y terminaciones.

• Con las terminaciones **-ella** y **-ello**:

be**lla**	estre**lla**	cue**llo**
donce**lla**	cabe**llo**	se**llo**

• Con los diminutivos **-illo, -illa, -cillo** y **-cilla**:

Juan**illo**	chiqu**illa**	raton**cillo**
Picad**illo**	calzon**cillo**	rincon**cillo**

D **Práctica con la letra *ll*.** Ahora, escucha a los narradores leer las siguiente palabras y escribe las letras que faltan en cada una.

1. rab**illo**
2. torre**cilla**
3. pilon**cillo**
4. tort**illa**
5. rastr**illo**
6. conej**illo**
7. mart**illo**
8. ladr**illo**
9. pajar**illo**
10. piece**cillo**

E **Práctica con las letras *y* y *ll*.** Debido a que tienen el mismo sonido, la **y** y la **ll** con frecuencia presentan dificultades ortográficas. Escucha a los narradores leer las siguientes palabras con el sonido /y/ y complétalas con **y** o con **ll**, según corresponda.

1. ori**ll**a
2. **y**erno
3. mayo**rí**a
4. bata**ll**a
5. le**y**es
6. caudi**ll**o
7. semi**ll**a
8. ensa**y**o
9. pesadi**ll**a
10. gua**y**abera

Dictado. Escucha el siguiente dictado e intenta escribir lo más que puedas. El dictado se repetirá una vez más para que revises tu párrafo.

Época más reciente

A partir de 1972, cuando se inició la explotación de sus reservas petroleras, Ecuador ha tenido un acelerado desarrollo industrial. Esto ha modificado substancialmente las estructuras económicas tradicionales basadas en la agricultura. Aunque la exportación de plátanos sigue siendo importante, la actividad económica principal está relacionada ahora con el petróleo. Se han construido refinerías, la más importante de las cuales es la de Esmeraldas. El desarrollo económico ha traído al país una mayor estabilidad política y desde 1979 se ha renovado el gobierno a través de elecciones democráticas.

Ahora, escucha una vez más para verificar lo que escribiste.

(Repeat passage.)

¡A escuchar!
El Mundo 21

A **Actor y activista boliviano.** Escucha lo que dice un profesor de arte acerca de Pato Hoffmann, un famoso actor boliviano que hizo su carrera en Estados Unidos. Escucha con atención y luego marca si cada oración que sigue es **cierta** (**C**), **falsa** (**F**) o si no tiene relación con lo que escribiste (**N/R**). Si la oración es falsa, corrígela.

Pato Hoffmann nació en La Paz, Bolivia, de descendencia aymara y quechua, es decir los pueblos indígenas que habitan la zona andina de Sudamérica. Además, Hoffmann también tiene descendencia alemana y española. Cuando tenía cuatro años su familia se mudó a Estados Unidos. Allí estudió economía, antropología y desarrollo agrícola. Como actor ha trabajado en teatro, cine y televisión. Y no sólo habla español e inglés, sino que en muchas películas interpreta personajes indígenas y habla lenguas como sioux, quechua, cheyenne y apache. Pato Hoffmann se dedica además a formar parte de organizaciones teatrales que agrupan actores indígenas, como el Turtle Island Ensemble. Y también participa como voluntario en programas de salud y educación. En su tiempo libre se dedica a las artes marciales, como el kung fu, y a practicar técnicas para montar a caballo.

B **El lago Titicaca.** Escucha el siguiente texto acerca del lago Titicaca y luego selecciona la opción que complete correctamente la información.

El lago Titicaca está situado en la altiplanicie andina, en la frontera entre el Perú y Bolivia, y pertenece a ambos países. Es el lago navegable más alto del mundo: está a tres mil ochocientos metros de altura y es tan profundo que buques de vapor lo pueden navegar. Debido a tanta profundidad su temperatura no varía mucho durante el año. Tiene 171 kilómetros de largo y 64 de ancho. En la cuenca del lago hay una población de indígenas que cultivan los campos y crían ovejas y llamas. Hay también muchas islas con valiosos tesoros arqueológicos.

Escucha una vez más para verificar tus respuestas.

(Repeat passage.)

C **Encargos.** Ahora vas a escuchar a Elvira mencionar las cosas que sus padres le han pedido que haga y que todavía no ha hecho. Mientras escuchas, ordena numéricamente los dibujos. Ten en cuenta que algunos dibujos quedarán sin numerar.

1. Todavía no he llevado el perro al veterinario.
2. Todavía no he ido al correo.
3. Todavía no he devuelto unos libros a la biblioteca.
4. Todavía no le he escrito una carta de agradecimiento a la tía Lola.
5. Todavía no he recogido unos remedios de la farmacia Inti.

Escucha una vez más para verificar tus respuestas.

(Repeat passage.)

Pronunciación y ortografía

Guía para el uso de la *r* y la *rr*. La r tiene dos sonidos, uno simple /ř/, como en **cero, altura** y **prevalecer,** y otro múltiple /r̄/, como en **cerro, guerra** y **renovado.** Ahora, al escuchar a la narradora leer las siguientes palabras, observa que el deletreo del sonido /r̃/ siempre se representa por la **r** mientras que el sonido /r̄/ se representa tanto por la **rr** como por la **r**.

co**r**azón	**r**eunión
abst**r**acto	**r**evuelta
he**r**edero	**r**eclamo
emp**r**esa	ba**rr**io
flo**r**ecer	desa**rr**ollo

D **La letra r.** Ahora escucha a los narradores leer las siguientes palabras con los dos sonidos de la **r** e indica si el sonido que escuchas es /r̃/ o /r̄/.

1. co**rr**idos
2. multi**rr**acial
3. mu**r**alla
4. desie**r**to
5. gue**rr**illa
6. **r**iqueza
7. desa**rr**ollo
8. b**r**illante
9. **r**esentir
10. o**r**gullo

Deletreo con los sonidos /r̃/ y /r̄/. Las siguientes reglas de ortografía determinan cuándo se debe usar una **r** o una **rr**.

- La letra **r** tiene el sonido /r̃/ cuando ocurre entre vocales, antes de una vocal o después de una consonante excepto **l, n,** o **s.**

ant**er**ior   aut**or**idad   ni**tra**to

p**er**iodismo   **ori**ente   **cru**zar

- La letra **r** tiene sonido /r̄/ cuando ocurre al principio de una palabra.

residir   **r**atifica   **r**eloj   **r**ostro

- La letra **r** también tiene sonido /r̄/ cuando ocurre después de la **l, n,** o **s.**

al**r**ededor   en**r**iquecer   hon**r**ar   des**r**atizar

- La letra **rr** siempre tiene el sonido /r̄/.

de**rr**ota   ente**rr**ado   hie**rr**o   te**rr**emoto

- Cuando una palabra que empieza con **r** se combina con otra palabra para formar una palabra compuesta, la **r** inicial se duplica para conservar el sonido /r̄/ original.

costa**rr**icense   multi**rr**acial   infra**rr**ojo   vi**rr**ey

E **Práctica con los sonidos /r̃/ y /r̄/.** Ahora, escucha a los narradores leer las siguientes palabras y escribe las letras que faltan en cada una.

1. te**rr**itorio
2. **En**riqueta
3. i**rr**everente
4. p**r**osperar
5. fe**rr**ocarril
6. **r**evolución
7. inte**rr**umpir
8. fue**rz**a
9. se**r**piente
10. en**r**iquecerse

F **Deletreo de palabras parónimas.** Dado que tanto la **r** como la **rr** ocurren entre vocales, existen varios pares de palabras parónimas, o sea, idénticas excepto por una letra, por ejemplo **coro** y **corro.** Mientras los narradores leen las siguientes palabras parónimas, escribe las letras que faltan en cada una.

1. pero / perro
2. corral / coral
3. ahorra / ahora
4. para / parra
5. cerro / cero
6. hiero / hierro
7. caro / carro
8. forro / foro

Dictado. Escucha el siguiente dictado e intenta escribir lo más que puedas. El dictado se repetirá una vez más para que revises tu párrafo.

Las consecuencias de la independencia

La independencia trajo pocos beneficios para la mayoría de los habitantes de Bolivia. El control del país pasó de una minoría española a una minoría criolla muchas veces en conflicto entre sí por intereses personales. A finales del siglo XIX, las ciudades de Sucre y La Paz se disputaron la sede de la capital de la nación. Ante la amenaza de una guerra civil, se optó por la siguiente solución: la sede del gobierno y el poder legislativo se trasladaron a La Paz, mientras que la capitalidad oficial y el Tribunal Supremo permanecieron en Sucre.

Ahora, escucha una vez más para verificar lo que escribiste.

(Repeat passage.)

TRANSCRIPCIÓN DE AUDIO CD

¡A escuchar!
El Mundo 21

A **Escritor argentino.** Dos amigas están hablando en un café al aire libre en Buenos Aires. Escucha lo que dicen sobre la vida y la obra de uno de los escritores más importantes del siglo XX. Luego marca si cada oración que sigue es **cierta** (**C**), **falsa** (**F**) o si no tiene relación con lo que escuchaste (**N/R**). Si la oración es falsa, corrígela.

AMIGA 1: Cada vez que leo un cuento de Jorge Luis Borges por segunda o tercera vez, descubro algo nuevo. En sus cuentos noto las referencias a la literatura de muchos pueblos.

AMIGA 2: Sí, Borges era muy culto y además un estudioso de las distintas literaturas del mundo. Nació en Buenos Aires en 1899 y en 1914 se trasladó a Ginebra, Suiza, donde estudió el bachillerato y aprendió francés y alemán; el inglés ya lo dominaba porque lo había aprendido de niño con su abuela, que era inglesa. En Europa, se asoció con escritores que proponían una forma experimental de escribir.

AMIGA 1: Me he dado cuenta de que Borges en muchos de sus cuentos utiliza la biblioteca como un símbolo.

AMIGA 2: No sé si sabías que Borges trabajó como bibliotecario cuando regresó a Argentina en 1921. Aunque a partir de 1923 comenzó a publicar libros de poemas y de ensayos literarios, su fama mundial se debe a las colecciones de cuentos como *Ficciones,* escrito en 1944, *El Aleph,* de 1949 y *El hacedor* en 1960.

AMIGA 1: Me parece increíble que cuando se quedó ciego, en 1955, comenzara a dictar sus textos.

AMIGA 2: Borges murió en Ginebra, donde reposan sus restos; en esa ciudad pasó los mejores años de su juventud.

B **El tango.** Escucha el texto que sigue acerca del tango y luego selecciona la opción que complete correctamente las oraciones que siguen.

Se cree que el tango nació como baile en los bares populares de la zona del puerto de Buenos Aires, a comienzos de este siglo. Mucha gente se escandalizó de que el hombre y la mujer bailaran tan juntos y abrazados, pero todos admiraron la elegancia de los movimientos de los bailarines. Con el nacimiento de la industria del disco, poco a poco la música y la letra del tango fueron haciéndose populares. Originalmente se tocaba con violines y flautas, pero después estos instrumentos fueron sustituidos por el bandoneón, una especie de acordeón que tiene botones en lugar de teclas, que es ahora la marca característica del tango. En 1911 el nuevo baile conquistó París y eso fue sello de aprobación para la sociedad argentina. De regreso a Buenos Aires, el tango adquirió fama y respeto social. Después de la Primera Guerra Mundial, todas las capas de la sociedad bailaban al son del tango. La inmensa popularidad de Carlos Gardel, el cantante de tangos más famoso que haya existido, llevó ese estilo musical más allá de las fronteras de Argentina. Fue una tragedia nacional cuando Gardel murió en un accidente aéreo en Medellín, en 1936. Se considera que la época de oro del tango se extiende entre 1920 y 1950 y que en las últimas décadas ha perdido popularidad frente a la música rock.

Escucha una vez más para verificar tus respuestas.

(Repeat passage.)

Pronunciación y ortografía

Palabras parónimas: *ay* y *hay.* Estas palabras son parecidas y se pronuncia de la misma manera, pero tienen distintos significados.

- La palabra **ay** es una exclamación que puede indicar sorpresa o dolor.

¡Ay! ¡Qué sorpresa!

¡Ay, ay, ay! Me duele mucho, mamá.

¡Ay! Acaban de avisarme que Inés tuvo un accidente.

- La palabra **hay** es una forma impersonal del verbo **haber** que significa *there is* o *there are.* La expresión **hay que** significa **es preciso, es necesario.**

Hay mucha gente aquí, ¿qué pasa?

Dice que **hay** leche pero que no **hay** tortillas.

¡**Hay que** llamar este número en seguida!

C **Práctica con *ay, hay* y *hay que*.** Ahora, al escuchar a los narradores, indica con una **X** si lo que oyes es la exclamación **ay,** el verbo **hay** o la expresión **hay que.**

1. Hay tiempo. Tenemos hasta el martes por la tarde.
2. ¡Ay! ¡No me digas! ¿Cuándo supiste eso?
3. ¿Tú no lo sabías? ¡Ay! ¿Cómo es posible?
4. ¿Hoy es 31? Hombre, hay que pagar esto en seguida.
5. ¡Está nevando! ¡Hoy no hay clases!

D **Deletreo.** Al escuchar a los narradores leer las siguientes oraciones, escribe **ay** o **hay,** según corresponda.

1. ¡**Hay** que hacerlo, y se acabó! ¡Ya no quiero oír más protestas!
2. ¡**Ay**! Ya no aguanto este dolor de muelas.
3. No sé cuántas personas **hay.** ¡El teatro está lleno!
4. ¡**Ay**! Estoy tan nerviosa. ¿Qué hora es?
5. No **hay** más remedio. Tenemos que hacerlo.

Dictado. Escucha el siguiente dictado e intenta escribir lo más que puedas. El dictado se repetirá una vez más para que revises tu párrafo.

La era de Perón

Como ministro de trabajo, el coronel Juan Domingo Perón se hizo muy popular y cuando fue encarcelado en 1945, las masas obreras consiguieron que fuera liberado. En 1946, tras una campaña en la que participó muy activamente su segunda esposa María Eva Duarte de Perón, más conocida como Evita, Perón fue elegido presidente con el 55% de los votos. Durante los nueve años que estuvo en el poder, desarrolló un programa político denominado justicialismo, que incluía medidas en las que se mezclaba el populismo (política que busca apoyo en las masas con acciones muchas veces demagógicas) y el autoritarismo (imposición de decisiones antidemocráticas).

Ahora, escucha una vez más para verificar lo que escribiste.

(Repeat passage.)

Lengua en uso

A **La voz latinoamericana.** Ahora escucha al narrador, que hablará acerca de Mercedes Sosa y del contenido de sus canciones. Presta mucha atención porque hay quince verbos en tiempos perfectos. A medida que los escuches, escribe la forma correcta del verbo **haber** para completar los espacios en blanco. La narración se va a repetir una vez más.

Mercedes Sosa

Mercedes Sosa nació en Tucumán, Argentina. Desde pequeña había querido dedicarse a la música. Comenzó cantando canciones folclóricas tradicionales y luego empezó a incluir canciones de protesta. Los críticos y la prensa ya la habían reconocido como una artista sin igual, cuando empezaron los problemas políticos en Argentina. Los militares nunca habían aceptado ese tipo de canciones y Mercedes Sosa tuvo que exiliarse de Argentina, ya que si se hubiera quedado en el país y hubiera seguido cantando, su vida habría estado en peligro. Vivió en Europa durante muchos años y cuando el público ya la había considerado una artista internacional, pudo regresar a Argentina con la llegada de la democracia. Se presentó en unos conciertos gigantescos que había preparado durante mucho tiempo. Luego, empezó a hacer algo que no había hecho antes y comenzó a grabar canciones de músicos de rock. Muchas personas preferían que Mercedes Sosa no hubiera hecho eso y siguiera cantando solamente folclore. Pero gracias a su amplitud, se le acercaron muchos jóvenes que antes no habían pensado en comprar sus álbumes ni se habían interesado en ir a sus conciertos. A pesar de que Mercedes Sosa viaja continuamente de un país a otro, siempre dice que si no se hubieran inventado los aviones habría vivido más tranquila. Lo cierto es que cada día se le suma público de todo el mundo, y con el tiempo los más jóvenes habrán comprendido por qué los adultos consideran a Mercedes Sosa "la voz de Latinoamérica".

Escucha una vez más para verificar tus respuestas.

(Repeat passage.)

¡A escuchar!
El Mundo 21

A **Dictador paraguayo.** Escucha lo que un estudiante paraguayo le explica a una estudiante estadounidense que se encuentra en Paraguay como parte de un programa del Cuerpo de Paz o *Peace Corps.* Luego marca si cada oración que sigue es **cierta** (**C**), **falsa** (**F**) o si no tiene relación con lo que escuchaste (**N/R**). Si la oración es falsa, corrígela.

BÁRBARA: Todavía no entiendo muy bien la historia contemporánea de Paraguay. Por ejemplo, ¿quién es Alfredo Stroessner, cuyo nombre veo por todas partes?

JAVIER: Pues, Alfredo Stroessner es un militar que ocupó la presidencia de Paraguay durante 35 años, lo que constituyó uno de los gobiernos más largos de la historia latinoamericana.

BÁRBARA: Su apellido me parece interesante. ¿Qué tipo de apellido es ése?

JAVIER: Alemán. Su padre fue un inmigrante alemán, aunque Alfredo Stroessner nació en Encarnación en 1912. En 1929 ingresó en la Escuela Militar de Asunción e hizo una carrera militar que lo llevó a ocupar, en 1951, el cargo de comandante en jefe del ejército paraguayo.

BÁRBARA: ¿Pero cómo llegó a ocupar la presidencia de Paraguay?

JAVIER: En 1954 participó en un golpe de estado contra el presidente Federico Chávez. Poco después resultó vencedor en las elecciones presidenciales en las que él era el único candidato. De la misma manera fue reelegido siete veces hasta 1989.

BÁRBARA: Entonces sólo mantenía las apariencias democráticas pero en realidad era un dictador.

JAVIER: Sí, hasta que en 1989 fue derrocado por un golpe de estado y marchó al exilio.

B **Música paraguaya.** Escucha el siguiente texto acerca de la música de Paraguay y luego marca si cada oración que sigue es **cierta** (**C**) o **falsa** (**F**). Si la oración es falsa, corrígela.

Desde el punto de vista musical, Paraguay constituye una paradoja. Mientras que éste es un país en que la mayoría de la población habla una lengua indígena, el guaraní, no hay influjo indígena en su música, la cual es en su totalidad de origen europeo. Los jesuitas que llegaron a Paraguay en los siglos diecisiete y dieciocho, notaron una gran predisposición de los guaraníes para la música. Cuando establecieron sus misiones, les dieron instrucción en la música europea y les enseñaron a tocar el arpa, instrumento característico de la música popular paraguaya. Aunque en Paraguay hubo esclavos negros, éstos se asimilaron rápidamente a la población y no tuvieron mayor influencia en la música, a diferencia de lo que ocurrió en otros países. La música paraguaya tampoco muestra influencia de las naciones vecinas de Argentina y Brasil. La mayoría de las melodías populares hablan de temas de amor o imitan el canto de los pájaros, la caída de la lluvia y otros sonidos de la naturaleza. Dos canciones muy conocidas son "Recuerdos de Ypacaraí" y "Pájaro Campana"; esta última no tiene letra e imita el canto del quetzal, un hermoso pájaro de la selva paraguaya.

Escucha una vez más para verificar tus respuestas.

(Repeat passage.)

Pronunciación y ortografía

Palabras parónimas: *a, ah* y *ha.* Estas palabras son parecidas y se pronuncian de la misma manera, pero tienen distintos significados.

- La preposición **a** tiene muchos significados. Algunos de los más comunes son:

Dirección: Vamos **a** Nuevo México este verano.

Movimiento: Camino **a** la escuela todos los días.

Hora: Van a llamar **a** las doce.

Situación: Dobla **a** la izquierda.

Espacio de tiempo: Abrimos de ocho **a** seis.

- La palabra **ah** es una exclamación de admiración, sorpresa o pena.

¡**Ah,** me encanta! ¿Dónde lo conseguiste?

¡**Ah,** eres tú! No te conocí la voz.

¡**Ah,** qué aburrimiento! No hay nada que hacer.

- La palabra **ha** es una forma del verbo auxiliar **haber.** Seguido de la preposición **de,** significa **deber de, ser necesario.**

¿No te **ha** contestado todavía?

Ha estado llamando cada quince minutos.

Ella **ha** de escribir la próxima semana.

C **Práctica con *a, ah* y *ha*.** Ahora, al escuchar a los narradores, indica si lo que oyes es la preposición **a,** la exclamación **ah** o el verbo **ha.**

1. Estoy muy preocupado. Miguel Ángel no ha llamado todavía.
2. Llegan a Nueva York esta noche, ¿no?
3. ¡Ah, no es para mí! ¡Qué pena!
4. Vuelven a México en una semana.
5. Usted no ha conocido mi casa, ¿verdad?
6. ¡Ah, es hermoso! ¿Cuándo te lo regalaron?

D **Deletreo.** Al escuchar a los narradores leer las siguientes oraciones, escribe **a, ah** o **ha,** según corresponda.

1. ¿Nadie **ha** hablado con papá todavía?
2. Vienen **a** averiguar lo del accidente.
3. Creo que salen **a** Mazatlán la próxima semana.
4. ¿Es para Ernesto? ¡**Ah,** yo pensé que era para ti!
5. No **ha** habido mucho tráfico, gracias a Dios.

Dictado. Escucha el siguiente dictado e intenta escribir lo más que puedas. El dictado se repetirá una vez más para que revises tu párrafo.

Paraguay: La nación guaraní

Paraguay se distingue de otras naciones latinoamericanas por la persistencia de la cultura guaraní mezclada con la hispánica. La mayoría de la población paraguaya habla ambas lenguas: el español y el guaraní. El guaraní se emplea como lenguaje familiar, mientras que el español se habla en la vida comercial. El nombre de Paraguay proviene de un término guaraní que quiere decir "aguas que corren hacia el mar" y que hace referencia al río Paraguay que, junto con el río Uruguay, desemboca en el Río de la Plata.

Ahora, escucha una vez más para verificar lo que escribiste.

(Repeat passage.)

¡A escuchar!
El Mundo 21

A **Escritora chilena.** Escucha lo que dicen dos amigas después de asistir a una presentación de una de las escritoras chilenas más conocidas del momento. Luego marca si cada oración que sigue es **cierta** (**C**), **falsa** (**F**) o si no tiene relación con lo que escuchaste (**N/R**). Si la oración es falsa, corrígela.

AMIGA 1: Gracias por invitarme a escuchar a esta genial escritora. Su energía, su honestidad y su sentido del humor me han impresionado mucho. ¡Y vaya si tiene energía Isabel Allende! ¡Qué espíritu tan joven!

AMIGA 2: Sí, tienes razón. Isabel Allende nació en 1942, pero todavía es una persona con un espíritu muy joven.

AMIGA 1: ¿Hay alguna relación entre Isabel Allende, la escritora, y Salvador Allende, el ex presidente de Chile?

AMIGA 2: Sí, ella es sobrina de Salvador Allende. Es interesante saber que comenzó a escribir en 1981, cuando se encontraba en Venezuela como resultado del golpe militar que había derrocado a su tío. Como sabes, él murió asesinado durante el golpe militar. Su primera novela, *La casa de los espíritus,* publicada en 1982, constituye un resumen de la vida chilena del siglo XX.

AMIGA 1: Yo quiero leer esa novela antes de ver la película que se hizo basada en el libro.

AMIGA 2: También te va a gustar leer su última novela que se titula *El plan infinito* y tiene lugar en EE.UU., país donde ha residido desde 1988. El protagonista de esta novela es un angloamericano que se cría en el barrio chicano del este de Los Ángeles. ¡Es una novela muy original y multicultural!

TRANSCRIPCIÓN DE AUDIO CD

B **Isla de Pascua.** Escucha el texto sobre la isla de Pascua y luego selecciona la opción que complete correctamente las oraciones que siguen.

La isla de Pascua, posesión de Chile en el Pacífico, se encuentra a casi 4.000 kilómetros al oeste del continente. El explorador holandés Jacob Roggeveen le dio ese nombre a la isla porque fue un domingo de Pascua en 1722 cuando ancló sus barcos allí. Chile tomó posesión de la isla mucho más tarde, en 1888. Su ancho máximo es de veinticuatro kilómetros, tiene la forma de un triángulo y en cada vértice hay un volcán apagado. Aproximadamente 2.500 personas habitan la isla, de entre las cuales las dos terceras partes son habitantes originarios de esa región; el resto vive allí temporalmente y es originario del continente. Los isleños son de origen polinésico y han preservado sus danzas y canciones ancestrales. La isla es conocida en el mundo entero por sus moais, inmensos monolitos de piedra de diferentes tamaños. Aunque hay un moai gigante de 21 metros de altura y algunos de apenas 2 metros, la mayoría mide entre 5 y 7 metros. Hay más de seiscientos moais diseminados por toda la isla.

Escucha una vez más para verificar tus respuestas.

(Repeat passage.)

C **Alegría.** Romina habla de algunas cosas que le han causado alegría recientemente. Mientras escuchas, ordena numéricamente los dibujos. Ten en cuenta que algunos dibujos quedarán sin numerar.

1. Me alegra que mis padres hayan comenzado a practicar natación.
2. También me alegra que mi amiga Marta haya ganado una buena cantidad de dinero en la lotería.
3. Estoy muy contenta porque mi profesor de español ha viajado a Chile.
4. Me parece fantástico que mi amigo Arturo se haya comprado un coche nuevo.
5. Me gusta que mi hermanito se haya interesado por las artes marciales.

Escucha una vez más para verificar tus respuestas.

(Repeat passage.)

Pronunciación y ortografía

Palabras parónimas: esta, ésta y está. Estas palabras son parecidas, pero tiene distintos significados.

- La palabra **esta** es un adjetivo demostrativo que se usa para designar a una persona o cosa cercana.

¡No me digas que **esta** niña es tu hija!

Prefiero **esta** blusa. La otra es más cara y de calidad inferior.

- La palabra **ésta** es un pronombre demostrativo. Reemplaza al adjetivo demostrativo y desaparece el sustantivo que se refiere a una persona o cosa cercana.

Voy a comprar la otra falda; **ésta** no me gusta.

La de Miguel es bonita, pero **ésta** es hermosísima.

- La palabra **está** es una forma del verbo estar.

¿Dónde **está** todo el mundo?

Por fin, la comida **está** lista.

D **Práctica con *esta, ésta* y *está*.** Ahora, al escuchar a los narradores, indica si lo que oyes es el adjetivo demostrativo **esta,** el pronombre demostrativo **ésta** o el verbo **está.**

1. **Ésta** es la tuya; dejé la mía en casa.
2. Dice que ese regalo **está** bien si todos nos ponemos de acuerdo.
3. Un día de estos voy a comprarme **esta** pulsera.
4. Te digo que **esta** mujer nunca me hace caso.
5. Tú ya tienes **ésta,** ¿verdad?
6. El cielo **está** nublado.

E **Deletreo.** Al escuchar a los narradores leer las siguientes oraciones, escribe el adjetivo demostrativo **esta,** el pronombre demostrativo **ésta** o el verbo **está,** según corresponda.

1. Sabemos que **esta** persona vive en San Antonio, pero no sabemos en qué calle.
2. El disco compacto **está** en el estante junto con las revistas.
3. Ven, mira. Quiero presentarte a **esta** amiga mía.
4. ¡Dios mío! ¡Vengan pronto! El avión **está** por salir.
5. Decidieron que **ésta** es mejor porque pesa más.
6. No creo que les interese **ésta,** porque no estará lista hasta el año próximo.

Dictado. Escucha el siguiente dictado e intenta escribir lo más que puedas. El dictado se repetirá una vez más para que revises tu párrafo.

El regreso de la democracia

A finales de la década de 1980 Chile gozó de una intensa recuperación económica. En 1988 el gobierno perdió un referéndum que habría mantenido a Pinochet en el poder hasta 1996. De 1990 a 1994, el presidente Patricio Aylwin, quien fue elegido democráticamente, mantuvo la exitosa estrategia económica del régimen anterior, pero buscó liberalizar la vida política. En diciembre de 1993 fue elegido presidente Eduardo Frei Ruiz-Tagle, hijo del presidente Eduardo Frei Montalva, quien gobernó Chile de 1964 a 1970. Chile se ha constituido en un ejemplo latinoamericano donde florecen el progreso económico y la democratización del país.

Ahora, escucha una vez más para verificar lo que escribiste.

(Repeat passage.)

TRANSCRIPCIÓN DE AUDIO CD

CREDITS

Efforts have been made to locate the copyright holder; D.C. Heath will provide appropriate acknowledgements in all future reprints.

Unidad 4

"Unicornio" by Silvio Rodríguez is reprinted by permission of Cuba Song/BMI Records.